콘텐츠, 플랫폼(Platform)으로 날다!

콘텐츠, 플랫폼(Platform)으로 날다!

김세을 지음

(사)콘텐츠경영학회
Contents Management Society

www.kcontents.or.kr

Contents

추천사	1. 게임물관리위원회 이재홍 위원장	4
	2. 한세대 안종배 교수	6
	3. 카이스트 조대곤 교수	8
	4. 서울예대 김재하 교수	10
Prologue	뉴 노멀(New Normal)과 콘텐츠 파워	15
Part I	**영화를 사랑하는 방식(方式)**	25
	1. 플랫폼의 발견(發見)	45
	▪ 극장을 보면 은행의 미래가 보인다	48
	▪ 핀테크와 금융 패러다임의 변화	52
	▪ 핀테크 플랫폼	54
	2. 플랫폼의 의미와 특성 그리고 분류	55
	3. 플랫폼 생태계와 선순환 구조	77
	4. 플랫폼 가치창출의 두 축	87
	5. 크라우드소싱과 플랫폼	93
	▪ 크라우드소싱 플랫폼	96
	▪ 인공적인 인공지능	99
	▪ 인공지능 플랫폼	103
	6. 빅데이터 플랫폼과 경영	113
	7. 공유경제 플랫폼	131

8. 플랫폼 전략(戰略)	149
▪ 플랫폼 구축전략	156
▪ 플랫폼 활용전략	174

Part Ⅱ 콘텐츠, 플랫폼(Platform)으로 날다!   183

9. 콘텐츠란 무엇인가?	191
10. 웹툰(Webtoon)콘텐츠	209
11. 사람이 콘텐츠다!	219
12. 1인 크리에이터, MCN을 만나다	233
13. 콘텐츠에서 플랫폼이 주목받는 이유	243
14. 콘텐츠 플랫폼	269
15. 콘텐츠, 메타버스(Metaverse)를 타다!	291
16. 콘텐츠 파워(Contents Power)의 확산과 과제	311

Epilogue 넥스트(Next) 콘텐츠, 플랫폼에서 길을 찾다   321

세월을 읽다   323

참고문헌   333

추천사

콘텐츠 트렌드에 맞게 플랫폼(Platform)을
넘나드며 적응하는 능력을 갖출 때
플랫폼의 매력을 발견하게 된다.

이재홍 숭실대 문예창작학과 교수
전)게임물관리위원회 위원장

    건강한 게임 생태계 조성과 게임 산업 발전의 밑거름이 될 수 있도록 게임물의 윤리성 및 공공성을 확보하고, 불법 게임물의 유통을 통제하는 게임물관리위원회 위원장으로 부임한 지 벌써 3년이 다되어가고 있다.

    처음 1년은 게임 중독을 질병으로 보는 WHO의 규정과 이로 인한 국내 게임 산업의 침체를 막기 위한 다양한 게임 정책 개발과 제시로 바쁘게 보냈지만 2020년 벽두부터 시작된 코로나 상황 하에서 어떻게 하면 게임 시장이 활성화될 수 있을까에 많은 시간을 할애하였다.

    한 때는 인터넷 인프라를 바탕으로 온라인 게임에서 비약적인 성장을 일궈냈고, 이를 통해 모바일 게임에서도 세계적인 경쟁력을 확보하였지만 해가 갈수록 심해지는 해외 게임사들의 자본잠식은 한국 게임의 경쟁력이 극히 떨어뜨리는 요인이 되어 글로벌 시장의 주도권을 점차 잃어가고 있는 현실을 감안할 때 개인적으로도 걱정이 앞서게 된다.

    이런 와중에 김세을 교수의 『콘텐츠, 플랫폼으로 날다!』라는 출간 소식을 접하게 되어 바쁘지만 기쁜 마음에 몇 자 적게 되었다.

    저자는 콘텐츠가 플랫폼을 만나면서 커뮤니티를 이루고, 킬러콘텐츠를 계기로 커뮤니티가 왕성해질 때 자연스럽게 커머스가 이루어진다고 보고, 플랫폼의 중요성을 강조했으며 영국의 게임회사 킹(King)의 사례를 통해서 제시하였다. "웹 기반 게임에서 페이스북 용 게임으로 론칭했고, 나아가 폭발하는 모바일 시장을 겨냥해 최적화된 스마트폰용 게임을 개발함으로써 새롭게 탄생하는, 끊임없이 변화하는 트랜스포머 전략을 활용하되 주력상품을 바꾸는 것이 아니라 트렌드에 맞게 플랫폼(Platform)을 넘나드며 적응하는 능력을 갖춤으로써 콘텐츠 비즈니스의 장(場)으로서 플랫폼을 주목받게 만들었다" 라고 서술하였는데 여기서 주목할 점은 영국 게임회사 킹(King)의 창업자 겸 CEO 리카르도 자코니 킹(King)의 역할이다. 리카르도 자코니 킹(King)은 시장(市場)을 봤다는 점이다. 즉 게임은 개발도 중요하지 만 유통채널을 잘 확보하는 게 성공의 핵심임을 일찌감치 간파하여, 한 가지 유통채널에 대한 집착보다는 변화하는 유통채널에 맞춰 게임회사 킹(King)을 변화시켰다는 것이다.

　최근 우리나라 게임 산업은 높은 투자가치를 지닌 시장(市場)으로 성장해 나가면서 투자 방식도 기존의 프로젝트파이낸싱(PF)에서 우수한 기술력을 갖춘 게임사 및 퍼블리셔의 지분을 인수하는 방식으로 변화하고 있다. 이처럼 대규모 개발 자금과 마케팅을 통한 퍼블리싱 능력에 좌우하는 상황 에서 자칫하면 해외의 자본에 종속이 될 수도 있기에 이러한 현실을 타개할 성장의 모멘텀은 무엇일까? 고민하게 된다.

　청소년 게임 중독 예방을 위한 게임 셧다운제 같은 규제가 우리나라 게임 산업의 성장에 일정한 제약을 가져다 준 것은 맞지만 메이플 스토리, 던전앤파이터 같은 수많은 히트작을 가져다 준 넥슨의 지분 매각은, 게임에 대한 창업주의 개인적인 피로감이 어찌보면 게임 산업 성장에 발목을 잡게 하지 않았나 뒤돌아보게 한다. 다만 리니지2를 모바일 환경에 최적화시켜 '리니지2 레볼루션' 게임을 출시함으로써 리니지 유저들의 높은 관심을 모았던, 고졸 출신의 흙수저로 게임에 대한 끊없는 열정을 지닌 경영자로서 의 방준혁이 있기에 우리나라의 게임산업은 희망적으로 볼 수 있다. 최근 기업공개(IPO)를 앞둔 크래프톤이 크고 작은 잡음으로 몸살을 앓고 있는데 해결책은 주식 시장에서 상장을 통하여 회사의 가치를 인정받기보다는 소액 투자자들이 신뢰하는 회사로서의 위상을 확립할 때 시장이 반응하게 될 것으로 본다. 시장을 보고 개발 못지않게 유통채널을 간파한 리카르도 자코니 CEO 킹(King)처럼 지속적으로 차세대 게임 경영자를 양성할 수 있는 환경을 지금이라도 체계적으로 만들어줘야 한다. 과거의 중국은 우리에게 또 하나의 시장이었고, 중국의 게임 업체는 파트너였을 뿐 우리의 경쟁자는 아니었지만 현실은 그렇지 않다는 점을 인식하고 팬더믹 상황 하에서도 꾸준하게 변화하는 게임 환경에 적응하는 차세대 게임콘텐츠 경영자를 양성해야할 것이다.

추천사

> 콘텐츠는 플랫폼을 만날 때,
> 삶과 비즈니스에 중요한 동력이자
> 미래로 가는 창구

안종배 한세대 미디어영상학부 교수
클린콘텐츠국민운동본부 회장, 국제미래학회 회장

안식년을 맞이하여 제주에서 자연과 함께 미래학 초안을 작성한 뒤 하와이로 와서 세계미래학회 회장이자 미래학의 대부인 짐 데이터(Jim Dator)교수와 면담도 하고, 미래 사회의 변화와 필요한 과제에 대하여 토의도 하면서 저술 작업을 마무리하는 와중에『콘텐츠, 플랫폼을 만나다!』라는 저서를 출간한다고 해서 축하했는데 어느 새 2년이 훌쩍 지났다. 단순한 2년이 아니었다. 지난 2년은 코로나로 인하여 모든 것이 변화하였고 그 변화 속에서 미래를 예측하고 대비하는 지혜가 어느 때보다 절실하게 필요함을 느끼게 되었다. 개인적으로도『미래학원론』를 출간하였지만 이번 김세을 교수의 개정판은 분명 중요하고, 시의적절한 시점에 콘텐츠 플랫폼을 재조명한다는 점에서 주목하게 된다.

"만약 당신에게 '한 편의 영상(映像)'이 생기면 무엇을 할까 고민하지 말고, 자신에게 어울리는 플랫폼(Platform)을 찾아보도록 하자" 라고 한 저자의 말이 떠올랐다.

71살에 병원에 갔다가 치매위험군으로 진단받고, 손녀와 함께 둘이서 호주로 여행가서 할머니의 살아온 이야기를 유튜브에 올려 구독자 88만 명을 가진 '박막례할머니 Korea Grandma' 채널은, 초등학생까지 '유튜버(Youtuber)'가 되는 꿈을 가지게 되는 유튜브 세상을 만들었다. 그만큼 콘텐츠에 있어서 플랫폼의 중요성이 기업의 경쟁력의 원천이라는 점을 뛰어넘어 콘텐츠에서, 나아가 생활에서 플랫폼이 차지하는 비중이 높아졌다는 것을 의미하게 된다.

과거에는 은퇴한 '레전드' 선수들의 뒷이야기 창구로 활용되던 유튜브가 이제는 현역선수들까지 가세해서 개인TV를 이용, 자기만의 운동에 따른 노하우를 전수하거나 멘탈 관리법을 제시함은 물론 팬들과 소통하는 수단으로 자리 잡고 있으니 새삼 플랫폼을 기반으로 하는 콘텐츠 세상이 현실로 다가왔음을 느끼게 된다.

저자는 『콘텐츠, 플랫폼으로 날다!』라는 책에서 Contents → Community → Commerce로 이루어지는 순환구조를 찾고, 그 속에서 콘텐츠 비즈니스의 중요한 키(Key)를 확인하고 싶다고 했다. 다양한 콘텐츠(Contents)가 커뮤니티(Community)를 통해서 킬러 콘텐츠를 배출하고, 동시에 킬러 콘텐츠는 커머스(Commerce)를 일으키게 되는 데 이 과정에서 커뮤니티(Community)를 풍성하게 만들어주는 역할을 플랫폼(Platform)이 할 수 있다고 했다. 개인적으로 볼 때, 플랫폼을 기반으로 커뮤니티가 왕성하게 이루어지고 나아가 커머스가 이루어지려면 콘텐츠 마케팅의 역할이 언급되어야 하는 데 이번 개정판에서는 그 부문을 보충하였다. 특히 비대면 상황 하에서 그 중요성이 더욱 부각되는 플랫폼에서 자연스럽게 커머스가 이루어지게 하는 마케팅을 콘텐츠 시각으로 풀어주었다는 점이다.

미래학자 롤프 옌센이 정보화 사회의 태양이 지고 이야기, 즉 콘텐츠 중심의 '드림 소사이어티'가 도래한다고 할 때 콘텐츠는, 우리의 삶과 기업의 비즈니스에 중요한 동력이자 미래로 가는 창구가 될 것이다.

국내 콘텐츠 산업은 120조원을 넘을 만큼 계속 성장하고 있고, 최근 BTS를 중심으로 재연되는 K-POP과 게임, 영화 그리고 캐릭터와 애니메이션까지 다양한 콘텐츠 장르의 세계화는 가속되고 있다. 이러한 콘텐츠 소비 활성화와 성공적인 해외 진출에는 무엇보다 콘텐츠 플랫폼이 중요하게 작용했지만 궁극적으로 고객과의 소통을 원활하게 하고 공감을 일으킬 수 있는 콘텐츠 마케팅을 필요로 한다.

조앤 K. 롤링의 해리포터 시리즈의 첫 번째 작품인 '해리포터와 마법사의 돌'이 1997년 출판되면서 전 세계적으로 큰 성공을 거두고, 영화와 게임 등 다양한 상품으로 제작되어 2007년 한 해동안 308조원이란 천문학적 매출을 올렸는데 이는 한국의 반도체 수출 총액보다 훨씬 많은 규모였다. 이러한 해리포터 콘텐츠의 엄청난 성공은 탄탄한 원작에 플랫폼을 바탕으로 한 OSMU(One Source Multi Use) 전략과 체계적인 마케팅 관리가 뒷받침되었다. 해리포터 시리즈의 이해관계자인 작가, 제작자, 영화감독 등의 개인 이미지와 영화 주연, 조연, 캐릭터 등의 이미지까지 관리하는 PI(president, person image)가 핵심적으로 작용했다. 즉 비틀즈 이후 영국 콘텐츠에 헐리우드 마케팅을 접목하는 해리우드(해리포터+헐리우드) 같은 고도화된 마케팅을 사용하였다.

아마도 저자는 Contents → Community → Commerce로 이루어지는 과정에서 콘텐츠 마케팅이 커머스를 이루는 원동력이 된다는 사실을 알고, 콘텐츠 마케팅에 관하여 관심있게 다루었다.

구글이나 페이스북처럼 개방과 공유의 상징으로 플랫폼이 중요하게 강조되었지만 이 책에서는 콘텐츠가 플랫폼과 만나서 어떻게 변화하는지, 나아가 차세대 콘텐츠는 플랫폼에 무엇을 구축하는 것인지, 아니면 활용할 것인지 방향성을 제시하였다는 점에서 의미가 있기에 추천한다.

추천사

콘텐츠를
플랫폼(Platform) 관점에서 유쾌하게 잘 정리해주어
새로운 변화를 예상하고 전망하게 만들어준다.

KAIST 경영대학 정보미디어대학원 **조대곤** 교수
매경춘추 집필위원

    1996년 1월, 인터넷 미디어가 대중에게 막 개화되는 시기에 마이크로소프트의 창업자 빌 게이츠(Bill Gates)는 "Content is King"이라는 제목으로 자사 웹사이트에 에세이를 기고했다. 그는 이 글에서 과거 50년 동안 TV라는 매체가 다양한 부가가치와 파생산업을 만들어낸 것 이상으로, 인터넷은 콘텐츠의 정의와 범위를 보다 폭넓게 만들 것이고, 보다 치열한 경쟁 속에 게임, 엔터테인먼트, 스포츠 중계, 새로운 형태의 광고, 온라인 커뮤니티 등이 성장하리라 예상했다. 동시에 콘텐츠 창작자에게 합당한 보상이 꼭 필요한데, 인터넷은 이를 어렵게 만들 수도 있다는 전망을 내놓으면서도 장기적으로 콘텐츠산업은 크게 성장할 것이며 창의적 아이디어의 마켓플레이스로서의 인터넷을 기대했다.

    지금 돌아보니 너무나도 잘 들어맞는 예상이다. 그는 또한 "Banking is necessary, but banks are not. (은행 업무는 필요하다. 하지만 은행은 필요하지 않다.)"라는 무시무시한 말을 이미 1990년도에 남겼다. 최근 본격적으로 나타나는 핀테크 서비스 등 금융플랫폼의 혁신과 디지털 전환을 통한 금융 산업의 근본적 변화를 보면서 다시 한 번 그의 말을 상기케 된다.

『콘텐츠, 플랫폼으로 날다!』는, 빌게이츠가 말한 콘텐츠와 그와 관련된 지난 20여 년 콘텐츠 산업의 발전과 혁신을 최근의 변화에 집중하며 체계적으로 정리하고 흥미진진하게 담고 있다. 무엇보다 구매나 소비에 그치는 것이 아닌 경험을 반복하고 나누고, 더 나아가 직접 제작하고 투자하는 것으로 영화를 사랑하는 방식을 정의한 것이 흥미롭고, 콘텐츠 산업의 변화를 금융플랫폼의 변화와 연결 지은 모습, 커뮤니티와 커머스로 귀결시키는 흐름도 타당하다.

무엇보다 코로나19로 인한 비대면 상황 하에서 많은 기업들이나 개인이 일관된 스토리텔링을 통해 브랜딩에 집중하는 모습이나 언택트 마케팅(untact marketing)이 잘 설명되어 있다.

빌 게이츠가 1990년대 예상했던 지난 20여 년간의 변화의 물결은 어느 정도 잔잔해지고 정리되고 있는 듯하다. 그리고 포스트 코로나 시대에 인공지능(AI)으로 대표되는 새로운 변화의 파고는 이미 시작되었다. 이 책은 그 연결고리에서 콘텐츠를 플랫폼(Platform) 관점에서 유쾌하게 잘 정리해주어 새로운 변화를 예상하고 전망하게 만들어 준 점에서 의미가 깊어 추천하게 되었다.

추천사

포스트 코로나 시대의 새로운 패러다임 속에 콘텐츠 길라잡이

서울예술대학교 영상학부
김재하 교수

콘텐츠가 "왕"이다 아니 "황제"라고 표현해도 어색하지 않는 시대에 우리는 살고 있다. 그 이유는 다양하지만 첫 번째 이유는 인간의 고유영역인 생각하는 인간, 호모 사피엔스의 대표적 표현으로 창의력을 담보로 승패가 좌우되는 분야이기 때문이다. 두 번째 이유는 우리 지구촌 사회는 저성장 고품질 시대에 살면서 경제적 관점과 특히 젊은이들의 일자리 창출 등 사회 경제적 측면에서 공헌도를 고려 할 때 타 산업의 미치는 영향과 사회적 변화의 방향을 긍정의 효과로 성장 시키는 견인차 역할을 하고 있다.

대학 사회를 살펴보더라도 모든 대학들이 콘텐츠 관련 학과를 신설하거나 학과명칭 변경과 교과과정 개편을 통해 대학과 학과의 경쟁력을 유지하고 있다.

이러한 콘텐츠를 잘 만들고 시장에 나가서 우수한 콘텐츠로 판정받고 경제적 대가를 환원을 받기 위해 기술 또는 다양한 요소를 확산해왔다. 이를테면 기획력, 스토리텔링 등 킬러 콘텐츠를 생산하기 위한 노력을 통해 우리는 융합이라는 패러다임을 통해 고품격 콘텐츠 시대를 영위하기 위한 노력과 연구를 위해 정부 정책과 산업계의 오피니언 리더를 통해 확산해왔다. 또한, 콘텐츠 산업이 확장 되면서 지구촌 사회는 각 국의 주요 산업으로 자리 매김 하면서 무한 경쟁시대를 맞이했다. 콘텐츠를 소비하는 사람들의 연령층도 다양하게 그 폭이 확대 되면서 콘텐츠 산업에도 새로운 질서와 수익모델에 대한 고민을 하게 되었다.

예컨대, 과거 IT 산업의 성장을 생각해보면 IBM이라는 거대 기업이 기술과 모든 영역을 주도하는 시장경제에서 PC라는 컴퓨터 기술을 개방하면서 실리콘 밸리를 중심으로 창업 벤처기업들의 탄생과 새로운 형태의 제품과 솔루션이 등장했다. 서비스의 형태가 바뀌고 시장에서의 새로운 벤처 기반의 강소 기업이 주요 핵심 위치에 자리를 잡게 되면서 국가의 산업구조를 재편하게 하였다. 또한 국가의 경쟁력을 평가하는 주요 요소로 자리매김하면서 소프트파워가 붐을 이루었고, 오늘날 4차 산업 혁명과 디지털 혁명과 같은 거대한 새로운 물결은 인류의 삶의 방식과 모든 경제적 패러다임을 변화하게 하였다.

이처럼 콘텐츠 파워(Contents Power)의 성장과 유지를 위해 새로운 질서와 경제구조의 전환이 요구 되는 시기에 콘텐츠 산업의 생태계를 구축하는, 생태계의 핵심이면서 허리의 역할을 담당하는 플랫폼의 중요성은 매우 값진 일이라고 본다.

본 책에서는 '영화'라는 킬러 콘텐츠를 중심으로 플랫폼의 발견에서부터 플랫폼의 의미와 분류, 플랫폼 생태계와 선순환 플랫폼, 가치창출의 두 축, 크라우드소싱과 플랫폼 빅데이터, 공유경제 플랫폼, 플랫폼 전략까지를 총 망라하는 광범위한 집필 통해 산업계의 종사자는 물론 후학들에도 교과서와 같은 역할을 해줄 것으로 기대해본다. 아울러 네이버, 카카오를 넘어서는 새로운 기업들이 뉴 플랫폼을 통해 새로운 황금 알을 낳는 거대 공룡 기업이 탄생되어 일자리 창출은 물론 대한민국 경제에의 견인차 역할을 하는 플랫폼의 탄생을 기대한다.

『콘텐츠, 플랫폼으로 날다!』는 콘텐츠와 플랫폼이 만나는 곳에서, 새로운 길이 열리고, 콘텐츠 산업 전반에서 큰 역할을 하게 될 것으로 기대하기에 즐거운 마음으로 추천한다.

Prologue

뉴 노멀(New Normal)과 콘텐츠 파워

Prologue

뉴 노멀(New normal)과 콘텐츠 파워(Contents Power)

코로나19는 모든 것을 바꾸어놓았다.
지난 2년은 정말 한번도 경험해보지 못한 변화로
과거는 현재와 유사하다는 생각을 바꾸어놓았다.

한마디로 과거는 현재와 다른 방식으로 존재하는
'낯선 나라'가 되어있었다.
특히 내 책을 비롯해 많은 책들은 분서(焚書)해야 할 정도로
순식간에 질서를 바꾸어놓았기에 무엇부터 손을 대어야할지 혼란스러웠다.

극단적으로 콘텐츠(Contents)는 존재할까 라는 질문을 던지게 되었다.
백신과 치료제 개발이 이루어지기 전까지
이 거친 상황을 어떻게 극복할까 방법을 찾다가 만난 질문이지만
결론이 쉽게 나오지 않았다.

당장 문을 닫아야 하는 현실에서 영화나 드라마 그리고 게임은
대안은 되지 않았고, 생계 수단으로 턱없이 부족했다.
그래도 인류는 존재하는 한 이야기(Story)를 만드는 데
항상 우선 순위를 두었고,
세상에 없는 대체 불가한 경험(Experience)이 만들어내는 콘텐츠는
콘텐츠 파워(Contents Power)의 근간이 될 것이다.

뉴 노멀과 콘텐츠 파워(Contents Power)

코로나19는 모든 것을 바꾸어놓았다. 지난 2년은 정말 한번도 경험해보지 못한 변화로 과거는 현재와 유사하다는 생각을 바꾸어놓았다. 한마디로 과거는 현재와 다른 방식으로 존재하는 '낯선 나라'가 되어있었다. 코로나 사태는 우리들의 생각과 일상 나아가 비즈니스에 100년 만에 최대 충격을 안겨주었고, 사람들 간의 접촉을 최소화하는 언택트(untact) 상황은 경제의 중심 축을 급격하게 온라인으로 이동시켰다. 특히 내 책을 비롯해 많은 책들은 분서(焚書)해야 할 정도로 순식간에 질서를 바꾸어놓았기에 무엇부터 손을 대어야할지 혼란스러웠다.

극단적으로 콘텐츠(Contents)는 존재할까 라는 질문을 던지게 되었다. 백신과 치료제 개발이 이루어지기 전까지 이 거친 상황을 어떻게 극복할까 방법을 찾다가 만난 질문이지만 결론이 쉽게 나오지 않았다. 당장 문을 닫아야 하는 현실에서 영화나 드라마 그리고 게임은 대안은 되지 않았고, 생계 수단으로 턱없이 부족했다. 그래도 이 또한 지나가리라 하는 희망 고문을 스스로에게 하면서도 인류는 존재하는 한 이야기(Story)를 만드는 데 항상 우선 순위를 두었고, 세상에 없는 대체 불가한 경험(Experience)이 만들어내는 콘텐츠는 언제나 문화적 할인율(Cultural Discount)이 낮다는 점에 콘텐츠 파워(Contents Power)의 첫 번 째 기둥은 무너지지 않았다.

세상이 인터넷에서 모바일로 바뀌고 나아가 플랫폼으로 변화하면서 플랫폼을 지배하는 기업에게 미래가 있다고 할 때 플랫폼(Platform)은 지불 수단은 다르지만 가치 교환이 이루어지는 가상공간을 뜻하게 되며 코로나 사태 이후에도 그 가치는 더욱 빛나게 될 것으로 본다.

'사회적 거리두기'로 인해서 사람들은 외부 활동을 자제하게 되는데 아마존의 경우 오히려 배송 주문이 늘어났으며, 보통 건설기계는 고객이 구매를 결정하기까지 시간과 노력을 많이 들이는 제품임에도 불구하고 두산인프라코어는 중국에서

'틱톡(抖音)', '콰이(快手)' 등과 같은 소셜네트워크서비스(SNS)를 활용해 제품을 홍보하고, 판매하였다. 결과적으로 볼 때, 코로나 사태에도 불구하고 FAANG(페이스북/ 애플/ 아마존/ 넷플릭스/ 구글의 이니셜)과 같은 혁신기업들의 시장 지배력은 더욱 공고해지게 되었으며, 빅데이터와 인공지능 그리고 클라우드와 같은 미래 산업의 생태계를 바꿀 수 있는 기술력을 보유한 기업들의 승자독식 현상은 계속될 것으로 전망되고 있다.

코로나19의 영향으로 집 밖에 나가지 못하는 생활이 이어지면서 극장 대신 '방구석 1열'에 앉아 VOD 서비스를 즐길 수 밖에 없는 현실에서 OTT(Over the Top) 플랫폼의 활성화는 대안(代案)이자 갈등(葛藤)이 되었다. 2020년 상반기 기대작으로 꼽혔던 『트롤 : 월드투어 Trolls World Tour, 2020』가 극장과 VOD로 동시에 공개되면서 CGV와 롯데시네마와 같은 멀티플렉스는 상영을 거부하게 되었고, 넷플릭스(Netflix)를 택했던 『사냥의 시간 Time to Hunt, 2020』 역시 가처분 신청까지 진행되는 분열 양상을 보여주었다.

일반적으로 극장 개봉용 작품은 영화관 개봉 뒤 부가 판권 시장에 공개되기 까지 2,3주간의 홀드백(일종의 유예기간)을 두게 되는 데 코로나19로 인하여 이 금기 사항이 깨지게 되었다. 넷플릭스(Netflix)가 봉준호 감독을 내세워 국내 시장 점유율을 높이고자 2017년 영화 '옥자'를 제작, 홀드백없이 진행하려다 큰 손해를 보았지만 그 때와 다르게 지금은 상황이 변하여 전국 스크린의 68%를 차지하는 CGV와 롯데시네마와 같은 멀티플렉스의 파워가 현격하게 떨어지게 되었고, 제작자 입장에서는 극장에서 개봉을 하였을 때 오는 뻔한 손실을 알기에 넷플릭스의 유혹을 거부할 수 없게 되었다.

미국의 경우도 상황이 틀린 것은 아니다. 애니메이션 영화 '트롤'를 두고 미국 최대 극장 체인 AMC와 배급사 유니버설 픽쳐스가 충돌하였다. 유니버설 픽쳐스는 코로나19 사태로 인해서 문을 닫은 극장을 대신에서 VOD 서비스로 '트롤'를 출시해서 3주 만에 매출 1억 달러를 올리게 되었는데 이를 두고 AMC는 향후 유니버설 작품은 상영을 금지하겠다고 선언을 할 정도로 갈등이 깊었다. 전미극장주협회

(NATO, National Association of Theatre Owners) 역시 비판 성명을 내고 (트롤의 성공을) 할리우드의 '뉴 노멀' 신호로 해석해서는 안되다는 입장을 밝힐 정도로 사태가 심각하게 전개되었지만 코로나19 이후의 비대면 상황은 극장 대신 OTT 플랫폼으로 시장이 변화하고 있고, 넷플릭스(Netflix) 같은 콘텐츠 기업 들이 기술 (Technology)을 통해 알려주고 있었다.

영화 『기생충 PARASITE, 2019』은 제92회 아카데미 영화상 작품상을 비롯해 4개 부문을 수상을 하면서 한국 영화 100년 사(史)를 새로 쓰게 하였고, 영화 『미나리 Minari, 2020』의 아카데미상 여우조연상 수상 역시 세계 영화계의 인식을 바꾸어놓을 정도로 그 의미가 남다르게 느꼈는데 드라마 『오징어게임 Squid game, 2021』과 『지옥 Hellbound, 2021』의 성공은 K콘텐츠의 글로벌 위상을 탄탄하게 정립시켰다.

CJ대한통운은 영화 '기생충'로 인해서 짜파구리 택배 물량이 40% 늘어났다는 일상 생활 리포트를 발간하였다. 이는 CJ대한통운 자사 택배 송장 정보를 분석한 결과인데 코로나 이후(AC, After Corona) 콘텐츠의 뉴 노멀(New normal)을 제시해준다는 점에서 의미가 있다. 지난 2년 간 CJ대한통운에서 배송한 25억5000만 상자의 물품 정보를 731가지 기준으로 분류한 국내 최 초의 택배 빅데이터 분석자료에 따르면, 영화 '기생충'의 개봉으로 짜파구리 열풍이 시작된 2019년 5월 이후에 짜장 라면의 월평균 택배 물량은 전보다 207%, 너구리 라면은 393% 늘었고, 택배로 오간 전체 라면 물량에서 2가지 라면이 차지하는 비중은 19%로 영화 개봉 전보다 2배 이상 뛰었다고 한다.

보통 택배 회사에 사용하는 운송장 정보는 개인정보 보호차원에서 폐기하게 되는 데 2015년 CJ대한통운 IT회사인 CJ올리브네트웍스에서는 송장 상품 데스크립션 (Description)을 유의미한 상품 정보로 개발하였다. 즉, 다양한 송장상품명이나 데스크립션을 텍스트 마이닝을 거친 후 외부 데이터와 결합 하여 머신러닝(기계학습)을 하면 유의미한 정보로 탈바꿈하게 된다는 것을 알게 되었고, 이를 상용화한 결과 위와 같이 영화 '기생충' 상영 후 '짜파구리' 효과가 실제적으로 나타나게 된다는 점을 파악하게 된 것이다.

코로나 사태 이후 '기생충'과 '미나리' 같은 영화나 '오징어게임' 혹은 '지옥' 같은 드라마를 다시 만날 확률은 적지만 그래도 비대면 상황 하에서의 언택트 마케팅(untact Marketing)이나 인공지능(AI), 블록체인 기술은 플랫폼(Platform)과 함께 콘텐츠를 뒷받침해줄 수 있는 효과적인 해결책이자 콘텐츠 파워(Contents Power)의 두 번 째 기둥이 되기에 충분하였다.

과거의 영화 시장은 감독에 의해 좌지우지되었지만 현재는 어떤 감독이 영화를 잘 찍고, 어떤 배우가 호감도가 높고, 어떤 작가가 흥행에 성공하는 지 판단하는 의사결정을 빅데이터와 같은 중요한 자원을 활용하여 분석, 영화 제작에 새로운 방향을 가져다주었다. 철저하게 개인화(Personalized)된 데이터를 분석해서 특정한 고객이 어떤 영화를 좋아하는 지 추천하게 만들어줌으로써 소비 트렌드를 파악하고, 향유자에 맞는 알고리즘을 설계할수있었다.

세계적인 과학기술 전문잡지 '와이어드'의 공동창업자 케빈 켈리는 "기술은 하나의 방향성이다"이라고 했다. 언택트(untact) 상황을 헤쳐나가는 기술이 하나의 방향성이라면 인간을 위해 그 기술을 어떻게 활용할 것인가를 고민할 때 기술은 삶의 질을 높이고, 소비행동의 편리성을 제공해 주는 방향으로 계속 진화하게 될 것으로 보았던 것이다.

코로나(After Corona) 이후, 뉴 노멀 시대의 콘텐츠(Contents)는 어떻게 대처해야 할 것인가 하는 질문에 대한 해결책으로 기술(Technology)은 부각되고, 생존수단이 되었다.

포스트 한류로서 K팝을 세계화시킨 방탄소년단(BTS)의 '방방콘 더 라이브'와 같은 온라인 실시간 라이브 공연은 콘텐츠를 재구축하려는 역량을 보여준 대표적인 사례가 되었다. 인천 파라다이스시티에서 열린 '방방콘'은 국내 팬은 물론이고 미국, 일본, 중국 등 107개 지역에서 최대 75만명이 동시 접속해 관람했으며 세계 기네스 북에 등재되었다. 특히 아미봉과 연동한 LED 우산을 활용한 안무는 기술력을 바탕으로 공간상의 한계를 뛰어넘는 전환점을 가져다 주었고, 글로벌 팬 커뮤니티 플랫폼 '위버스'를 통해 공연 결제부터 관람, 공식 상품 구매까지 한 번에 가능하게 함으로써 플랫폼 중심 새로운 공연 모델을 선보이게 되었고, 팬덤(Fandom)이 중요한 콘텐츠 마케팅으로 자리잡게 되었다.

코로나 이후에도 콘텐츠(Contents)는 존재한다. 다만 기술(Technology)을 통하여 콘텐츠의 전략과 전술이 구현됨으로써 콘텐츠의 영향력을 확산시키게 될 것이다. 위에서 언급한 것처럼 빅데이터를 활용하여 향유자에 맞는 방향을 가져다 주고, 비대면 상황을 극복하는 플랫폼 중심의 공연 모델을 통하여 콘텐츠가 갖고 있는 본연의 영향력을 확산시키게 되며, 게이미피케이션(Gamification)으로 시작된 메타버스(Metaverse) 역시 사용자들이 현실과 디지털 세상에서 공간(空間)의 격차없는 경험을 느낄 수 있도록 기술과 융합하여 감성에 근거한 콘텐츠로 연결될 것이다.

끝으로 콘텐츠(Contents)는 코로나 전이나 후에도 변함없이 최적의 소통(疏通) 수단으로 자리잡게 될 것이다. 만약 코로나 세대(世代)가 형성된다면 코로나 콘텐츠(Corona Contents)도 존재하게 될 것이며 그들을 이해할 수 있는 매개체로 콘텐츠의 영향력은 콘텐츠 파워(Contents Power)의 세 번 째 기둥이 될 것이다.

젊은이들로부터 MBC 수목드라마 '꼰대 인턴'이 주목받고 있다. 영화 '타짜'에서 곽철용의 역할을 실감나게 연기한 탤런트 김응수씨 때문이기도 하지만 젊은 세대의 시선에서 볼 때 자신의 경험이 무조건 옳다고 주장하고, 구태의연한 사고방식을 타인에게 강요하면서 은근히 자신의 우월함을 드러내려는 기성 세대의 모습을 잘 표현해주었기 때문인 것 같다. 흔히 '요즘' 것들과 '옛날' 것들이 공존하기에는 너무도 차이가 크지만 그래도 꼰대로 살아가면서 젊은 코로나 세대들과 소통하기 위해서는 무엇보다 그들을 이해하여야 하고, 그들의 삶의 방식에 다가설 수 있는 수단으로 콘텐츠(Contents)를 알아야 한다.

우리나라 천만 흥행 영화는 영화 '기생충'까지 총 27편이고, 그 중에 외국영화는

8편이 있다. 대략 30% 정도인데, 어려운 과학영화이면서도 1000만 영화가 된 크리스토퍼 놀란 감독의 『인터스텔라 Interstellar, 2014』도 있다. 우주의 신비로움을 과학적으로 해석한 영화 '인터스텔라'가 어떻게 천만 영화가 되었을까? 한마디로 학원가를 주름잡는 대치동, 목동의 아줌마들의 '지적 호기심을 자극하는 스토리'에 원인을 찾을 수 있었다. 즉, 자식에게 무식해보이지 않기 위해 영화 '인터스텔라'를 많이 보았고, 영화 제작사는 이것을 마케팅 포인트로 잡아서 어필했기 때문에 25번 째 천만 영화가 될 수 있었다. 대치동, 목동의 아줌마들이 자식과 소통하기 위해서 '인터스텔라'와 같은 영화 콘텐츠를 먼저 이해한 것처럼 '꼰대 세대'들은 자식과 같은 젊은 세대들을 위하여 콘텐츠를 먼저 알아야 한다. 다시 말해서 밀레니얼 세대 혹은 Z세대들과 대화하고 싶다면 나아가 코로나 세대를 이해하려면 먼저 그들이 무엇을 좋아하고 어떤 콘텐츠에 빠져있는가 알아야 한다. 그래야 콘텐츠를 통해 자연스럽게 콘텐츠의 영향력을 확산시킬 수 있기 때문이다.

MZ세대들은 콘텐츠를 볼 때, 채널(Chanel)보다는 콘텐츠(Contents)를 중시한다. 지상파, 케이블TV, 유튜브, 아프리카TV, 틱톡, 퀴비보다는 오직 좋아하는 프로그램과 좋아하는 스타를 선택하게 된다.

그들은 무엇보다 게임(Game)을 많이 한다. 그리고 네이버나 다음에 들어가서 웹툰(Webtoon)을 보기도 하고, 필요할 때 넷플릭스와 같은 OTT 플랫폼에 들어가서 취향에 맞는 영화나 드라마를 몰아보기도 한다. 흔히 주머(Zoomer)라고 불리우는 그들은 하루 평균 2시간 30분 이상 온라인 동영상을 시청하고, 4명 중 3명이 1인 크리에이터 영상을 보면서 일상(日常)을 영상으로 기록했다가 편집해서 유튜브에 공유하는 '브이로그(V-log)' 생활에 익숙해져 있다. 그런 측면에서 볼 때, 콘텐츠(Contents)는 세대 차이를 극복할 수 있는 좋은 소통 수단이 될 수 있으면서 동시에 젊은 세대들이 공감할 때 콘텐츠 인식이 좋아지고 확산되어 진정한 의미의 콘텐츠 파워(Contents Power)가 형성되는 기반이 될 것이다.

중국은 돈을 벌면 이민족의 침입이 두려워서 성을 쌓았지만 로마는 돈을 벌면 길을 닦았고, 그렇게 해서 기원 전 로마는 8만 키로의 길을 얻을 수 있었다. 흔히 우리나라를 삼천리 금수강산이라고 하는 데 10리가 4키로인 것을 감안하면 우리는 대략 1200키로 이상의 도로를 가졌을 것으로 추측되고, 아무리 작은 길까지 포함해도 1만 키로가 되지 못했을 텐데 로마는 기원 전에 8만 키로의 길을 형성했다는 것은 정말 대단한 성과인 것이다.

로마가 만든 그 길에서 그리스인이 다니고 게르만 인이 다니면서 자연스럽게 만남의 장(場)이 생기고, 거래가 이루어지게 된다. 즉, 가치(價値)가 교환된다. 팍스 로마나(Pax Romana)를 이룩한 바탕에는 오프라인 플랫폼이 있었으며, 온라인 플랫폼으로 바뀌면서 코로나 사태 이후에도 비즈니스를 제공해주기에 기업의 성패와 미래를 좌우한다고 해도 과언이 아닐 것이다. 그래서 우리들은 플랫폼의 눈으로 세상을 보라고 했고, 플랫폼 레볼루션(Revolution)이라고 한다.

저자가 『콘텐츠, 플랫폼으로 날다!』라는 책을 집필하게 된 가장 큰 동기는 Contents ⇨ Community ⇨ Commerce로 이루어지는 순환구조 속에 콘텐츠 비즈니스의 중요한 키(Key)를 확인하고 싶었다. 즉, 다양한 콘텐츠(Contents)가 커뮤니티(Community)를 통해서 킬러 콘텐츠를 배출하고, 킬러 콘텐츠는 커머스(Commerce)를 일으키게 되는 데 이 과정에서 플랫폼(Platform)의 역할은 무엇일까 파악하는 것이었다. 결론적으로 플랫폼(Platform)은 와서 머물수 있어야 한다. 와서 흥미(Interest)을 느끼고 계속 머물 수 있도록 해결책(Solution)을 제공해주면 플랫폼은 매력적이게 된다. 동시에 매력적인 플랫폼은 커뮤니티(Community)를 풍성하게 만들어주고, 나아가 콘텐츠의 날개가 되어 콘텐츠 파워(Contents Power)를 구축할 수 있기 때문이다.

2021년 12월 12일

세월을 읽다_ 김세을

Part 1

영화를 사랑하는 방식

첫 째, 같은 영화를 2회 이상(N차) 관람하고,
둘 째, 영화를 보고 그 영화에 대한 평(評)을 하고,
셋 째, 영화를 직접 제작(製作)한다.
끝으로, 영화 제작이 어려우면 영화 제작에 투자(投資)를 한다.

영화를 사랑하는 방식(方式)

아카데미賞(Academy Award of Merit) 시상식은 매년 2월 마지막 주 일요일에 여는 게 관례이나 제90회 시상식은 2018년 3월 4일 개최했다. 평창 동계올림픽 폐막식과 겹치지 않게 1주일 연기했기 때문이다. 아카데미상은 일명 '오스카상'이라고도 하며, 미국 영화업자와 사회법인 영화예술 아카데미협회(Academy of Motion Picture Arts & Sciences)가 수여하는 미국 최대의 영화상인데, 2018년에는 멕시코 감독 기예르모 델 토로의 『셰이프 오브 워터: 사랑의 모양』이 작품상과 감독상을 수상함으로써 지난 5년 간 헐리우드에 불고 있는 멕시코 붐을 반영하였다.

"영화가 좋은 점은 국경을 없앤다는 것이며, 계속 이렇게 나아가야 할 것입니다." 라고 울먹이면서 수상 소감을 밝힌 기예르모 델 토로 감독의 가슴저민 육성이 아니더라도 영화는 이민자, 여성, 동성애자 등 소수의 목소리에 귀기울이고 있었다.

영화『기생충 PARASITE, 2019』은 제92회 아카데미 영화상 작품상을 비롯해 4개 부문을 수상을 하면서 한국 영화 100년 사(史)를 새로 쓰게 하였고, 한국 영화에 대한 세계 영화계의 인식을 바꾸어놓았으며, 동시에 봉준호 감독을 세계적인 거장의 반열에 올리는 결과물이 되었다.

봉준호 감독은 영화『괴물 The Host, 2006』로 천만 감독에 오르면서 흥행성을 보장받았다. 영화『설국열차 Snowpiercer, 2013』에서는 작품 완성에 한정되지 않는, 글로벌적인 시각을 바탕으로 인류가 처한 주제로 세계관을 확장된 뒤 비로소 영화『기생충』에서 한국 사회의 계급적 갈등을 예리하게 표현함으로써 미학적으로 접근할 수 있었다.

계급 사회 속에서 인간이 지향하는 목적을 계단을 통해서 섬세하게 드러내고, 기생이냐 공생이냐 하는 삶의 모습을 우리에게 던진 작품으로 진짜 인간에 대한 예의를 잘 이행하고 있는지 다시 한 번 생각해보게 하는 작품이다. 다만 영화 초반부에 등장한 수석(壽石)은 영화 보는 내내 어떤 의미인지 가슴 한 쪽에 남아있고, 냄새로 사람을 판단하고 냄새로 계층을 표현하는 비약적 인식이 소통을 방해하는 요소로 남아 이야기의 즐거움을 반감하지 않았나 싶은 영화였다.

영화(映畫)는 스토리(Story)를 지니며 현실과 비현실 세계를 연결시켜 주기에 가능한 것이 많다. 때론 현실을 잊게해 주지만 다시 현실 속에서 살아가게 만드는 매력 때문에 영화가 좋고, 영화이기에 사랑하는 마음이 자연스럽게 생기는 것이 아닐까? 아카데미상 시상식을 보는 내내 영화를 사랑하는 방식(方式)에 대하여 생각하게 되었다.

영화를 사랑하는 첫 번째 방식은,
같은 영화를 2회 이상(N차) 관람하는 것이다.

　새로운 영화를 한번 보고, 다른 영화를 또 한번 보는 것이 아니라 같은 영화를 2번 혹은 그 이상 보는 것이다. 봤던 영화를 몇 번이고 다시 보는 이유는 사람마다 차이가 있겠지만 영화 속에 놓치기 싫은 장면(Scene)을 한번 더 붙잡아 둠으로써 갈증을 풀기도 하고, 묘한 분위기에 사로잡혀 자신도 모르게 감정에 푹빠지기도 한다. 몇 번 보고난 후 영화 속 소품을 발견하게 되는 희열 때문에 영화를 2번 이상 보게 된다면 당신은 분명 영화를 사랑하는 사람이다.

　우리나라 영화 시장 규모는 세계 5위로 2019년 기준으로 볼 때 연간 영화 관람객 수가 2억 2천만 명 정도 된다. 1인당 연간 4.3편을 보는 것이다. 프랑스의 경우에는 3.9편, 가까운 일본의 경우 1.4편인 것을 감안해 볼 때 우리나라 사람들의 영화에 대한 사랑은 상당하다고 볼 수 있다.

　2018년 10월 31일 개봉한 영화『보헤미안 랩소디 Bohemian Rhapsody, 2018』의 경우 많은 관객들이 영화관을 찾아서 N차 관람을 즐겼다. 그룹 퀸(Queen)의 메인보컬 프레디 머큐리의 인생 역정을 그린『보헤미안 랩소디』는 음악영화가 지니는 콘서트 분위기를 체험하고자 일반 영화관에서 영화를 보고, 그 다음에는 돌비 애트모스 사운드를 가진 MX관에서 보거나 정면과 3면의 스크린이 주는 입체감을 느낄 수 있는 스크린X 2D관에서 실제 콘서트 장에 온 것처럼 싱어롱 떼창을 부르는 N차 관람객들이 많았다.

영화를 사랑하는 두 번째 방식은,
영화를 보고 그 영화에 대한 여운을 못내 아쉬워하면서 몇 자 적어 보는 것.
사람들은 이것을 영화에 대하여 평(評)을 한다고 말한다.

 스스로 문학적 감수성이 없더라도 비가 오면 비를 맞으면서 잠시 영화의 주인공이 되기도 하고, 지나간 추억 속의 영화를 떠올리면서 영화에 대하여 뭔가 끄적이고 싶을 것이다. 그럴 때, 커피 한 잔과 함께 영수증 뒷면을 활용해서 커피 향(香)이 가져다주는 영화에 빠져서 몇 자 적어본다면 분명 당신은 영화를 평(評)하는 세계에 발을 들여놓게 된다.

 어떻게 영화를 평(評)하는가 하는 고민보다는 생각나는 대로 당신의 생각을 적다보면 그것이 나를 움직이고, 너에게 메시지를 전달하며 우리들에게 의미있는 삶을 되돌아보게 한다. 저자는 2편의 영화에 대한 소감을 통해 어떻게 영화를 평(評)할까 안내해보고 싶다.

첫 번째 영화는, 제69회 칸국제영화제 황금종려상을 수상한 영국의 켄 로치 감독의 『나, 다니엘 블레이크 I, Daniel Blake, 2016』에 대한 평이다.

평생을 목수로 살아온 다니엘(Daniel)은 악화된 심장병으로 일을 쉬어야 함에도 불구하고 노동적합 판정과 함께 질병수당이 아닌 구직수당을 받아야 하는 상황에 처하게 된다. 구직수당을 받으러 간 자리에서 자신보다 더 부당한 대우를 받는 싱글맘 케이티와 두 아이를 만나 항상 도움이 되고자 애쓴다. 그러면서도 주머니에 연필로 쓴 이력서를 들고 거짓으로 구직(求職)을 애쓰는 자신의 모습에서 자존심을 잃으면 모든 것을 잃게 된다고 생각하고 그 벽을 타파하려고 했지만 항고하려는 순간 갑자기 심장마비로 숨을 거둔다.

남겨진 싱글맘 케이티가 다니엘이 항고심에서 마지막으로 자신을 변론하고자 했던, 연필로 쓴 유언장(?)을 읽으면서 끝나는 영화『나, 다니엘 블레이크』는 사회적 약자와 소외계층의 어려움을 진솔하게 보여줌으로써 한동안 가슴을 참 먹먹하게 만들어 주었다.

이처럼 영화 속에서 스토리텔링(Storytelling)은, 가치 있는 이야기를 소통하고 공감함으로써 체험으로 승화시킨다는 점에서 단지 이야기(Story)를 말(Tell)하는 것을 넘어서 향유자 스스로 공감하고 소통함으로써 즐거움을 만들어가는 과정(ing)이라고 할 수 있다.

두 번째 영화는, 2명의 파운더(기업 창립자)의 경영이념이자 경영철학을 냉정한 시각으로 보여 준『파운더 The Founder, 2016』에 대한 평이다.

52세의 한물간 세일즈맨 레이 클록(마이클 키튼, 배트맨 주연배우)은 밀크 셰이크 믹서기를 팔며 전국을 돌아다니던 중 6대를 구매하겠다는 캘리포니아의 '맥도날드'라는 레스토랑을 찾아가서 충격에 빠진다. 주문한 지 30초 만에 햄버거가 나오는 혁신적인 스피디 시스템과 식당으로 몰려드는 엄청난 인파, 그리고 강렬한 '황금아치'에 매료된 '레이 클록'은 며칠 뒤 맥도날드 형제를 찾아가 그들의 이름을 건 프랜차이즈를 제안한다. '레이 클록'의 오랜 설득 끝에 계약을 체결하지만 순박한 열정으로 오직 햄버거만을 생각하는 '맥도날드' 형제는 프랜차이즈를 통해 새로운 비전을 제시하려는 '레이 클록'과 사사건건 틀어지게 된다.

메뉴판에 광고를 넣으려는 시도 조차도 창업 정신에 위배되는 것이라고 거절하는 맥도날드 형제에 '레이 클록'은 실망하고, 맥도날드 햄버거의 수익 창출을 위한 새로운 제안을 받아들여 맥도날드 형제와 다른 길을 걷게 된다.

먼저 미 전역의 중요한 토지를 선점하고, 부동산을 담보로 대출을 받아 사업을 확장시킨 뒤 '맥도날드' 형제가 상대하기에는 너무 벅찬 규모로 성장한 다음에 '맥도날드' 라는 브랜드를 삼키는 전략을 구사한 '레이 클록'은 결국 승자가 되었다.

미국 캘리포니아에서 두 형제가 운영하던 작은 햄버거 레스토랑 맥도날드는 '레이 클록'의 손을 거쳐 미국 문화의 상징이 되었는데 그 번영이, 주문한 지 30초 만에 햄버거가 나오는 혁신적인 스피디 시스템이 아니라 맥도날드의 IP(Intellectual Property)를 활용하여 부동산 투자회사를 만들고, 더 나아가 맥도날드 왕국의 기반을 구축하는 데 있다는 점을 영화는 강렬하게 표현하고 있다. 특히 콘텐츠에 관심을 갖는 사람들에게 IP(Intellectual Property)가 얼마나 중요한 지 깨닫게 해주는 영화로 의미가 있다.

영화를 사랑하는 세 번 째 방식은,
영화를 직접 제작(製作)한다.

같은 영화를 2번 이상 보고, 그 감정의 연장선에서 몇 자 적어보고도 영화에 대한 열정을 채울 수 없다면 그 다음에는 자연스럽게 영화를 제작(製作)하게 된다.

제89회 아카데미상 3개 부문(최우수작품상,남녀조연상 수상) 수상한 영화『문라이트』는 흑인 청년의 고요한 인생의 소나타로 일종의 성장영화(成長映畵-영화와 더불어 한 아이가 어떻게 어른으로 성장하게 되는지 과정을 표현한 영화)이다. 이 영화는 처음에 아무도 관심을 갖지 않고 제작하지 않으려고 할 때, 영화배우이자 제작자인 브래드 피트(Brad Pitt)는 영화『노예12년』행사 사회를 보면서 그 인연으로 영화『문라이트』를 제작하게 되었다.

브래드 피트(Brad Pitt)는 천편일률적인 할리우드 상업영화보다는 다양한 소재의 차별화된 시나리오를 선별하여 제작하기로 유명한데 영화제작사 '플랜 B'의 공동대표이기도 하다. 공교롭게도 브래드 피트(Brad Pitt)가 제작한 영화『노예12년』과 영화『문라이트』는 제86회 아카데미상과 제89회 아카데미상을 수상함으로써 영화배우이면서 얼마나 영화를 사랑하면 영화를 제작할까 하는 생각을 하게 해주었다.

제93회 아카데미상에서 영화『미나리 Minari 2020』가 여우조연상을 수상함으로써 한국영화의 위상을 한층 높여주었는데 영화『미나리』역시 브래드 피트(Brad Pitt)가 설립한 제작사 '플랜 B'가 제작한 영화였다.

국내의 경우에는 이병헌, 공효진, 안소희 주연의 영화『싱글라이더』가 있다.

영화『싱글라이더 A Sigle rider 2016』는, 혼자 여행하는 사람이란 뜻으로 주인공 리우터증권 강재훈지점장이 타스매니아 섬에서 보내 온 아들의 영상편지를 보면서 출근하고, 사무실에서 투자자들에게 곤욕을 치르다 저녁에 혼자서 술을 먹으면서 채권 매입으로 손해를 본 투자자들에게 편지를 쓰면서 시작되는 영화이다.

전체 영화 93분 가운데서 약 70분 정도를 가족이 있는 호주로 가서 혼자 여행(?)하는 싱글라이더의 애절한 모습을 보여줌으로써 가슴을 울린 영화인데, 공교롭게도 영화『싱글라이더』의 제작자는 영화배우인 하정우였다.

『국가대표』,『범죄와의 전쟁』,『암살』,『터널』,『신과 함께1,2』등 많은 영화에서 탁월한 개성을 보인 영화배우 하정우가 영화『허삼관』을 연출하고, 나아가 영화『싱글라이더』를 제작했다는 것에 놀라웠다. 특히 영화『싱글라이더』의 주연배우인 이병헌 역시 진짜 가슴 깊숙이 이 영화가 꼭 제작되어야 한다는 사명감에 동분서주하면서 영화 투자에 앞장 섰다는 점을 알고 나면 새삼 영화를 보는 눈이 달라지게 된다.

영화『곡성』이나『부산행』과 같이 영화의 줄거리를 관객에게 미리 밝히는 스포일러(Spoiler)로 인해서 스포금지 캠페인까지 유발한 영화『싱글라이더』는 영화를 보는 내내 아련해져 가는 느낌을 지울 수 없다.

끝으로 영화를 사랑하는 방식으로는,
영화에 투자(投資)하는 것이다.

같은 영화를 2번 이상 보고, 영화에 대하여 평(評)을 쓸 수는 있지만 곧바로 영화를 제작(制作)한다는 것은 개인으로서 쉽게 다가설 수 있는 일은 아니다. 그래도 꼭 영화를 제작하고 싶다면 영화를 사랑하는 입장에서 영화에 투자하는 방식을 먼저 권하고 싶다.

영화를 즐기는 새로운 방식으로 영화에 투자하는 크라우드 펀딩(Crowd Funding)은 온라인 플랫폼을 통해 자금을 필요로 하는 수요자가 불특정 다수에게 자금을 모으는 방식이다. 즉, 군중(Crowd)으로부터 재원을 마련(Funding)하는 것을 의미한다. 크라우드 펀딩(Crowd Funding)은 시장 진입이 까다로운 금융 시장에서 새로운 틈새 시장으로 부각되고 있으며 소셜 펀딩 혹은 소셜 금융이라고도 한다. 자금(Funding)이 필요한 개인이나 기업, 단체들이 불특정 다수로부터 소셜 네트워크를 통해서 이루어지는 크라우드 펀딩은 창작자나 발명가 그리고 벤처기업 등이 인터넷 등을 통해 다수로부터 소액을 모금하는데 용이하기에 빠르게 시장을 형성하고 있다.

관객은 단순히 수익만 생각하는 게 아니라 연출 의도, 주제 의식, 좋아하는 배우 등 다양한 이유로 좀 더 적극적으로 영화를 즐기고자 한다. 최근에는 관객이 수동적으로 좋은 영화를 기다리는 걸 뛰어 넘어서 보고 싶은 영화를 찾아 직접 투자하는 현상이 활발하게 이루어지고 있다.

2016년 1월, 크라우드 펀딩법이 시행되면서 일반 개인도 기부나 후원뿐 아니라 온라인으로 손쉽게 특정 영화에 대한 수익형 투자에 참여할 수 있게 되었다. 개인 투자자들은 연간 최대 500만원, 기업당 200만원이 한도였다가 2018년 투자 한도가 2배로 상향 조정되었다. 크라우드 펀딩은 아래와 같이 3가지로 구별할 수 있다.

- ■ 후원형 크라우드 펀딩(Crowd Funding)
  1만원을 후원받으면 그 돈으로 영화를 만들고, 선물로 영화표 등을 주는 방식으로 제작비를 조달.
- 영화 『귀향』
  총 제작비 25억 원 중 11억 6000만 원을 7만여 명이 후원.

- ■ 증권형 or 리워드형 크라우드 펀딩(Crowd Funding)
  1인당 투자 가능한 최고액은 200만 원으로 정하고, 투자액에 따라 수익 혹은 손실을 나누는 펀딩
- 영화 『인천상륙작전』
  5만 명 넘는 투자자는 25.6%의 수익을 배당

- 영화 『판도라』
  468명으로부터 가장 많은 금액인 8억 1000만 원 투자 유치
- 일본 애니메이션 『너의 이름은.』
  관객 300만 명을 넘어서면서 투자자 모두에게 40% 수익을 배분함으로써 200만 원을 넣은 사람은 280만 원을 받게 되는 성공사례.

■ 결합형 크라우드 펀딩(Crowd funding)
- 영화 『눈길』
  일제 강점기 종군위안부 소재의 독립영화 『눈길』은 30분 만에 1차 목표액 4000만 원을 채웠고, 수정 목표액 3억 원도 훌쩍 넘는 투자를 유치.
  수익의 20%를 일본군 위안부 생존자를 돕는 시민단체에 기부함으로써 후원과 리워드 방식이 결합된 크라우드 펀딩이다.

반면 흥행에 실패한 심은경 주연의 『걷기왕』과 안성기, 조진웅 주연의 『사냥』 등은 투자 손실률도 높았다. 영화 『걷기왕』의 투자 손실률은 80%가 넘을 정도로 리스크가 큰 만큼 투자에도 세심한 주의가 필요하다.

개인적으로 책을 내고 싶으나 자금과 인력이 부족할 때 작가나 출판사가 불특정 다수로부터 투자를 받아 책을 만들어냄으로써 출판계의 판도를 바꾸는 경우도 있다. 대표적인 예로 최고의 화제작인 백세희의 『죽고 싶지만 떡볶이는 먹고 싶어』가 크라우드 펀딩 사이트 '텀블벅(tumblbug)'의 도움으로 출간되어 베스트셀러가 되었다.

영화나 책 등 문화상품을 넘어 하나의 지식과 경험이 크라우드 펀딩의 대상이 되기도 한다. 해외 특정 도시에 대한 심층적인 여행 경험을 전해주거나 해외 유명행사에 전문가가 직접 다녀와 그 지식을 공유하는 경우도 많다.

최근 워런 버핏의 버크셔 해서웨이(Berkshire Hathaway) 등 성공한 투자회사의 주주총회에 다녀온 경험이나 인터뷰 등을 통해 얻은 지식을 영상, 보고서로 만들어 투자자와 공유하는 펀딩도 활성화되었다.

미국이나 유럽 사이트에는 유럽 각지에서 열리는 와인축제나 영화촬영 로케이션의 전문투어, 남미나 아프리카의 오지 탐험도 소셜펀딩의 대상이다.

- 인디밴드에게 다수가 투자하고, 투자자들은 가수의 팬이 되어 공동으로 음반을 만들어가는 크라우드 펀딩 : 셀어밴드(Sellaband)
- 문화 예술에 관련된 프로젝트 소셜펀딩 : 텀블벅 tumblbug
- 게임 후원 스타트업 펀딩 : 텐스푼 tenspoon
- 문화 및 환경 등 사회적 기반의 펀딩 : 굿펀딩 goodfunding
- 펀딩한 서포터에게 제품이나 서비스를 제공하는 스타트업을 위한 프로젝트 펀딩 : 와디즈 펀딩 wadiz funding
- 건축주와 투자자를 연결하는 p2p 금융플랫폼 : 테라펀딩 TERA funding
- 창업 및 중소기업의 성장을 지원하고자 투자 전문 크라우드 펀딩 : IBK투자증권 크라우드펀딩

[천만 영화]

한국에서 영화의 관람객 수가 천만 명을 돌파한 경우에 천만 영화라고 한다. 2003년 영화『실미도』가 사상 처음으로 천만 관객을 돌파한 이래, 천만 명의 관람객 수는 한국 영화의 흥행을 판가름하는 기준점으로 작용하고 있다.

2018년 10월 말에 개봉한『보헤미안랩소디』가 994만명을 끝으로 천만 영화에 등극(?)하지 못해서 개인적으로 가슴이 많이 아팠는데,『기생충』역시 개봉 41일 차에 박스오피스 4위로 982만명의 누적관객수를 기록하여 과연 천만을 돌파할까 걱정을 많이 했다. 사실 천만 관객 영화는 1990년 멀티플렉스 극장의 도래와 함께 시작되었다고 볼 수 있겠다. 그 전까지는 단관 개봉이 일반적이었기 때문에 해당 영화를 상영하는 극장까지 찾아가야 하고, 자신이 원하는 시간대에 영화를 볼 수 없다는 불편함 때문에 영화가 천만 관객을 돌파하기 쉽지 않았다. 그러나 2000년대에 들어 한 영화관에서 여러 영화를 상영하는 멀티플렉스 극장이 보편화되기 시작하면서 영화를 관람하는 인구가 대폭 증가하여 2001년 영화『친구』가 800만 관객을 돌파, 처음으로 천만 관객의 가능성이 보였다. 그리고 2003년 12월 영화『실미도』가 사상 첫 천만 관객 달성이라는 기록을 세웠고, 2004년 2월에는『태극기 휘날리며』가 개봉, 역시 천만 관객을 달성하며 본격적인 천만 관객 시대를 열었다.

2019년 7월 14일, 영화『알라딘 Aladdin, 2019』이 꾸준한 입소문을 통한 역주행으로 개봉 53일 만에 1000만을 돌파했다. 외국 영화로는 4번째 천만영화를 기록하면서 영화『암살』의 순위를 위협하고 있다. 과연 제72회 칸국제영화제 황금종려상을 수상한 봉준호 감독의『기생충 PARASITE, 2019』이 과연 1000만 관객의 주인공이 될 수 있을까? 걱정했는데 개봉 53일만에 27번째 천만영화로 등극하였다. 2020년까지 천만관객 영화를 정리해보면 다음과 같다.

- ▶ 1위 : 영화『명량 Roaring Currents, 2014』17,615,039명
- ▶ 2위 : 영화『극한직업 Extreme Job, 2019』16,263,525명
- ▶ 3위 : 영화『신과함께 : 죄와 벌 Along with the Gods : The Two Worlds, 2019』14,410,931명
- ▶ 4위 : 영화『국제시장 Ade to My Father, 2014』14,260,790명

- ▶ 5위 : 영화 『어벤져스:엔드게임 The Avengers : Endgame, 2019』 13,923,046명
- ▶ 6위 : 영화 『겨울왕국2 Frozen 2, 2019』 13,747,392명
- ▶ 7위 : 영화 『베테랑 Veterran, 2015』13,414,200명
- ▶ 8위 : 영화 『아바타 Avatar, 2009』13,338,863명
- ▶ 9위 : 영화 『도둑들 The Thieves, 2012』12,983,341명
- ▶ 10위 : 영화 『7번방의 선물 Miracle in Cell No.7, 2012』12,811,213명
- ▶ 11위 : 영화 『암살 Assassination, 2015』12,705,783명
- ▶ 12위 : 영화 『알라딘 Aladdin, 2019』12,555,894명
- ▶ 13위 : 영화 『광해, 왕이된 남자 Masquerade, 2015』12,323,555명
- ▶ 14위 : 영화 『신과함께 : 인과 연 Along with the Gods : The Last 49 Days, 2017』12,274,996명
- ▶ 15위 : 영화 『택시운전사 A Taxi Driver, 2017』12,186,327명
- ▶ 16위 : 영화 『태극기 휘날리며 TaeGukGi : Brotherhood of War, 2003』 11,746,135명
- ▶ 17위 : 영화 『부산행 Train To Busan, 2016』11,564,345명
- ▶ 18위 : 영화 『변호인 The Attorney, 2013』11,374,892명
- ▶ 19위 : 영화 『해운대 Haeundae, 2009』11,324,791명
- ▶ 20위 : 영화 『어벤져스:인피니티 워 The Avengers : Infinity War, 2018』 11,212,710명
- ▶ 21위 : 영화 『실미도, 2003』11,081,000명
- ▶ 22위 : 영화 『괴물 The Host, 2006』10,917,400명
- ▶ 23위 : 영화 『왕의 남자, 2005』10,513,947명
- ▶ 24위 : 영화 『어벤져스:에이지 오브 울트론 The Avengers : Age of Ultron, 2015』10,494,499명
- ▶ 25위 : 영화 『인터스텔라 Interstellar, 2014』10,309,432명
- ▶ 26위 : 영화 『겨울왕국 Frozen, 2013』10,296,101명
- ▶ 27위 : 영화 『기생충 PARASITE, 2019』10,312,581명

1.
플랫폼(Platform)의
발견(發見)

영화를 사랑하면서 즐기는 새로운 방식으로
영화에 투자하는 길에서 크라우드 펀딩을 만나게 되고,
디지털로 변화된 금융 플랫폼(Finance Platform)을 발견(發見)하게 된다.

그저 영화를 사랑한 죄(?) 밖에 없는 데
영화 제작(制作)에 투자(投資)하는 길에 들어서고,
그 길에서 금융 플랫폼을 발견(發見)한다는 것은
영화를 사랑하면서 얻은 부수익이자
가장 중요한 콘텐츠의 성공 방식을 이해하게 되기에
일거양득(一擧兩得)이 아닐 수 없다.

1 Part

플랫폼(Platform)의 발견(發見)

영화를 사랑하는 방법에는 같은 영화를 2번 이상 보고, 영화에 대하여 나름 간단하게 평(評)을 써보고, 직접 영화를 제작(制作)하는 것이다.

위와 같은 세 가지 방법을 통하여, 보는 영화에서 의미있는 영화로 사랑하게 되지만 그래도 2% 부족하다고 느껴질 때 선택할 수 있는 수단이 영화 제작에 직접 투자(投資)하는 방법이다. 마지막으로 선택하는, 영화에 대한 투자(投資)는 비록 독립영화라고 할지라도 개인이 영화를 제작하는 데는 상당한 비용이 소요되기에 영화 제작에 선행 단계로 영화에 대한 투자(投資)를 먼저 함으로써 제작에 대한 아쉬움을 달래면서 동시에 영화 제작으로 가는 길에 동행할 수 있다는 장점이 있다.

영화를 사랑하면서 즐기는 새로운 방식으로 영화에 투자하는 길에서 우리는 크라우드 펀딩을 만나게 되고, 나아가 디지털로 변화된 금융 플랫폼(Finance Platform)을 발견(發見)하게 된다.

그저 영화를 사랑한 죄(?) 밖에 없는 데 결과적으로 영화 제작에 투자하는 길에 들어서고, 그 길에서 금융 플랫폼(Platform)을 발견(發見)한다는 것은 영화를 사랑하면서 얻은 부수익이자 가장 중요한 콘텐츠(여기서는 영화를 사랑하는 방법을 언급했으니 영화콘텐츠)의 성공 방식을 이해하게 되기에 일거양득(一擧兩得)이 아닐 수 없다.

디지털 기술의 발전은 영화제작과 유통에 급격한 재편을 가져왔다. 필름(Film)이 아닌 파일(File) 기반으로 제작되는 영화는 디지털 편집 기술로 인하여 기존의 제한적인 촬영 조건을 극복하게 되고, 제작 비용을 획기적으로 절감함으로써 영화 진입 장벽을 낮추었다. 먼저 35mm 영사기로 촬영 ⇨ 편집 ⇨ 텔레시네(디지털복사) ⇨ 파일(File)에 저장하는 방식으로 영화 제작 방식이 효율화되었고, 과거의 1극장 1스크린 방식에서 벗어나 멀티 플렉스(Multiplex) 같은 복합 영화상영관이나 3D관, IMAX관, 오감체험을 할 수 있는 4DX관과 같은 특화된 상영관을 통해 영화가 유통되고 있다.

최근 스트리밍 기술의 발달과 PC, 스마트폰, 케이블TV, IPTV 등과 같은 플랫폼(Platform)의 다변화는 특정 관객에서 일반 소비자 혹은 향유자로 변화시켰다. 특히 "1000만 관객 영화는 스크린 독점영화"라는 등식이 성립할 정도로 영화 유통에 있어서 디지털 기술의 영향력은 절대적이라고 할 수 있다.

극장을 보면 은행의 미래가 보인다

영화 제작이나 유통과 마찬가지로 디지털 기술은 은행(銀行)을 변화시켰다. 은행(Bank)은 전통적으로 전산(電算)을 통하여 업무를 처리하기에 어느 업종보다도 정보통신기술(ICT)에 앞서 있지만 물리적인 점포와 지점에 기반을 둔 전통적인 금융 질서가 정보통신기술을 기반으로 새로운 변화를 맞게 되었다.

정보통신기술(Information and Communication Technology)과 금융(Financial)의 융합은 지급 결제, 금융데이터 분석, 금융 소프트웨어,

금융 플랫폼 등 크게 4가지 영역에서 거래 프로세싱 비용을 획기적으로 절감시켰다.

- ■ 지급 결제 : 비대칭적인 가격 설정 방식
- ■ 금융데이터 분석 : 여신, 대출, 투자 등에서 데이터 활용
- ■ 금융 소프트웨어 : 사기거래탐지(FDS)와 같은 소프트웨어
- ■ 금융플랫폼 : 크라우드펀딩 플랫폼, P2P대출 플랫폼, 핀테크플랫폼

지급결제 서비스는 무엇보다 사용자(고객)가 쓰기 쉽게 만드는 게 첫 번째 요건이기에 온라인과 모바일 환경에서 사용자(고객)가 쉽고 편리하게 결제하기 위한 서비스로 디지털 기술이 핵심이다. 편리한 서비스를 제공해 사용자를 모으고, 그 사용자를 결제 서비스가 필요한 사업자에게 연결시켜 주면서 수수료를 받는 지급 결제 서비스는 비대칭적인 가격 설정 방식에 있으며 아래와 같다.

- ■ 하드웨어 기반 모바일 간편 결제서비스 : 애플페이, 삼성페이
  ※ 온,오프라인 결제 : 삼성페이, 페이코
- ■ 온라인 전자결제 시스템 : 페이팔(Paypal)
- ■ 앱기반 QR결제서비스 : 제로(Zero)페이, 알리페이, 위챗페이, 네이버페이, 카카오페이, LG페이, 지역화폐 페이
- ■ 전자지급결제대행사(Payment Gateway ; PG)
  ※ KG이니시스와 페이게이트(Paygate)

금융데이터 분석 업무에 있어서 정보통신기술은 고객의 금융 거래를 바탕으로 신용도를 파악해 적절한 이자율 계산에서부터 수신 및 대출 심사까지 거래 프로세싱 비용을 절감시켰을 뿐만 아니라 새로운 사업에 대한 자금의 조달(크라우드펀딩)이나 자산 운용 및 투자에 있어서 인공지

능 기반의 로보어드바이저(Robo-Advisor)를 활용하는 등 금융 업무를 한 차원 발전시켰다.

'비주얼(Visual) DNA'라는 핀테크 회사의 신용평가 서비스는 금융 거래 내역이 없어도 몇 가지 설문 조사에만 답하면 신용도를 평가받을 수 있다. "무슨 색을 좋아하나요?", "비 오는 날은 파전을 먹나요, 부추전을 먹나요?" 라는 식으로 사용자 취향과 심리 상태를 물어본다. 얼핏 보면 터무니없어 보이지만 사회 심리학과 통계학을 바탕에 둔 치밀한 평가 방법이다.

소액대출회사 '온덱(OnDeck)'은 사회관계망 서비스(SNS)와 인터넷 활동내역을 바탕으로 대출 이자율을 계산해 금융 거래 내역이 없는 소상공인에게 돈을 빌려준다. 점포 하나도 없는 온라인 대출회사 온덱(OnDeck)은 온라인과 전화를 통해 10분 이내 대출을 결정하고, 24시간 이내 대출이 이루어지는 경쟁력을 바탕으로 2014년 기업공개(IPO)를 통해 2억 달러의 자금을 조달했다.

금융 소프트웨어는 금융 업무를 더 효율적으로 만드는 소프트웨어로 ERP 같은 회계 소프트웨어나 리스크 관리 소프트웨어 등이 해당된다. 최근 공인인증서 및 보안매체 의무 사용의 폐지와 생체인증 및 근거리 무선통신(NFC) 기술 등으로 FDS의 중요성이 지속적으로 증가하고 있다.

'페이팔'의 사기거래탐지(FDS) 기술 역시 금융 소프트웨어 분야로 한국 서울 합정동 식당에서 쓰인 신용카드가 1시간 뒤 미국 뉴욕의 한 백화점 명품 매장에서 쓰인다면 아무래도 자연스럽지 않다. 1시간 만에 같은 고객이 미국으로 건너갈 방법도 없을뿐더러, 5천원 짜리 백반만 사먹던 고객이 갑자기 명품을 구매하는 점도 수상하다. 이렇게 기존 거래 패턴에서 어긋나는 거래가 일어날 경우 이를 이상 거래로 인식하고 추가 인증을 요구해 사기 거래를 막는 기술이 사기거래탐지(FDS) 기술이다. 비자나 마스터카드 같은 국제적인 신용카드 회사도 자체 FDS 시스템을 가동함으로써 사전에 금융 사고를 방지하고자 한다. 부산은행의 FDS는 빅데이터 분석을 통해 평소 고객의 거래 패턴과 다른 '부정 인출 의심거래'를 실시간으로 파악해 보이스 피싱, 파밍, 스미싱 등 전자금융 사기피해를 사전에 예방하기도 한다.

금융플랫폼(Finance Platform)은 금융기관 없이도 고객이 자유롭게 금융 업무를 처리할 수 있는 기반을 제공하는 것으로 크라우드펀딩 플랫폼, P2P 대출 플랫폼, 핀테크 플랫폼 등으로 구별할 수 있다.

크라우드펀딩 플랫폼은 자금(Fund)이 필요한 개인, 단체, 기업이 불특정 다수에게 소셜네트워크(SNS)를 통하여 자금을 모으는 것인데 시장 진입이 까다로운 금융 시장에서도 새로운 틈새 시장이 되고 있으며 소셜펀딩, 소셜 금융이라고도 한다.

P2P대출 플랫폼에 있어서 P2P(Peer to Peer)는 사람과 사람 간 대출 및 투자를 이어주는 것으로 보통 은행 대출이자가 3~5%이고, 제2금융권이나 카드론, 대부업체에게 받을 경우, 약15%에서 법정 최고이율인 27.9%까지 높아진다는 점에서 중금리 대출에 대한 선호도와 IT 기술이 만나서 이루어진 플랫폼이다. P2P 대출의 핵심은 대출 신청자의 신용을 정확하게 심사하고, 대출 신청자의 신용도에 적합한 대출금리를 산출하는 데 보통 신용평가사의 금융정보와 행동유형, SNS와 같은 비금융데이

터를 빅데이터 기반의 머신러닝을 통해 심사모델을 개발, 대출한다.

2004년 영국의 '조파(ZOPA)'가 세계 최초로 선보인 대출 모델로 영국 내 개인 신용 대출 분야에서 20.1% 점유율을 지니고 있으며, 2014년에 나스닥에 상장하여 미국 내 개인 신용 대출 시장의 9%를 점유한 '렌딩클럽(Lending Club)' 역시 많은 고객에게 남는 돈을 빌리고 그 돈을 다시 많은 고객에게 빌려주는 데, 은행과 다른 점이 있다면 투자금 모집과 대출 신청 및 집행을 모두 온라인 플랫폼에서 처리한다.

〈그림-1〉 P2P(Peer to Peer) 대출 원리

핀테크와 금융 패러다임의 변화

기업에게 있어서 혁신(革新)은 생존을 위한 최우선 순위이자 성장(成長)을 위한 중요한 요소로 작용하기에 냉혹한 비즈니스의 세계에서 기업

을 혁신으로 이르게 하는 플랫폼(Platform)이야 말로 지속적인 성장의 견인차라고 할 수 있다. 기업이 모든 것을 공급하던 파이프비즈니스 모델에서 플랫폼에 참여한 그룹과 구성원들이 공유와 개방, 소통을 중시하는 플랫폼 비즈니스로의 변화는 혁신(Innovation)을 토대로 이루어진다.

핀테크(Fintech)는 금융(Finance)과 기술(Technology)이 결합한 서비스로 금융 패러다임의 변화를 가져왔다. 첫째는, 금융서비스의 형태가 대량 생산 체제에서 개인화로 변화하고 있다. 금융 상품은 거래조건, 수익률, 비용 등을 고려해서 금융권이 만들고 이를 고객들이 수용하는 형태였기 때문에 제조업에서 말하고 있는 대량생산과 별반 차이가 없었다. 하지만 이제는 핀테크(Fintech)가 가져온 변화로 인해 금융소비자 개인의 선호와 자산 상태를 고려해서 아주 개인화된 형태의 금융서비스를 제공하게 된다. 둘째는, 금융 거래 매개자로서의 금융 기관의 역할이 축소되고 있다. 인터넷이 도입되고 상거래에 활용되면서 나타났던 생산자 – 소비자 간 직거래에 의한 산업구조의 변화와 유사하다. 기존 중개상의 역할이 대폭 변하고 새로운 인터넷 중개상들이 다양하게 나타났던 현상과 비슷하게 금융거래도 변화할 것이다. 셋째는, 실시간 금융 거래이다. 금융 거래는 금융 기관들의 내부 결제 절차나 신용확인 등의 거래 절차 때문에 금융 거래를 승인하는 데 상당한 시간이 걸려야 했으나 핀테크를 사용하는 금융거래는 대부분 실시간으로 이뤄진다. 특히 소액 대출거래는 거의 실시간으로 이뤄지고 있다. 이는 보안기술이 발달하고, 빅데이터 등 개인신용 분석을 위한 기술들이 활성화되면서 실시간 의사 결정이 가능해지기 때문이다.

핀테크 플랫폼(Fintech Platform)

　금융(Finance)과 기술(Technology)이 결합한 서비스를 기반으로 구축된 플랫폼을 핀테크 플랫폼(Financial Platform)이라고 하는 데, 대면 서비스 위주였던 금융 소비 관행을 비대면, 모바일로 급격히 확장시키고 있다. 영국 핀테크 회사인 '트랜스퍼와이즈'는 은행 인프라를 거치지 않고 바로 해외 송금을 해줘 평균 10%정도인 해외 송금 수수료를 0.5%로 낮춤으로써 사용자 입장에서는 쓰지 않을 수 없게 만들었다.

　국내에서도 '비바리퍼블리카'의 간편 송금 서비스인 토스(Toss)와 자산관리 플랫폼 뱅크샐러드(Banksalad)를 운영하는 '레이니스트'가 대표적인 핀테크 회사인데 금융혁신지원특별법(금융규제 샌드박스)에 따라 핀테크 회사의 혁신적인 금융서비스에 대해 규제특례를 부여하는 정책을 시행 중이다. 특히 은행이 별도로 운영하던 결제, 송금망을 제3자에게 공유하는 '오픈뱅킹(Open Banking)'이 2019년 12월에 전면 도입되면서 핀테크 업체들은 각 은행들과 제휴를 맺지 않아도 결제나 송금 서비스를 고객들에게 제공할 수 있게 되어 금융사들과 동등하게 경쟁할 수 있는 환경이 마련되었다.

2.
플랫폼의 의미(意味)와 특성(特性) 그리고 분류(分類)

영화에 대한 소박한 사랑이
플랫폼까지 연결되기에
플랫폼(Platform)의 시작은 관심(Interest)에서 출발하면 된다.

사람들의 많은 관심을 이끌 수 있는 플랫폼을 구축하고,
구축된 플랫폼의 매력 때문에 자주 방문할 수 있도록
해결책(Solution)을 제공하면
플랫폼은 성공(成功)하게 될 것이다.

플랫폼의 의미(意味)와 특성(特性) 그리고 분류(分類)

담을 헐고 연결하고 협력하기 위해서 플랫폼의 눈으로 세상을 바라볼 때 플랫폼(Platform)을 만나게 된다고 한다. 구글처럼 개방하고, 페이스북처럼 공유하는 데 필요하고, 플랫폼을 지배하는 기업이 승리한다고 할 때 과연 "플랫폼"은 무엇일까?

플랫폼(Platform)의 의미

일을 하고, 물건을 사고, 돈을 버는 데 플랫폼은 얼마나 영향력을 지니고 있을까? 더 나아가 플랫폼이 우리들의 라이프 스타일을 변화시키고, 사회의 패러다임을 바꿀 정도로 혁명적(Revolutionary)인가?

플랫폼보다 콘텐츠를 먼저 만난 뒤 콘텐츠의 경쟁력을 확인하는 데 필요한 수단이 무엇인가 고민하다가 스스로 질문도 하고, 강의를 통해 정리하면서 플랫폼이 콘텐츠에 어떤 영향을 주고, 어떤 관계 속에 자리잡는 것이 올바른 것인가 고민한 끝에 『콘텐츠, 플랫폼으로 날다』라는 책을 쓰게 되었다. 무한 경쟁 이라는 현실 속에서 기업의 생존전략이자 성장동력으로 선택하는 플랫폼에 대하여서는 많은 사람들이 언급을 했기에 저자는 추구하는 가치와 수익기반이 분리되는 개방(開放)과 공유(共有)를 근간으로 이루어진 플랫폼이 향유자(享有者) 중심의 생산방식에 고위험성(High Risk)를 갖는 콘텐츠에 어떤 영향력을 주는지, 과연 경쟁을 통해 새로운 세력을 확장하여 플랫폼의 장(場)을 지배한다는 법칙이 콘텐츠에 있어서도 유용한 지 파악하고 싶었다.

앞에서 영화(영화콘텐츠)를 사랑하는 4가지 방법 중에서 마지막으로 영화 제작에 투자(投資)함으로써 영화를 사랑하는 마음을 언급했다. 막대한 자금을 필요로 하는 영화 제작에 개인이 혼자 투자를 할 수 없기에 크라우드 펀딩(Crowd funding)을 통해 우회적으로 영화 제작에 투자하는 방법과 그로 인해 자연스럽게 금융 플랫폼을 만나는 과정을 소개했다.

온라인상에서 다수의 뜻있는 사람들의 투자를 모아 영화를 제작하는 크라우드 펀딩은, 플랫폼이면서도 플랫폼의 혁명적인 가치를 떠나서 영화를 사랑하는 관심(Interest)을 전제로 한다.

과거에는 영화를 설날이나 추석 같은 특별한 날에 보거나 100만 관객을 동원했다는 흥행 위주의 영화를 보고자 단일 극장에서 한없이 긴 줄을 서서 영화를 보았다. 지금처럼 영화를 개봉하기 전에 광고를 통해 영화의 주요한 내용을 관객에게 체계적으로 알리고자 제작하는 트레일러(Trailer)도 변변치 않았던 시절임에도 불구하고 관객들은 입소문을 통해서 흥행 영화를 찾아 많은 시간과 비용을 투자한 이유는 뭘까? 바로 영화에 대한 관심(Interest) 때문이었다. 영화를 사랑하는 마음이 있기에 같은 영화를 2번 이상 보고, 영화에 대하여 간단한 평(評)을 쓰고, 더 나아가 영화를 제작(製作)하거나 제작을 위하여 투자(投資)를 하게 되는 바탕에는 영화에 대한 지극히 소박한 관심에서 시작되어 플랫폼까지 연결되기에 플랫폼(Platform)의 시작은 관심(Interest)에서 출발하면 된다. 다시 말해서 사람들의 많은 관심을 이끌 수 있는 플랫폼을 구축하고, 구축된 플랫폼의 매력 때문에 자주 방문할 수 있도록 솔루션(Solution)을 제공하면 플랫폼은 성공하게 될 것이다.

여기서 영화 제작 플랫폼에서의 솔루션(Solution)은 P2P(Peer to Peer) 대출을 일으켜 투자(投資)에 대한 최소 수익률을 보장하는 것이다.

『플랫폼의 눈으로 세상을 보라』의 공동 저자들은 플랫폼의 형성과 유지의 조건으로 '와서 머물게 하면' 된다고 했다. 즉 플랫폼 전략의 핵심으로 '와서'는 플랫폼 형성의 조건, '머물게'는 플랫폼 유지의 조건으로 봤다.

플랫폼 전략의 핵심으로 '와서 머물게 하면' 된다는 조건에 대하여 큰 이의는 없으나 최초 시도 전략을 '솔루션(Platform as a set of solution)'으로 보고, 재방문 유도 전략을 '뜻밖의 재미(Serenddipity)' 파악한 것에 대하여 본 저자와 약간이 차이가 있다. 이해 관계자들이 최초로 플랫폼을 방문하기 위해서 방문자들의 기대 수준을 높이기 위한 킬러 콘텐츠의 필요성은 솔루션(Solution)보다는 관심(Interest)를 전제로 하고, 그 관심에 솔루션(Solution)을 제공할 때 재방문을 유도하지 않을까 생각된다.

콘텐츠 플랫폼 역시 콘텐츠를 통하여 관심(Interest)을 유발하고 지속적인 방문을 유도할 수 있는 킬러 콘텐츠의 존재를 통하여 커뮤니티(Community)가 형성될 때 자연스럽게 비즈니스가 유발되는 커머스(Commerce)가 발생된다고 할 수 있다. 즉, 콘텐츠 ⇨ 커뮤니티 ⇨ 커머스 라는 순환적 구조에서 커뮤니티(Community)를 형성하는 근간이 플랫폼(Platform)이라고 보고, 관심(Interest)을 전제로 '와서 머물고' 그러면서 킬러 콘텐츠와 같은 솔루션(Solution)을 제공할 때 자연스럽게 비즈니스 커머스(Commerce)가 발생한다고 보면 플랫폼(Platform)이 '와서 머물게' 하는 데 결정적인 기반으로 역할한다고 볼 수 있다.

어느 날 갑자기 번잡한 오거리에 새롭게 횡단보도가 추가로 생겼다.

그 전에 있던 횡단보도는 교통량이 적은 지점에 있었지만 새로 생긴 횡단보도는 직진 도로에 생김으로써 지하도로 이용하던 많은 사람들이 횡단보도를 통해 직선으로 이동하게 되었고, 그로 인해서 카페와 김밥집이 대박이 났을 때 무릎을 쳤다. 단순하게 지하도를 이용하는 불편함을 개선하는 횡단보도가 카페와 김밥집의 이익을 좌우하게 만들었다는 사실은 입소문을 통해 알 수 있었지만 그 횡단보도가 오프라인 플랫폼이란 사실을 깨달은 사람들은 몇 안 되었다. 이처럼 횡단보도는 사람이 먼저 라는 의식을 바탕으로 생겨난 산물이면서 동시에 횡단보도라는 플랫폼으로 인해 카페와 김밥집이 이익을 보게 되는, 경제적 성과를 가져다준다.

플랫폼(Platform)의 사전적 의미를 살펴보면 'Plat(구획된 땅)'과 'Form(형태)'의 합성어로 '구획된 땅의 형태'를 의미한다. 즉, 경계가 없던 땅이 구획되면서 집을 짓고, 건물이 생기고, 도로가 생기듯이 '용도에 따라 다양한 형태로 활용될 수 있는 공간'을 상징적으로 표현한 단어다.

이외에도 플랫폼은 다양한 의미로 사용된다. 오프라인에서 지하철과 버스, 택시가 만나는 승강장(昇降場)이란 의미로 사용되고, 사람과 사람이 만나는 광장(廣場)이 되기도 한다. 최인훈의 중편소설 광장(廣場)은 남과 북의 이데올로기와 정치체제 속에서 개인이 처한 현실을 광장을 통해 분단에 대한 새로운 시각을 보여주었지만 고대 로마 시대의 광장(Foro Romano)은 정치와 종교의 중심지 역할을 하였고, 광화문에서 세종로 사거리와 청계 광장으로 이어지는 광화문 광장(光化門廣場 Gwanghwamun Square)은 백만 인파의 촛불 집회를 통하여 국정 농단을 드러내고 민중의 힘으로 정권 퇴진을 가져 오게 하였다.

플랫폼(Platform)의 특성(特性)

  기원 전 로마(Roma)는 돈을 벌면 길을 닦았는데 비해 중국(中國)은 돈을 벌면 이민족의 침입이 두려워서 성(城)을 쌓았다. 로마는 무려 8만 키로미터의 길을 만들었는데 기원 전에 8만 키로미터의 도로를 만들었다는 것은 정말 대단한 성과라고 할 수 있다. 흔히 우리나라를 삼천리 금수강산이라고 하는 데 10리가 4키로미터인 것을 감안하면 우리는 대략 1200키로미터의 도로를 가졌을 것으로 추측되는데, 아무리 작은 길까지 포함해도 1만 키로키터의 길을 못가졌을 때 로마는 8만 키로미터의 도로를 가졌다면 그것은 정말 대단한 것이 분명했다. 로마가 만든 그 길에서 그리스인이 다니고 게르만 인이 다니면서 자연스럽게 만남의 장(場)이 생기고, 만나서 뭐할까? 당연히 거래, 즉 가치 교환이 이루어지게 되는 것이다. 이처럼 플랫폼(Platform)은 가치교환이 이루어지는 가상 공간를 뜻하게 되는 데 세상이 인터넷에서 모바일로 바뀌고 나아가 플랫폼으로 바뀌어가면서 플랫폼을 지배하는 기업에게 미래가 있다고 할 때 과연 플랫폼은 어떤 특성을 지니고 있을까.

  소득 수준이 높아지면서 우리들은 시간을 할애해서 해외 여행을 떠나게 된다. 코로나19로 전 세계가 문을 걸어 잠그고 있는 현실이다 보니 자유여행이든 패키지 여행이든 떠나고 싶어도 떠날 수 없게 되었지만 코로나19 이전에 사람들은 여행을 많이 갔다. 추석이나 설날 해외로 떠나는 인파들을 인천공항에서 많이 볼 수 있었다. 여행 트렌드에 있어서도 젊은 사람들 사이에서는 자유여행이 유행했지만 10년 전만 해도 패키지 여행이 대세를 이루었다.

흔히들 해외로 단체 여행을 가면 정해진 일정을 따라 유적지나 관광지 등을 방문하고, 그 다음 한번 둘러본 다음에 각자의 포즈로 사진을 찍고 돌아오는 패키지 여행을 많이 경험해 보았을 것이다. 그래서 패키지 여행을 갔다 온 사람들은 이구동성으로 말한다. 갔노라, 보았노라, 그리고 찍었노라 라고…

중국의 만리장성은 년 간 1천만 명이 방문을 하는 데 비해 미국의 라스베가스는 년 간 3천만 명이 방문을 한다. 왜, 차이가 날까? 이유는 간단하다. 위에서 언급한 것처럼 가서 보고 찍은 것이 전부인 만리장성을 두세번 씩 찾지는 않는다. 그러나 미국의 라스베가스는 매년 1월에 미국소비자기술협회(CTA : Consumer Technology)가 주관해 열리는 세계 최대 규모의 가전제품 박람회인 CES가 열리기 때문에 일단 비즈니스 차원에서 방문도 하고, 세계적인 카지노 도시이자 테마 파크(Theme Park)와 같은 휴양지로서 라스베가스를 찾게 된다. 그러다 보니 라스베가스는 재방문 의사가 많다는 것이 특징이다.

플랫폼(Platform)은 와서, 형성할 수 있는 관심(Interest)에서 출발한다. 다시 말해서 사람들이 콘텐츠 혹은 킬러콘텐츠로 플랫폼을 방문했을 때 많은 관심을 이끌 수 있도록 플랫폼이 구축되어야 하고, 또한 구축된 플랫폼에 머물 수 있는, 유지되는 매력이 있도록 솔루션(Solution)을 제공하면 플랫폼은 성공하게 된다. 그러나 그 첫 걸음은 관심이지만 머물 수 있는 매력적인 솔루션을 제공하지 않으면 지속가능한 플랫폼으로 성장하는 데 한계를 갖게 된다. 즉, 중국의 만리장성이나 미국의 라스베가스가 둘다 관심(Interest)을 끌 수는 있지만 재방문 측면에서 라스베가스가 더 매력적인 솔루션(Solution)를 제공하기에 연간 3천만 명이 방문하게 되는 것이다. 이처럼 플랫폼은 와서, 형성할 수 있는 관심 (Interest)에서 출발하지만 끊임없이 머물 수 있는, 유지되는 해결책(Solution)을 제공해서 성공할 수 있게 된다.

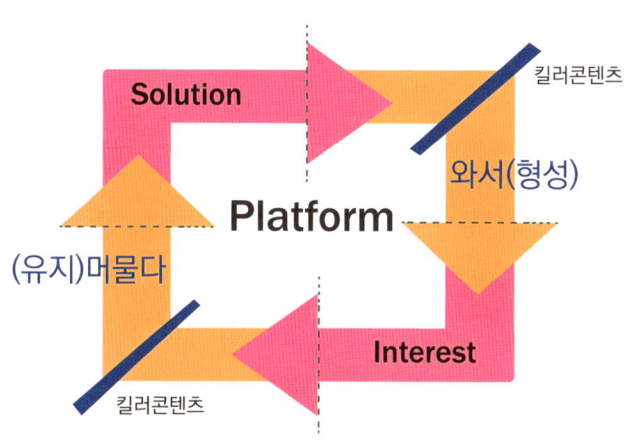

〈그림-2〉 플랫폼(Platform)의 특성(特性)

브런치(Brunch)는 아침식사(breakfast)와 점심식사(lunch)의 합성어로 아침과 점심 사이에 가볍게 먹는 메뉴를 의미한다. 과거에는 강남 사모님들의 전유물이었지만 지금은 우리가 살고 있는 동네 어디서나 브런치 라는 메뉴를 만날 수 있다. 여기서 소개하는 브런치는 메뉴가 아니고 카카오에서 만든, 글이 작품이 되는 공간 혹은 글쟁이들의 플랫폼이다.

2015년 6월부터 카카오에서 서비스 중인 브런치(brunch.co.kr)는 다음이 카카오와 합병을 하면서 내놓은 야심작이기도 한데 최근에는 출판사 대표들이 가장 열심히 탐독하는 사이트가 되었다. 이유는 브런치에서 작가를 잘만 잡으면 대박이 난다는 믿음 때문이다.

트위터 창업자인 에반 윌리엄스가 만든 '미디엄(medium)'이라는 서비스를 벤치마킹한 '브런치(Brunch)'가 주목받게 된 것은 책 출간을 희망하는 작가들에게 최적화되었다는 점과 매년 브런치북 대상을 통해 상금과 책 출간 기회를 제공하기 때문이다. 등록 작가만 2만8천명이 넘고, 출간된 책만 해도 2000권이 될 정도로 커뮤니티가 활성화되다 보니 작가를 꿈꾸는 아마추어들의 등용문이 되었다.

플랫폼의 특성에서 보면 브런치(Brunch)라는 플랫폼은, 처음에는 책을 출간하고자 하는 신인 작가의 등용문이 될 수 있다는 관심(Interest)에서 출발했다가 몇 개의 베스트 셀러가 탄생하면서 머물 수 있는 해결책(Solution)을 제공하니까 엄청난 커뮤니티를 형성하게 되었다. 임홍택 작가의 『90년 생이 온다』 역시 브런치에서 '9급 공무원 세대'라는 제목으로 연재되었고, 하완 작가 역시 『하마터면 열심히 살 뻔 했다』라는 글을 연재해서 베스트 셀러가 되었다. 결과적으로 플랫폼 측면에서 보면 위 2개의 작품이 킬러콘텐츠가 되어 브런치 라는 플랫폼(Platform)을 한층 매력적으로 만들어 주는 원인이 되었다.

플랫폼(Platform)의 분류

플랫폼(Platform)은 크게 오프라인 플랫폼과 온라인 플랫폼으로 구별할 수 있다. 오프라인 플랫폼은 용도에 따라 다양한 형태로 활용되는 공간적 의미를 지닌 것으로 대표적인 곳이 승강장(乘降場)이나 광장(廣場), 시장(市場)이다. 승강장(乘降場)은 기차나 지하철 혹은 버스와 택시 승객이 타고 내리면서 동시에 만나는 공간으로 지불수단은 다르지만 가치교환이 일어난다. 특히 서울역이나 용산역의 경우, KTX 승객들을 위한 다양한 상품을 구비한 쇼핑몰이 자리 잡게 되고 삼성타운처럼 유동인구가 많은 강남역은 오프라인 형태의 비즈니스가 형성되어 부가적인 수익을 창출하게 된다. 한마디로 승강장은 교통수단을 이용할 수 있는 장으로서의 기능을 할 뿐만 아니라 무수히 많은 가치교환과 거래가 이루어지는 비즈니스 모델로 자리 잡고 있다.

광장(廣場 Open Space) 역시 정치, 경제, 사회, 문화의 중심으로 서양의 도시는 광장을 통해서 발달해왔고, 많은 사람들이 모이고, 자유롭게 이용할 수 있는 공간이다. 전통적으로 시장(市場) 역시 장(場)을 통해 상인과 구매자가 만나고, 거래한다. 결과적으로 승강장과 광장 그리고 시장은 교통과 물류의 중심이 되면서 다양한 형태의 비즈니스 모델이 존재한다.

지하철(기차)이나 버스와 같은 대중교통 수단을 통해서 승객을 만나게 하는, 시장을 통해 공급자와 소비자가 거래를 할 수 있게 해주던, 정치와 문화의 중심으로 광장이 맡은 바 역할을 하면서 소통의 장이 될 수 있었던, 오프라인 플랫폼은 정보통신 기술의 발달과 더불어 온라인 플랫폼으로 그 주역이 바뀌게 되었다.

온라인 플랫폼은 먼저 컴퓨터 시스템의 사용 기반이 되는, 소프트웨어나 응용 프로그램이 실행될 수 있는 운영체제를 의미한다. 즉, 윈도우즈, 맥, 리눅스, 크롬 같은 컴퓨터 운영체제나 안드로이드OS, iOS, 타이젠OS 같은 모바일 운영체제를 기반으로 무수히 많은 하드웨어 또는 소프트웨어가 실행되는 시스템을 플랫폼으로 볼 수 있다. 마이크로소프트의

'윈도우즈(Windows)' 같은 컴퓨터 운영 체제가 수많은 개발사와 사용자와 함께 생태계를 형성하고, 그 생태계를 바탕으로 API 공개와 같은 상호 작용을 일으켜 참여자들 간에 부가가치를 제공해주는 플랫폼으로서의 역할을 충분히 수행하고 나아가 선순환 구조를 만들어 누구도 따라올 수 없는 경쟁력을 갖게 만들었기 때문이다.

여기서 주목할 점은 공급자와 수요자 그 이상의 복수의 그룹이 참여하여 관계를 형성하고, 공정한 거래를 통해서 각 그룹이 얻고자 하는 가치를 교환할 수 있도록 구축된 상생의 생태계를 플랫폼이라고 할 때 플랫폼(Platform)은, 시스템 관점뿐만 아니라 비즈니스 관점으로 확대, 재생산될 수 있는 속성을 가지게 되면서 검색, 유통, 쇼핑, SNS, 게임, 메신저, 앱스토어로 범위를 넓혀가게 되고 다양한 종류의 온라인 플랫폼을 생성하고 있다. 특히 기업의 다양한 활동에서 축적되는 데이터를 기업의 의지에 따라서 고객의 니즈(Needs)와 데이터, 연결성, 자동화(로봇)의 결합으로 실현될 수 있는 변화, 즉 디지털 전환(Digital Transformation)에 따라서 플랫폼은 빅데이터 플랫폼이나 인공지능 플랫폼, 클라우드 플랫폼, 블록체인 플랫폼으로 산업별, 기술별로 분류될 수 있다. 따라서 온라인상의 플랫폼은 시스템뿐만 아니라 비즈니스 측면에서 여러 가지 형태로 분화되어 존재하게 된다.

컴퓨터 운영체제 이외의 온라인상의 플랫폼으로 가장 대표적인 것이 검색 플랫폼이다. 구글(Google)은 '페이지 랭크(Page Rank)'란 수학적 알고리즘을 활용해 모든 웹페이지를 수집하고 분석하여 중요한 순서대로 검색결과를 제공하는 검색 플랫폼이다. 래리 페이지(Larry Page), 세르게이 브린(Sergey Brin)은 스탠포드대학 박사과정에 재학 중이던 1996년 '페이지 랭크'라는 검색 기술을 개발한 뒤 1998년 공동으로 구글을 설립했다. 이후 구글은 소프트웨어 업체 안드로이드를 5천만 달러에 인수하고, 2007년 11월 모바일 운영체제인 안드로이드 플랫폼을 선보임으로써 오늘의 구글(Google)이 되었다.

플랫폼은 참여하는 그룹(생산자, 소유자, 제공업자, 소비자)들이 원하는 바를 달성하고자 경쟁(競爭)과 함께 다양한 방식의 협력(協力)을 추구한다는 점에서 생태계(Business Ecosystem)에 비유되며 그 생태계는 이상적인 가치를 창출한다는 점에서 의미가 있다. 다시 말해서 플랫폼은 상호 의존성과 완결성을 전제로 존재하면서 추구하는 가치와 수익을 창출하는 기능을 분리해서 설계되어진다는 것이다. 플랫폼 기업의 선두 주자인 마이크로소프트가 '윈도우즈'와 연동되는 API를 오픈했듯이 구글은 검색 서비스를 제공하면서 그 대가로 검색 사용자에게 비용을 청구하지 않는다. 다만 광고주와 매체사를 연결시켜주는 '애드워즈(ADWords)'와 '애드센스(ADsense)'라는 광고 서비스를 개발, 플랫폼 생태계가 추구하는 이상적인 가치 창출을 실현할 수 있었다. 구글은 검색 결과에 어울릴 만한 광고를 선별하여 가장 최적화된 광고를 자동으로 보여주고 이를 통해 엄청난 부가가치를 창출하고 있는 것이다.

구글과 함께 온라인 플랫폼의 대표인 아마존은, 1995년 인터넷 서점과 음반, 장난감 등을 취급하는 웹사이트로 출발하여 오늘날 유통 플랫폼의 강자가 되었는데 그 배경에는 개인별 맞춤 추천 기능과 아마존 웹 서비스(Amazon Web Services)가 있다. 고객들에게 수십 권의 책에 평점을 주도록 한 뒤 고객들의 취향을 파악하고, 개별적으로 책을 추천하는 '북매치(Bookmatch)' 시스템은 '상품간 유사성(Item-to-Item Similarity)'에 기반을 둔 일대일 고객 맞춤형 추천 서비스로 발전하여 아마존의 명성을 뒷받침해주는 기술이 되었다. 애플의 아이튠즈 스토어(iTunes Store) 플랫폼과 다르게 아마존 웹 서비스는 온라인 쇼핑몰 시스템이나 결제 시스템, 물류 인프라 등의 API를 개방하여 외부 공급자들이 사용할 수 있도록 제공함으로써 쇼핑몰 구축에서 결제, 배송에 이르기까지 전 과정을 해결할 수 있게 만들어 주었다. 이러한 생태계 조성은 아마존 웹 서비스 기술이 소프트웨어 개발 업체와 기업을 상대로 컴퓨터 인프라를 기업에게 제공하고 수익을 얻는 클라우드 컴퓨팅 서비스(AWS)로 전 세계 30% 이상의 시장을 점유하는 데 밑거름이 되었다.

이외에도 온라인 플랫폼으로는 디지털 음악 유통 플랫폼인 애플의 아이튠즈 스토어(iTunes Store)가 있는데 디지털 음악을 제공하는 플랫폼으로 애플의 아이팟(iPod) 신화를 이루는 계기가 되었다. 애플은 아이팟을 출시해 인터넷 시대의 새로운 대안을 제시한 뒤 2003년에는 아이튠즈 스토어라는 플랫폼을 만들어 한 곡당 0.99달러에 판매하면서 음악파일 유통시장을 유료화하는 데 성공하였다. 아이튠즈 스토어라는 플랫폼이 생기기 전까지 음악 유통 시장은 무수히 많은 MP3로 인한 불법 다운로드의 피해가 심했다.

특히 일반 소비자들은 불법이라는 생각 없이 MP3로 음악을 다운로드 받음으로써 자신도 모르게 범법자가 되었는데 아이튠즈 스토어가 해결해주었다. 특히 MP3로 인하여 CD와 같은 음반 시장이 침체되는 어려운 상황에서 아이튠즈 스토어가 음반사의 저작권을 보호해주는 역할을 하였다. 결과적으로 아이튠즈 스토어 플랫폼은 음반사와 사용자의 니즈(Needs)를 파악하고, 아이팟과 연계시킴으로써 새로운 장(場)을 조성하였다.

애플의 아이팟(iPod) ⇨ 아이폰(iPhone) ⇨ 아이패드(iPad)는 세상을 모바일로 변화시켰다. 금융, 미디어, 자동차 등 전 산업 분야에서 모바일이 비즈니스의 중심이 되는 시대를 만들었고, 온라인 플랫폼도 스마트폰 앱 생태계의 기반 플랫폼인 앱스토어(App Store)와 소셜 네트워크(SNS) 플랫폼 그리고 모바일 메신저 플랫폼, 모바일 게임 플랫폼 등으로 폭넓게 확산되었다.

앱스토어(App Store)는 2008년 7월 10일부터 아이튠즈의 업데이트 형태로 서비스를 시작하면서 애플사의 애플리케이션 오픈마켓으로 출발하였는데 개발자들이 모바일 애플리케이션(앱)을 올리고 소비자가 다운받는 스마트폰 앱 생태계의 기반 플랫폼이라고 할 수 있다. 스마트폰 사용자의 10명 중 9명은 구글의 안드로이드 OS나 애플의 iOS를 사용하고 있기에 애플리케이션 오픈마켓인 점유율은 2016년 기준, 구글이 83%이고 애플이 15%를 차지한다. 국내 앱스토어 시장 역시 83%를 구글플레이 스토어와 애플 앱스토어가 차지하고 있고, 국내 통신3사와 네이버가 통합해서 출범시킨 원스토어(One Store)는 점유율은 18%정도이다.

사용자 간의 자유로운 의사소통과 정보 공유, 그리고 인맥 확대 등을 통해 사회적 관계를 생성하고 강화시켜주는 온라인 플랫폼을 의미하는 소셜네트워크서비스(Social Network Service, 이하 SNS)는 사회적 관계망을 생성, 유지, 강화, 확장시켜준다는 점에서 의미가 있다. 게다가 소셜네트워크서비스(SNS)는 광범위하고 동시에 특정 성향의 집단으로 분류될 수 있는 서비스 이용자들을 데이터베이스에 의해 파악하고 관리할 수 있다는 점에서 기업 입장에서는 저비용으로 표적 집단에게 효율적으로 도달할 수 있는 맞춤형(Customized) 마케팅으로 활용 가치가 높아지고 있다.

소셜네트워크서비스(SNS) 플랫폼은, 불특정 다수와 네트워크를 형성하는 트위터(Twitter), 페이스북(Facebook) 등의 개방형 SNS와 지인들 위주로 네트워크를 형성하는 밴드, 카카오스토리 등의 폐쇄형 SNS로 구별할 수 있는데 최근에는 지인 기반의 SNS에 피로감을 느낀 사람들이 인스타그램과 같은 관심사 기반의 SNS로 이동하는 추세이다.

'채팅'의 일종인 모바일 메신저 플랫폼은 전화선의 모뎀을 이용한 PC 통신에서 인터넷을 이용한 커뮤니티 위주의 채팅 사이트로 변화하였다. 2000년 초반까지 활발하게 이용된 인스턴트 메신저는 모바일 메신저의 기반을 확립시켰고, 2010년 모바일 기기의 등장과 함께 채팅의 환경도 모바일 메신저 앱을 통하여 이루어지게 되었다. 2009년에 등장한 왓츠앱(WhatsApp)이 서구권을 중심으로 성공하면서, 한국에서도 2010년 카카오톡(Kakao Talk)이 등장, 한국적 인터페이스를 통하여 국민 메신저로 자리 잡는 독보적인 성과를 거두었다. 이외에도 2011년 네이버의 라인(LINE)이 일본을 중심으로 동남아에서 인기를 끌고, 중국의 국민 메신저로 불리는 위챗(WeChat) 역시 많은 이용자를 확보, 온라인 채팅이 플랫폼과 인터페이스, 이용방법 등에서 진화되고 있다.

끝으로 스마트 디바이스 보급률 90% 이상, 전 세계에서 인구대비 가장 높은 사용률과 가장 빠른 인프라를 보유한 대한민국에서 모바일 게임은 온라인게임을 앞지르고 있다. 반면 누구나 모바일 게임 플랫폼은 만들 수 있지만 누구나 성공할 수 없는 상황에서 모바일 SNS인 "밴드(Band)"를 기반으로 등장한 모바일게임 플랫폼 "밴드 게임"과 누적 가입자 5억 명에 달하는 카카오의 "카카오톡 게임샵" 그리고 1인 방송 플랫폼인 아프리카TV의 "게임센터"가 모바일 게임 플랫폼 시장을 구축하는 역할을 담당했다.

코로나19 팬테믹 이후 모바일 게임 플랫폼의 사용자가 대폭 증가하여 국내 모바일 게임 산업이 전세계 4번째로 큰 시장으로 성장하였고(게임 스포트라이트 2021 리뷰) '위드(with)코로나' 시대를 맞이하여 온라인에 대한 소통이 중시되다보니 모바일을 포함한 모든 플랫폼에서 '리니지M', '로블록스', '배틀 그라운드 모바일' 등이 매출 순위 상위권을 차지하게 되었다.

특히 'IP확장'과 '플랫폼 다양화'로 변화하면서 5G 시대를 맞이하여 안정적이고 빠른 속도의 네트워크 인프라 환경이 확산, 새로운 성장요소로 클라우드 기반의 게임이 자리 잡게 될 것으로 파악된다.

[플랫폼 생태계 구성요소]

플랫폼(Platform) 생태계(Ecosystem)는 플랫폼 제공자, 가치 공급자, 소비자 등이 플랫폼을 매개로 서로 상호작용하며 얽혀 있는 플랫폼을 토대로 다양한 비즈니스가 만들어지고 이를 기반으로 형성되어진 생태계를 뜻한다. 애플(Apple)에 있어서 생태계는 플랫폼 제공자(플랫포머)인 애플을 중심으로 통신업자, 애플리케이션 개발자, 콘텐츠 제공자, 스마트폰 사용자가 상호작용하면서 가치를 제공하고, 대가를 지불하는 순환이 일어남으로써 참여자들이 함께 공존하고 성장하게 된다.

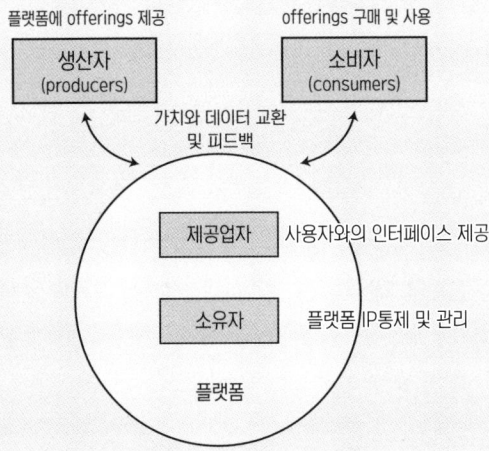

[플랫폼 설계]

플랫폼은 살아있는 유기체 간의 상호작용이 이루어지도록 구성되어야 하는데 이를 위한 플랫폼 설계(Platform Architecture)는 단기적 이익을 넘어 생태계 가치사슬의 관련 이해관계자들을 담아내야 한다.

생태계의 관점에서 보면 개체 간에는 항상 경쟁만 하는 것이 아니라 협력도 필요하다.

최근의 기업 경쟁구조는 개별 기업의 상품 간 경쟁이 아니라 기업 생태계간의 경쟁으로 진화되고 있기에 나보다 우리가 좋은 비즈니스 세계를 만들어가고자 하는 생태계에서는 이해 관계자들의 상호작용을 강조한, 기업의 필수 구성요소인 ICE(Investor, Customer, Employee)를 포함한 SPICE모델이 경영모델로 주목받고 있다.

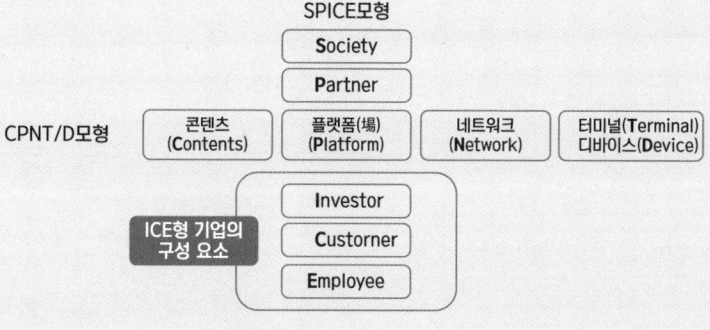

[다면 플랫폼(Multi-Platform)]

플랫폼은 플랫폼 참여자 그룹 간의 연결 형태에 따라서 싱글플랫폼, 양면플랫폼 그리고 다면 플랫폼으로 구별된다.

싱글플랫폼은 플랫폼 사업자가 공급자와의 제휴관계를 통해 소비자에게 판매하는 형태의 플랫폼으로 애플의 아이튠즈처럼 그 속성상 폐쇄적인 구조를 갖게 된다. 양면 플랫폼은 플랫폼의 가장 기본적인 형태로 플랫폼 사업자가 두 개의 그룹(이용자와 사업자)을 연결하여 거래를 중개하는 플랫폼이다. 이베이나 아마존과 같은 양면 플랫폼 안에서는 상품을 판매하고자 하는 공급자들이 자신의 물품을 판매할 수 있도록 개방되었기에 상호 교류를 통해 네트워크 효과가 발생하게 된다. 양면 플랫폼 구조 하에 플랫폼 사업자(플랫포머)는 생태계 확산을 위한 중개자 역할을 하게 된다.

끝으로 다면 플랫폼은 페이스 북이나 카카오처럼 다양한 이해관계를 갖고 있는 여러 그룹들을 연결하여 거래를 중개해주는 형태의 플랫폼이다.

카카오의 다면 플랫폼은 3가지 특징을 가지고 있다.

첫째는 커뮤니티 확보다.

다면 플랫폼은 사람들이 모이는 데 방해가 되는 장애물 또는 진입 장벽을 낮춰야 한다. 카카오 톡은 사용자들이 문자를 전송할 때 부담하는 비용을 제거함으로써 사용자그룹을 확보할 수 있었다. 사용자가 늘어나면서 앱 개발자, 광고주 그룹의 참여도 늘어나는 선순환을 가져오기 때문이다.

둘째는 최적의 가격 설정이다.

카카오톡의 경우, 사용자에게는 무료로 모바일 메시징 서비스를 제공한다. 반면 게임, 아이템, 플러스친구(기업 홍보 채널), 카카오스토리(홈페이지), 카카오카드(그림엽서) 등 유료서비스로 콘텐츠 제공업자로부터 수익 일부를 수수료로 받는다. 카카오 톡 사용자들은 모바일로 메시지를 보내는 데 비용을 지불할 의사가 거의 없는 반면 콘텐츠(게임이나 아이템) 사업자는 카카오 톡 같은 많은 사용자를 확보하고 있는 플랫폼을 찾기 어렵기 때문에 참여 욕구가 강한데, 이러한 비대칭적인 가격 설정 방식은 플랫폼 성공의 가장 큰 매력이다.

셋째는 변화하는 환경에 적응하기 위해 플랫폼은 진화한다.

카카오톡은 기존 광고 위주 수익 모델에서 탈피해 다양한 수익모델을 구축하기 위한 시도를 하고 있다. 모바일 메신저 서비스에 이어 아이템 스토어, 카카오플러스 친구, 카카오스토리, 카카오게임샵 등 모바일 소셜 네트워킹서비스 플랫폼으로 진화했고, 카카오뱅크와 O2O 플랫폼 사업자로 변신하고 있다.

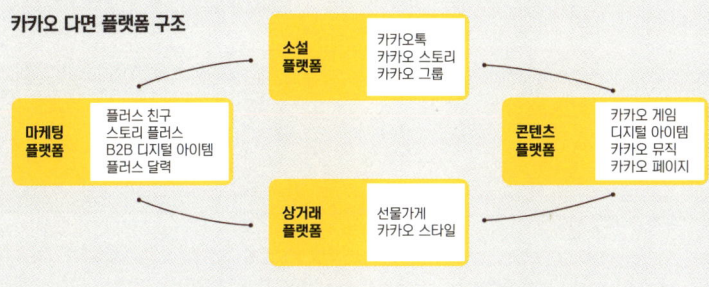

3.
플랫폼 생태계(Ecosystem)와 선순환 구조

이해 관계자들이 참여하는 플랫폼은
관심(Interest)에 기반을 둔 킬러콘텐츠를 확보하고,
이를 통해 재방문을 유도하고,
해결책(Solution)을 제공함으로써
경쟁력을 확보하고
가치(Value)를 창출하게 된다.

매력적인 플랫폼은 이용자들이 많이 사용할수록
플랫폼의 생태계는 풍성해지고,
플랫폼은 진화하고,
플랫폼 비즈니스는 선순환 구조를 지니게 된다.

플랫폼 생태계(Ecosystem)와 선순환 구조

위키피디아에서 정의하는 "같은 곳에 살면서 서로 의존하는 유기체 집단이 완전히 독립된 체계를 이루는" 생태계(Ecosystem)란 개념이 어떤 점에서 플랫폼과 유사하다고 보는 것인지, 그리고 생태계란 개념이 상호 의존적인 느슨한 네트워크이자 하나의 집합체라는 비즈니스 생태계로 발전하면서 왜, 플랫폼이 주목받게 되었을까?

먼저, 하나의 생태계를 이루기 위해서는 상호 의존성과 완결성이 꼭 필요한 요소인데 플랫폼 역시 플랫폼에 참여하는 그룹(생산자, 소유자, 제공업자, 소비자)들이 원하는 바를 달성하고자 경쟁(競爭)과 함께 다양한 방식의 협력(協力)을 추구한다는 점에서 플랫폼과 생태계의 연관성을 찾고, 많은 학자들은 플랫폼을 생태계에 비유한다. 특히 상대방을 '적'으로 보지 않고 '우리'로 보고, 경쟁보다는 상호 협력적인 관계를 바탕으로 진화하는 역동적인 세계로 생태계를 바라보는 것이다.

이러한 생태계 개념이나 시각이, 개별 기업의 가치 창출과 제공에 영향을 미치며 그것으로부터 영향을 받는 기업들의 느슨한 네트워크(Iansiti & Levien, 2004)라고 정의함으로써 기업 간의 경쟁도 중요하지만 다양한 방식의 협력 전략이 이루어지는 하나의 집합체란 측면에서 비즈니스 생태계(Business Ecosystem)로 확장되었다.

구글의 안드로이드 진영과 애플의 iOS 진영의 스마트 폰 시장을 차지하기 위한 경쟁이 치열해지면서 비즈니스 생태계(Business Ecosystem)는 기업 간 경쟁에서 기업 생태계 간 경쟁으로 변화하고, 상품과 서비스의 복합도가 높아질수록 기업 생태계가 중요해지게 되었다.

영화『완벽한 타인 Intimate Strangers, 2018』을 보면 안드로이드폰과 아이폰의 차이점을 아주 쉽게 정의해준다. 어릴 때부터 같은 동네에서 살고, 같은 학교를 다닌 남자 동창 4명이 석호(조진웅)의 집들이를 겸해서 모임을 가지게 된다. 석호 부부와 두 쌍의 부부 그리고 싱글인 친구까지 총 7명이 모여서 모처럼 살아가는 이야기를 하는 와중에 주인공 예진(김지수)이 "남자는 안드로이드 폰, 여자는 아이폰이야" 하면서 사건을 암시하면서 시작되는 영화『완벽한 타인』은 이탈리아 영화『퍼펙트 스트레인저』가 원작이다. 저녁을 먹고 나서 석호의 부인 예진이 하나의 게임을 제안하게 되면서 본격적으로 진행되는 영화인데 사실 각자의 핸드폰을 식탁 위에 올려놓고 저녁 먹는 동안 본인에게 오는 어떤 문자나 카톡마저 공유하고 통화도 스피커폰으로 모든 사람들이 다 알아듣게 하는 위험한 게임을 통해 긴장감을 가져오게 만들었다.

영화는 게임을 통해 세 쌍의 부부와 싱글 영배(윤경호) 간에는 서로에게 몰라도 되는 일이 공개됨으로써 난처한 상황에 부딪치게 되고, 예기치 않는 갈등으로 예측불허의 이야기가 전개된다.

남자는 싸고, 다루기 쉽고 바이러스에 잘 먹고 일일이 업데이트를 안해주면 바보가 되는 안드로이드폰이고, 여자는 예쁘고 지조있고 똑똑하고 게다가 비싸서 호환이 안되어서 지들끼리만 재미있기에 아이폰이라고 할 때 남자와 여자의 뇌의 구조 차이처럼 안드로이드폰과 아이폰은 생태계 측면에서 많은 차이를 보여주고 있다.

결과적으로 볼 때, 영화『완벽한 타인』은 가족이나 친구, 연인 사이에 완벽하게 핸드폰을 공개할 수 있을지? 생각을 많이 하게 해주는 영화이다.

윈도우즈(Windows)가 다양한 애플리케이션, PC본체, 주변기기 등으로 구성된 하나의 복합체를 형성했을 때 비로소 가치(Value)를 제공할 수 있는 것처럼 기업 생태계는 서로 연계해 가치를 제공하는 제품 및 서비스의 집합인 '가치 복합체(Value Complex)'를 생산함으로써 존재한다.

그러나 플랫폼(Platform)은 서로 다른 기업이 생산한 가치를 연결시켜주는 매개자이자 공동의 연결 축 역할을 담당한다. 그러므로 기업 생태계는 가치 복합체를 생산하기 위해서 플랫폼을 공유하면서 공생(Symbiosis)과 공진화(Co-evolution) 관계를 형성하고 있는 기업들 간의 체계 라고 볼 수 있다. 다시 말해서 비즈니스 생태계 혹은 기업 생태계에서는 참여자들 사이에 가치를 제공하고, 그것에 대해 대가를 지불하는 순환이 일어남으로써 참여자들이 함께 공존하고 성장하여야 하는데 공급자와 소비자 간 경쟁 양상이 높아지면서 플랫폼이 주목받게 되는 것이다.

'모든 길은 로마로 통한다.' 라는 말은 17세기의 프랑스 작가 라 퐁텐의 『우화』에 맨 처음 나온 것으로 알려져 있다. 로마와 길은 서로 떨어질 수 없는 불가분의 관계를 의미한다. 길을 통해서 사람이 다니고, 만나면서 자연스럽게 교환이 이루어지거나 토론을 하게 되는 장(場)으로서 역할을 하게 된다. 이러한 오프라인 속의 만남의 장(場)이 인터넷 시대, 모바일 시대에는 가상공간을 통하여 교류하게 되는 플랫폼을 형성하게 된다.

로마 시대의 길이 만남의 장에서 교역의 장으로 변화했듯이 오늘날 가상공간에서 이루어지는 모든 플랫폼(Platform)은, 비즈니스를 매개로 생태계를 구축하고 있다. 엄청난 비용이 드는 물리적 공간에 비해서 가상공간은 사용자 간의 최적의 조합을 찾아내고, 제품과 서비스의 교환을 촉진함으로써 모든 참여자들의 가치를 공유하는 장(場)으로서 역할을 하게 되는 것이다. 특히 플랫폼을 바탕으로 한 플랫폼적인 사고(思考)는 구성원들 모두가 공동체의 삶을 유지하는 공간으로서 보다 윤택해질 수 있도록 개방(開放)과 공유(共有)를 근간으로 풀어야 한다. 기존의 천편일률적인 비즈니스 모델에서 벗어나 새로운 가치를 창출하는 '생태계(Eco-system)'가 조성되기 위해서는 플랫폼 구성원 모두가 필요로 하는 가치를 얻을 수 있는 구조가 되어야 한다.

애플(Apple)은 아이팟의 아이튠즈와 아이폰의 앱스토어를 통해서 스스로 플랫폼이 되고, 서드 파티(Third party)같은 개발자들이 만들어내는 생태계 속에서 저절로 비즈니스가 이루어지게 만들었다.

구글(Google)은 구글맵 플랫폼을 오픈해놓고 쓰고 싶으면 쓰고, 쓰기 싫으면 쓰지 않게 함으로써 수많은 개발자들이 관심(Interest)을 가지고 구글맵을 활용하여 자신만의 서비스를 제공했다. 이처럼 애플과 구글은 모두에게 이익이 되는 윈윈 구조를 바탕으로 생태계를 구축하는 플랫폼을 채택함으로써 성공할 수 있었다.

하버드 대학의 이안시티 교수는 플랫폼을 "생태계 구성원들이 여러 접점과 인터페이스(Interface)를 통해 접근할 수 있는 문제 해결책(Solution)의 집합"이라고 정의하고 있다. 여기서 강조되는 '인터페이스'와 '솔루션'이라는 두 가지 키워드는 승객이 원하는 목적지(솔루션,

Solution)를 가기 위해서는 플랫폼을 필요로 하고, 플랫폼은 승객들과 가까운 곳, 즉 접근(Interface)이 용이한 곳에 있어야 한다고 했을 때 사용자 간의 최적의 조합을 찾아내고, 제품과 서비스의 교환을 촉진함으로써 모든 참여자들의 가치를 창출하기 위해서는 플랫폼(Platform)은 무엇보다 사람들이 많이 방문하여야 한다. 그러려면 일단 관심(Interest)에 기반을 둔 킬러콘텐츠를 확보하고, 거부할 수 없는 솔루션(Solution)을 제공하면 된다.

플랫폼에서 킬러 콘텐츠(Killer Contents)를 제공하게 되면 킬러 콘텐츠를 사용하고자 이용자들이 많이 몰리게 되고, 이는 재방문을 유도하게 된다. 이렇게 재방문한 구성원들에게는 함께 참여하고 활동할 수 있도록 솔루션(Solution) 제공 역시 중요하다. 동시에 내부 규칙을 통해서 플랫폼 내 생태계 구성원들의 만족도를 높이게 되면 플랫폼의 질적, 양적 수준이 높아지고 자연스럽게 플랫폼은 경쟁력을 가지게 된다.

결과적으로 이해 관계자들이 참여하는 플랫폼은 관심(Interest)에 기반을 둔 킬러콘텐츠를 확보하고, 이를 통해 재방문을 유도하고 해결 솔루션(Solution)을 제공함으로써 경쟁력을 확보하고 가치를 창출하게 된다. 즉, 매력적인 플랫폼은 이용자들이 많이 사용할수록 플랫폼의 생태계는 풍성해지고, 플랫폼은 진화하고, 플랫폼 비즈니스는 발전하는 플랫폼 선순환 구조를 지니게 된다.

〈그림-3〉 플랫폼의 선순환 구조

[킬러 콘텐츠(Killer Contents)]

성공한 플랫폼이라면 킬러 콘텐츠라고 할 수 있는 인기 콘텐츠나 서비스를 반드시 가지고 있다. 그것은 '플랫폼이 어떤 플랫폼인가'를 결정짓는 중요한 요소다.

배달의 민족 같은 배달 앱을 활용한 플랫폼은 배달 속도(Speed)가 생명이다. 고객에게 최대한 빨리 배달함으로써 고객의 요구를 해결(Solution) 할 수 있기에 음식 배달업의 킬러콘텐츠는 속도(Speed)에 있게 된다.

플랫폼이 사용자의 관심(Interest)을 토대로 왕성한 커뮤니티를 확보하는 것은 중요하다. 따라서 일정한 규모를 확보하기 위한 킬러 콘텐츠의 확보는 중요한 플랫폼 성공의 포인트가 되고 있다.

킬러 콘텐츠를 통해 재방문을 유도하면서 사용자의 관심(Interest)과 참여를 이끌어내면 플랫폼은 일단 성공의 교두보를 확보하게 되는 것이다.

버즈피드(Buzz Feed)의 리스티클 (Listicle) 형태의 콘텐츠도 킬러 콘텐츠에 해당한다. 목록(list)과 기사(article)의 합성어인 리스티클은 '죽기 전에 가봐야 할 여행지 29곳'처럼 독특한 콘텐츠를 목록으로 보여주는 서비스다.

절대 클릭 수와 페이지 뷰에 집중하지 않고, 러시아군이 우크라이나 상공에서 말레이시아항공 비행기를 격추한 것 같은 의미있는 콘텐츠를 더 많은 사람들에게 많이 전달하고 공유하고자 하는 버즈피드(Buzz Feed)의 킬러 콘텐츠 추구는 독창적이라고 할 수 있다.

4.
플랫폼 가치 창출의 두 축

플랫폼(Platform)은
아웃소싱 같은 '규모의 경제'에 영향을 받는 플랫폼과
페이스북처럼 폭발적인 이용자에 따른 '네트워크 효과'에
더 영향을 받는 플랫폼으로 구별된다.

그리고 플랫폼 비즈니스는
'규모의 경제'와 '네트워크 효과'에 따라 움직이고 있다.

1 Part

플랫폼 가치 창출의 두 축

규모의 경제(Economics of Scale)

규모의 경제(Economics of Scale)는 기업이 생산량을 늘림에 따라 제품 하나를 만드는 단위당 비용이 하락하는 현상을 의미한다. 플랫폼(Platform)에 있어서는 플랫폼을 구축하는 데 들어가는 고정비(固定費, Fixed cost)를 여러 판매자가 나누어 부담하기 때문에 단위비용이 줄어들게 되는 것을 뜻하는 데 규모 경제의 효과라고도 한다. 하나의 자동차 플랫폼으로 여러 차종을 설계하면 플랫폼을 개발하는 데 들어가는 고정비가 분산되어 비용이 절감되는 경우이다. 따라서 규모의 경제를 극대화하기 위해서는 더 많은 사용자를 확보하게 되는 데 이때 인프라의 변동비(Variable cost)가 적거나 0인 경우에는 많이 사용할수록 이익이 된다. 예를 들면 애플의 앱스토어나 아마존 같이 디지털 정보를 취급하는 플랫폼의 경우, 사용자가 늘어나도 변동비는 늘어나지 않기 때문에 사용자의 증가에 따른 이익이 두드러지게 나타나는 플랫폼이다.

아웃소싱(Outsourcing)도 일종의 규모의 경제를 가져오는 플랫폼으로 아웃소싱을 위해 개발한 인프라를 여러 회사에 제공함으로써 단위 비용을 절감하고, 더 낮은 가격에 서비스를 제공할 수 있게 된다.

디지털 트랜스포메이션(Digital Transformation)이 경영의 화두로 자리 잡은 이후에 많은 기업들은 IT 분야에서 기존에 자체적으로 해결하던 IT 서비스를 아웃소싱하게 된다. 아웃소싱 서비스(SI기업) 기업들은 기업이 자체적으로 해결하는 데서 오는 비용보다 저렴한 가격에 서비스를 제공하게 되는 데 이는 '규모의 경제'를 통한 효과를 얻을 수 있기 때문이다. 예를 들어 A라는 은행이 차세대 정보시스템을 구축하기 위해서는 인터넷 뱅킹, 모바일 뱅킹, 텔레뱅킹, 방카슈랑스, 외환·금융공동망 등 무려 156개에 달하는 업무 시스템을 새로 개발하는 데 자체적으로 해결하려면 인원이나 비용적인 측면에서 효율성이 떨어지게 되어 외주를 주게 된다. 반대로 차세대 정보화시스템을 구축하는 SI회사는 A은행 뿐만 아니라 B,C,D 등 많은 은행과 보험 등 금융회사를 상대로 차세대 정보화시스템을 구축하기에 시스템 개발과 운영 그리고 보수 등에서 '규모의 경제'를 실현하기에 훨씬 경제적이다.

네트워크 효과(Network effect)

플랫폼에는 정거장이나 광장과 같은 오프라인 플랫폼이 있고, 인터넷, 컴퓨터, 모바일 운영체제에서 검색, e-마켓플레이스, 쇼핑몰, SNS, 앱스토어와 같은 온라인 플랫폼이 있다.

온라인 플랫폼의 대표적인 소셜네트워크서비스(SNS)는 사용자 간의 자유로운 의사소통과 정보 공유, 그리고 인맥 확대 등을 통해 사회적 관계망을 생성, 유지, 강화, 확장시켜준다는 점에서 의미가 있다. 특히 SNS는 광범위하고 동시에 특정 성향의 집단으로 분류될 수 있는 서비스 이용자들을 데이터베이스에 의해 파악하고 관리할 수 있다는 점에서 마케팅 활용가치가 높은 반면 불특정 다수와 네트워크를 형성하는 개방형 SNS에서 지인들 위주로 네트워크를 형성하는 폐쇄형 SNS으로, 나아가 관심사 기반의 SNS로 이동하게 된다.

이러한 SNS도 많은 사람들이 사용하면서 비용이 감소하는, 단위 이용자 당 시스템 운영비가 줄어드는 규모의 경제를 얻을 수 있으나 운영자(플랫포머) 입장에서 보면 SNS 서비스를 이용하는 이용자 수가 중요한 것이 아니다. 즉, SNS 서비스를 제공하는 운영자(플랫포머) 입장에서 볼 때는 서비스 이용자가 수천만 명 혹은 수억 명이 되더라도 비용 감소 효과는 미미한 것이고, 상대적으로 '네트워크 가치'를 중요시 하게 된다.

페이스북(Facebook)은 2016년 3분기 실적 발표에서 매출 70억1000만 달러(약 7조9800억 원), 순이익 23억8000만 달러(약 2조7100억 원)를 기록했다. 모바일로 페이스북에 접속하는 이용자는 처음으로 10억 명을 넘겼으니 전 세계 인구 7명 중 1명은 페이스북을 이용하는 셈이다. 이러한 페이스북의 괄목한 성장은 전체 광고 매출의 84%가 모바일에서 발생했을 정도로 모바일 광고가 이끌었다. 다시 말해서 SNS 사업자는 이용자로부터 비용을 충당하지 않고 모바일 광고나 기타 수익으로 수익을 창출하기 때문이다.

SNS 서비스는 이용자가 같은 조건이라면 이용자가 많고 대중적인 SNS를 선택하는, 이용자 간의 상호작용 때문에 이용자가 늘어날수록 이용자가 느끼는 '네트워크 가치'는 기하급수적으로 증가하기에 이용자를 늘리려고 애쓰게 된다. 즉 SNS 사업자가 이용자 수를 늘리려고 하는 것은 '네트워크 가치' 때문이지 '규모의 경제' 효과 때문이 아니다.

플랫폼 가치 창출의 두 축

플랫폼(Platform)은 아래 〈그림-4〉 플랫폼 가치 창출의 두 축에서 볼 수 있듯이 아웃소싱 같은 '규모의 경제'에 영향을 받는 플랫폼과 페이스북처럼 이용자가 수가 30억 명 이상일 경우 '네트워크 효과'에 더 영향을 받는 플랫폼으로 구별된다. 이러한 구별이 플랫폼 가치 창출의 전부를 표출하는 것은 아니지만 분명한 것은 플랫폼 비즈니스는 '규모의 경제'와 '네트워크 효과'에 따라 움직이고 있다.

〈그림-4〉 플랫폼 가치 창출의 두 축

5. 크라우드소싱(Crowdsourcing)과 플랫폼

크라우드소싱(Crowdsourcing)은
한정적인 내부의 인적 자원에만 의존하지 않고
많은 외부의 인적 자원의 도움을 받을 수 있으며
또한 외부인은 이러한 참여를 통해
자신들에게
더 나은 제품과 서비스를 이용하거나 이익을 공유할 수 있게 되었는데
플랫폼(Platform)을 만나면서
일시적인 이벤트에서 벗어나
기업의 지속적인 정보 제공자가 된다.

크라우드소싱(Crowdsourcing)과 플랫폼

크라우드소싱(Crowdsourcing)이란?

'대중Crowd' + '외부자원활용Outsourcing'의 합성어인 크라우드소싱은 기업 활동에 있어서 부딪치는 많은 문제를 소비자 즉, 대중의 참여를 통하여 해결함으로써 기업의 생산성과 소비자의 만족도를 향상시키는 수단으로 아웃소싱(Outsourcing)과는 달리 지속가능한 혁신 수단으로 많이 사용된다.

2006년 6월 IT잡지 '와이어드(Wired)'에서 미국의 저널리스트 제프 하우(Jeef Howe)가 처음 사용한 용어인데 '다수의 인력풀은 소수의 전문가보다 낫다'는 믿음을 기반으로 집단지성의 다양한 아이디어를 반영한 제품이나 서비스가 소비자들의 만족도를 높일 수 있다는 전략으로 마케팅에 많은 도움이 된다.

불특정 다수의 대중(Crowd)들을 통해서 생산과 서비스의 과정에 소비자 혹은 대중을 참여하도록 개방하여 생산 효율을 높이고, 특정 제품이나 서비스 작업을 완수하는 크라우드소싱(Crowdsourcing)은 미국의 DVD 대여 업체인 넷플릭스(Netflix)가 사용자의 취향을 파악해서 사용자에게 맞는 DVD 추천시스템을 업그레이드하고자 넷플릭스 프라이즈(Netflix Prize)에 사용한 것처럼 일종의 이벤트였다. 넷플릭스 추천시스템의 정확도를 10% 개선하는 팀에게 상금 100만 달러를 주거나 미국의 '퀄키(Quirky)'라는 회사가 '퀄키닷컴'을 통하여 학벌, 연령 제한 없이 남녀노소 누구나 제품 아이디어를 게재하게 한 뒤에 매주 2건의 아이디어를 뽑아 제품화 과정에 반영하는 마케팅 수단으로 활용되면서 자리잡게 되었다.

대중의 니즈(Needs) 혹은 아이디어를 실시간으로 반영함으로써 훨씬 저렴한 가격에 기존의 제품이나 서비스에 창의성을 입힐 수 있는 크라우드소싱(Crowdsourcing)은 호의적인 잠재 고객을 확보할 수 있다는 점에서 많은 기업들이 선호하고 있다. 또한 크라우드소싱은 공공문제나 사회적 문제 해결에도 앞장서고 있다. 17년 이상 해결되지 않은 알래스카 인근의 기름 유출로 인한 환경오염 사태를 2007년, '국제기름유출연구소'에서 2만 달러를 걸고 미국의 웹사이트 '이노센티브'에 의뢰해서 3개월 만에 해결책을 제시하기도 하고, 2012년 북극에서 석유 시추사업을 벌였던 석유기업 '쉘(Shell)'을 상대로 미국의 환경단체인 '그린피스'(Greenpeace)가 석유 시추를 반대하는 광고 캠페인을 실시함으로써 3년 만에 석유 시추사업을 포기하게 만들었다.

크라우드소싱(Crowdsourcing) 플랫폼

평소에 자신만의 '버거(Burger)'를 맛보고 싶은 소비자의 욕구를 충족시키고자 맥도날드는 소비자들에게 맥도날드에서 만나고 싶은 '버거(Burger)'에 대한 아이디어를 공모하여 우승자에 대한 간단한 정보와 함께 새로운 버거를 탄생시킴으로써 마케팅 비용 없이 항상 소비자 곁에서 숨 쉬고 있는 맥도날드의 기업 이미지를 대외에 알리는 효과를 볼 수 있었다. 이렇게 크라우드소싱(Crowdsourcing)은 한정적인 내부의 인적 자원에만 의존하지 않고 많은 외부의 인적 자원의 도움을 받을 수 있다. 또한 외부인은 이러한 참여를 통해 자신들에게 더 나은 제품과 서비스를 이용하거나 이익을 공유할 수 있게 되었는데 플랫폼(Platform)을 만나면서 일시적인 이벤트에서 벗어나 기업의 지속적인 정보 제공자가 된다.

'레고(LEGO)'는 전 세계인의 창의성을 한 자리에 모아 이를 상품화 시킬 수 있는 '레고 아이디어스(LEGO Ideas)'라는 웹 사이트를 통해 개인이 낸 아이디어로 레고메이즈(레고로 미로를 만들어 공을 통과시키는 게임)라는 제품을 양산하여 큰 인기를 얻었다. 크라우드소싱 플랫폼 상에서 창의성을 매개로 수요자(Requester)와 공급자(Worker)가 거래할 수 있는 크라우드소싱 플랫폼이 비즈니스 모델로 매력적이란 점을 보여주었다.

미국의 아마존이 운영하는 '메커니컬 터크(Amazon Mechanical Turk)'는 대중의 힘을 빌려서 제품이나 서비스를 향상시키는 크라우드소싱(Crowdsourcing)에다가 일을 가진 수요자(Requester)와 그 일을 할 수 있는 공급자(Worker)를 플랫폼(Platform)를 통해 연결해 주는 서비스이다. 기업이나 개인이 누군가 대신해 주기를 바라는 일을 보상금과 같이 게재하면 플랫폼에서 공급자는 자신이 할 수 있는 일을 선택하여 완수하고 보상을 받게 된다. 한마디로 아마존 메커니컬 터크의 수익 모델은 플랫폼을 구축해놓고 수요자(Requester)와 공급자(Worker)를 연결시켜 주면서 일정한 수수료를 받게 되는, 아주 유용한 비즈니스 모델인 것이다.

2005년 11월 서비스를 시작한 메커니컬 터크는 2014년 기준 약 190

개국에서 50만명 이상이 회원으로 가입해 있다. 2011년 기준으로 20만 건 이상의 일이 처리되었고, 포스팅된 일감도 4,000건을 넘어섰다. 초기에는 비서나 인턴들을 통해서 처리해야 하는 단순한 업무가 주류를 이루었으나 특정 콘텐츠에 대한 감상평, 사진이나 노래 가사의 폭력성 여부 판단, 구글이나 SNS 검색을 통한 담당자에 대한 정보 수집 같은 분야로 확장되고 있다.

한정적인 내부의 인적 자원에만 의존하지 않고 많은 외부의 인적 자원의 참여를 통해 보다 나은 제품과 서비스를 향상시키는 목적의 크라우드소싱(Crowdsourcing)은 아마존이 운영하는 메커니컬 터크에 와서 그 중심 구상이 변화하였다. 컴퓨터가 하지 못하고 사람이 가능한 일은 사람에게 시킨다는 것이다. 예를 들어 사진 속 여자가 미인인지 아닌지, 예술 사진인지 일반 사진인지 구별할 수 없다. 사람들이 실제로 이미지를 살펴보지 않은 채 단순하게 여자 사진으로 분류하게 되면 상당한 오류를 갖게 되기에 사진을 보고 분류하는 일은 사람들의 남는 노동력을 이용해 저렴하게 하자는 것이 메커니컬 터크의 목표다. 즉, 인간이 기계를 돕기 위해 상당히 반복적인 일을 처리하고, 그런 다음 기계가 인간을 돕기 위해 업무를 자동화 한다는 것이다. 이렇게 해서 탄생한 직업이 데이터 라벨러(Data Labeler)이다. 인공지능(AI)가 데이터을 학습하면서 유사한 이미지를 인식할 수 있게 있도록 사진이나 동영상 등에 등장하는 동물, 사물 등을 라벨 화 시키는 것이다.

여기서 주목할 점은 '메커니컬 터크(Mechanical Turk)'는 사람을 도와주는 기계에 사람이 도움을 준다는 점에서 지극히 '인공적인 인공지능(Artificial artificial intelligence)' 라는 것이다. 전통적인 인공지능 방법론으로는 인공지능이 궁극적으로 지향하는 사람다운 자연스러운 인공지능을 구현하는 것에 한계를 느끼고 있다. 그래서 이를 극복하기 위한 대안들이 제시되고 있는데 그중 하나가 바로 이 '인공적인 인공지능(Artificial artificial intelligence)'이다. 즉, 인공지능을 활용하되 기계가 하기 힘든 부분은 사람이 대신 처리하여 최종적으로 만족스러운 결과물을 얻게 하자는 데 있다.

페이스북(Facebook)과 인스타그램(Instagram)과 같은 콘텐츠 플랫폼 역시 증오 발언이나 성적 이미지 등의 업로드를 자동으로 적발하는 인공지능(AI) 시스템을 갖추고 있으나, 시스템 훈련과 모호한 경우의 판단에는 사람이 개입하고 있다.

인공적인 인공지능(Artificial artificial intelligence)

4차 산업혁명의 핵심 이슈 중 하나로 꼽히는 인공지능(AI: Artificial Intelligence)은 1950년 영국의 수학자 앨런 튜링의 논문 '계산 기계와 지성(Computing Machinery and Intelligence)'에서 시작된 이후 1955년, '존 맥카시' 교수가 지능 연구를 주제로 한 컨퍼런스에서 처음으로 '인공지능'이란 단어를 사용했고, 1956년 다트머스 대학교에서 열린 '다트머스 컨퍼런스(Dartmouth Conference)'에서 인공지능 연구에 대하여 정의하면서 '인공지능'이라는 기술이 세상에 등장하게 되었다. 당시만 해도 인공지능은 머지않아 상용화될 것으로 기대되었지만 새로운 알고리즘의 발견과 상관없이 상용화에는 번번이 실패하였다. 이후 40년 가까이 인공지능의 침체기를 거친 후 1997년 IBM의 '딥블루(Deep Blue)'가

세계 체스 챔피언을 꺾으면서 인공지능은 다시 관심을 끌기 시작했고, 2000년대 중반 '딥러닝(Deep Learning) 알고리즘이 발표되면서 인공지능 기술은 급물살을 타게 되었다.

2016년 3월, 구글 알파고(AlphaGo)와 이세돌 간의 바둑 대결 등을 통해 빅데이터와 함께 대중에게 널리 알려지게 되었다.

흔히들 인공지능(AI)은 마치 사람과 같이 생각하고 판단하는 기계 혹은 프로그램을 떠올리지만, '인공지능이 스스로 생각하고, 판단할 수 있는가'를 기준으로 볼 때 인공지능은 '강 인공지능(Strong AI)'과 '약 인공지능(Weak AI)'의 두 가지 방향으로 발전해 왔다. 강 인공지능(Strong AI)은 영화 『어벤져스 : 에이지 오브 울트론 The Avengers : Age of Ultron, 2015』에서 아이언맨과 닥터 배너(헐크)가 지구를 지키기 위해 만든 인공지능 '울트론'처럼 스스로 생각하고 판단하는, 마치 사람과도

같은 인공지능을 의미하고, 약 인공지능(Weak AI)은 IBM 왓슨이나 구글 알파고 처럼 특정한 목적을 위해 수집한 데이터를 바탕으로 정해진 규칙에 따라 결과를 도출하는 인공지능을 말한다.

인공지능(AI)은 딥러닝(Deep Learning)과 같은 알고리즘(Algorithm)의 개선과 클라우드 컴퓨팅 기술이나 CPU과 같은 하드웨어의 성능 덕분에 현재와 같은 수준으로 발전할 수 있었지만 중요한 것은 학습을 하기 위한 '데이터(Data)'에 있다. 모든 컴퓨터 시스템은 데이터를 처리하기 위한 것이고, 인공지능(AI) 역시 어떤 문제를 해결하기 위해서는 알고리즘과 이 알고리즘을 통해서 지능을 갖는 데 도움이 되는 양질의 데이터를 필요로 한다. 아무리 뛰어난 인공지능이라도 좋은 데이터가 입력되지 않으면 좋은 결과를 얻을 수 없게 된다. 지금 이 순간, 그리고 당신이 잠든 사이에도 데이터(Data)는 쌓이고 있기에 항상 데이터를 바라보는 시각이 먼저 변해야 진정한 데이터 경영(Data Management)으로 나아갈 수 있다.

미국 전자상거래 업체 아마존(Amazon)은 고객의 마음을 귀신같이 읽어내는 것으로 유명하다. '관심 제품 추천 서비스'가 대표적이다. 고객의 구매 이력과 패턴을 분석해 고객이 지갑을 열 만한 상품을 추천해준다. 또한 고객이 살 것으로 예상되는 물품을 미리 포장해 고객과 가까운 물류창고나 배송 트럭에 옮겨 놓음으로써 물류 비용을 획기적으로 절감하기도 한다. 이 서비스의 비결은 '머신러닝(Machine Learning 기계학습)'이라는 인공지능 기술로 방대한 데이터를 분석해 어떤 패턴을 읽어내고, 이를 토대로 미래를 예측하는 데 아마존의 경우 머신 러닝에 바탕을 둔 예측을 일주일에만 무려 500억 번이나 한다고 한다.

아마존(Amazon)의 '관심 제품 추천 서비스'가 데이터를 분석해서 패턴을 읽고 이를 바탕으로 예측을 하기 위해서는 인공지능(AI)을 학습시키기 위한 학습 데이터 (Training Data)'를 만드는 작업이 필요한 데, 이것은 사람만이 할 수 있기에 데이터 라벨러(Data Labeler)라고 한다.

수백만 건 또는 수천만 건의 방대한 데이터를 사람이 일일이 분류하고 학습에 필요한 기본적인 데이터를 입력시켜주어야 한다. 앞에서 언급한 것처럼 '인공적인 인공지능(Artificial artificial intelligence)'이 필요한 것이다.

인공지능(Artificial Intelligence) 플랫폼

딥러닝(Deep Learning)에 기반 한 알파고(AlphaGo)가 대중의 관심을 갖게 되자 글로벌 기업들은 인공지능(AI)이 IT 산업에 국한하지 않고 제조, 금융, 의료, 자동차 등 거의 모든 산업에 막대한 영향을 미칠 것으로 판단, 미래의 핵심기술 중 하나로 정의하고 기존 사업을 고도화하는 수단으로 활용하고자 움직이기 시작했다. 특히 인공지능(AI)이 가지는 잠재력이 엄청나고, 적용 가능한 산업 범위가 매우 넓기 때문에 주요 기업들의 입장에서는 단독적으로 모든 분야의 혁신을 이끌고 가기에는 한계를 느끼고, 생태계 확장 차원에서 플랫폼 구축에 심혈을 기울이고 있는 현실이다. 모바일 시대에 구글(Google)과 애플(Apple)은 운영체계(OS)를 통하여 관련 산업을 혁신시키고 이를 플랫폼화해 생태계를 만들며 산업을 주도해 왔던 것처럼 글로벌 기업들은 다양한 산업 영역에서 혁신을 리드하고, 생태계를 주도하고자 인공지능(AI)을 플랫폼화(化)하고 있다.

'왓슨(Watson)'으로 유명한 아이비엠(IBM)은 인간과 퀴즈 대결에서 승리하는 등 일찍부터 인공지능의 가능성을 파악하고 방대한 정보를 조합해 지식을 만들어 내고 있다. 특히 의료 전문 인공지능 플랫폼인 '왓슨 헬스(Watson Health)'를 운영하면서 다수의 헬스 케어 서비스 기업을 참여하는 생태계를 만들어 가고 있다. 아이비엠(IBM) 플랫폼 생태계에 참여하고 있는 기업들은 헬스케어 디바이스 기업에서부터 전문 의료 기관에 이르기까지 다양한 기업으로 이뤄져 있으며, 그 중심에서 '왓슨 헬스(Watson Health)'가 영향력을 강화시키고 있다.

구글(Google)은 안드로이드 플랫폼으로 개발자들에게 소프트웨어 개발 툴과 앱 마켓을 통한 유통 채널을 제공하는 데 머물렀지만 '머신러닝 플랫폼(Machine Learning Platform)'을 통해 기존 안드로이드 생태계에 고도화된 지능을 제공하고 있다. 사실 구글(Google)은 인공지능을 구현하는 데 필요한 핵심 요소인 알고리즘, 데이터, 컴퓨팅 인프라에 분야에 최고 수준의 역량을 확보하고 있다. 특히 데이터에 있어서 구글은 인터넷에서 생성되는 웹 기반의 정보뿐 아니라 안드로이드 생태계를 통해 인공지능의 기계 학습 과정에 활용 가능한 실시간 데이터도 많이 확보하고 있다. 특히 구글의 다양한 데이터는 인공지능을 고도화시키는 데 필수적인 요소로 역할을 하기에 구글이 안드로이드를 플랫폼화해 모바일 산업 생태계를 주도했던 것처럼 인공지능을 플랫폼화해 다양한 산업 생태계를 혁신시키게 될 것이다.

페이스북(Facebook)의 최고경영자(CEO) 마크 주커버그는 인공지능을 미래 핵심 기술로 선정하고, 뉴욕, 파리 등의 인공지능 전용 연구소를 통해 인공지능 핵심 기술 개발을 시작했고, 동시에 소셜네트워크(SNS)에 치중했던 데이터에서 개별 사용자들의 성향과 특성을 유추할 수 있는 데이터 확보에 박차를 가하고 있다. 실제로 페이스북은 사용자들이 게시물에 감정을 표현할 수 있는 종류를 기존 '좋아요'에서 '기쁨', '슬픔' 등 6종류로 세분화함으로써 특정 사물, 상황에 대해 사용자가 느끼는 감정을 보다 세분화해 축적할 수 있게 되었다. 이러한 구체적으로 개인화된 정보는 인공지능의 기계 학습 과정에 효과적으로 활용되어 검색, 쇼핑, 예약 등의 서비스에서 최적의 맞춤형 서비스를 제공하는 원동력으로 자리 잡게 되었다.

일찍이 항공, 에너지, 제조 등 기간산업 분야에서 오랜 경험을 갖고 있는 제너럴 일렉트로닉스(GE)는 '프레딕스 플랫폼(Predix Platform)'을 기반으로 산업 현장에 인공지능 플랫폼을 적용, 4차 산업 혁명 시대를 주도하고자 했다. 그런 차원에서 IoT 기술을 지원하는 클라우드 플랫폼인 '프레딕스 플랫폼(Predix Platform)'에 머신러닝(Machine Learning)과 같은 인공지능 기술을 접목하여 단순한 기계 간 연결, 정보 수집의 단계를 넘어서 기계들이 정보를 분석하고 상황에 따라 능동적으로 작업을 수행하는 방향으로 발전시켜 나갔다. 결과적으로 '프레딕스 플랫폼'은 500여 개의 공장에서 시범적으로 적용, 비용 절감효과를 거두었다. 실제로 피앤지(P&G)와 볼보(Volvo) 경우, GE의 '프레딕스 플랫폼'을 활용한 '생각하는 공장(Brilliant Factory)'을 제조 현장에 도입해서 연간 20% 이상의 비용 효율을 달성할 것으로 예측하고 있다.

2011년 7월, 미국 뉴욕타임즈(NYT)는 "왓슨(Watson)의 원대한 비전은 사라졌고, AI에 대한 과장과 오만함을 일깨우는 사례가 됐다"라고 보도했다. 전 세계에 'AI시대'가 도래했다고 흥분했던, AI혁명의 선두주자이자 컴퓨터 사업을 대체할 IBM의 강력한 무기가 10년 만에 IBM의 골칫덩이로 전락하고 말았다. NYT의 지적처럼 '경영진의 잘못된 판단'이 가장 큰 이유였지만 너무 '왓슨 헬스'에 의지해서 의료(헬스케어) 분야에만 집중한 것이 실패의 원인으로 부각되었다.

인공지능(AI)이 1950년 영국의 수학자 앨런 튜링에서 시작된 이래 기대와 다르게 사용화에 번번이 실패하였고, 2000년대 중반 딥러닝 알고리즘이 발표되면서 비로소 기술적으로 급물살을 타게 되었다.

50년 만에 AI가 부각된 가장 큰 원동력으로 1) 알고리즘 2) 데이터 분석 능력을 갖춘 컴퓨팅 기술과 3) 클라우드 같은 인프라가 뒷받침되었지만, 산업화에 미진한 주된 원인은 여전히 생태계 확산에만 머물렀기 때문이다. 실질적인 제품이나 서비스에 AI를 적응시키는 것은 어렵지 않으나 의료(헬스케어)나 생명공학, 우주항공과 같은 복잡하고 정밀한 분야에서는 여전히 기술적 한계를 보이게 되는데 50년 동안 답보한 AI가 10년 만에 완벽하게 산업에 적응되기에는 다소 무리가 있지 않을까 사료된다. 특히 AI가 가지는 잠재력은 무한한데 개별 기업(IBM)이 너무 단독적으로 혁신을 선보이려고 협업에 충실하지 않아서 발생한 것으로 볼 수 있겠다.

 융·복합적인 데이터를 바탕으로 플랫폼 기반하에서 생태계를 조성하고 적용 가능한 산업 분야를 단계적으로 시도했어야 함에도 시장의 눈치를 너무 보다 오염된 데이터와 시간이 지난 허접한 데이터가 장애가 되어 거품을 만들지 않았을까 생각된다. 자연어 처리마저 완벽하지 못한 현실에서 AI만 갖다 붙이면 자금이 모이고 사람이 들끓는 세태를 딛고 한 단계 더 성장하려면 시장(관련 산업)을 먼저 파악한 뒤 많은 참여자를 끌어모아서 반복된 학습 데이터 기반의 AI 플랫폼을 구축, 산업을 혁신시키는데 모든 역량을 집중시켜야 할 것이다.

[블록체인(Block Chain)]

인터넷 이래 최대의 발명이라고 하는 블록체인은 특정 데이터(Data) 혹은 기록을 입력한 블록(Block)을 체인(Chain)처럼 연결하는 기술로 4차 산업혁명 시대를 이끌 핵심 기술로 손꼽히는 데 그 특징은 4가지로 볼 수 있다.

1) 분산화 : 거래 기록을 수정할 수 없어 부정거래를 막고
2) 암호화 : 해킹이 어렵고
3) 신뢰성 : 블록체인을 사용하면 더 이상 어떤 기록이 진실이라고 증명해줄 공인 기관이 필요 없다. 즉 블록체인 기반의 거래 기록은 진실이다.
4) 효율성 : 탈 중앙화와 분권화를 통해 시스템의 효율을 끌어올릴 수 있다.

블록체인(Block Chain)이 가상화폐공개(ICO : initial coin offering)를 의미하는 것은 아니다. 가상화폐 공개란 블록체인 기반의 암호화폐 코인(Coin)을 발행하고, 이를 투자자들에게 판매해 자금을 확보하는 방식인데 국내의 에이치닥(Hdac)의 경우 블록체인 기술을 사물인터넷(IoT)에 접목, 3000억을 투자 유치했다. 결과적으로 가상화폐는 블록체인 기술을 바탕으로 ICO(코인공개)를 통해 외부의 자금을 모으는 수단이지 블록체인이 가상화폐는 아니다.

블록체인 활용은 퍼블릭 블록체인과 프라이빗 블록체인으로 구별할 수 있다.
퍼블릭 블록체인은 코인이나 토큰과 같은 가상화폐를 기반으로 한 활용으로 각 국의 규제로 인하여 세계적 범용화는 다소 시간이 걸릴 것으로 추정되나 프라이빗 블록체인은 물류에서 선하증권과 신용장 등 서류를 블록체인으로 공유함으로써 수출입 서류의 위,변조를 차단하고 발급절차를 간소화함으로써 기업 간 거래는 활용도가 무궁무진하다.

블록체인 기술은 금융에서 유통, 물류, 의료, 환경, 부동산 등 활용 영역이 무한하다. 1차적으로는 플랫폼을 기반으로 블록체인 기술을 접목시키는 것.

예를 들어 미국의 월마트는 IBM과 파트너 쉽을 맺고 블록체인 기술을 도입, 신선 제품이 생산에서 유통되는 전 과정을 모두 추적해 식품의 안전성과 투명성, 효율

성을 높이고 있다. 한마디로 블록체인 기술을 활용하면 식품 추적에 걸리는 시간을 7일에서 22초로 줄일 수 있다. 2차적으로는 플랫폼의 독점에서 벗어나 재능 있는 예술가나 디자이너, 프로그래머 등은 자신의 지적 재산을 중개자(플랫폼사업자)에게 뺏기지 않을 수 있다. 2016년 4월 시작한 블록체인 미디어 플랫폼 스팀잇(steemit)은 콘텐츠 기반 보상 시스템으로 사용자가 올린 콘텐츠를 암호 화폐(스팀 steem)로 보상하는 구조이다. 누구든지 콘텐츠를 올리면 페이스 북의 "좋아요"에 해당하는 업보트(upvote)를 받을수록 암호 화폐를 받는 구조가 되면 된다. 출시 2년 만에 이용자 수가 80만명이 넘어섰다. 페이스 북이 주도하는 플랫폼에서는 팔로어가 영향력의 상징이었다면 스팀잇 내에서는 스팀을 많이 가진 사람이 그만큼 영향력도 커진다.

〈생활로 들어온 블록체인〉

구글, 네이버 등 국내외 포털 서비스를 통해서 검색되는 맛집 블로그들은 리뷰 작성에 투명성이나 신뢰성이 없다. 소셜 네트워크(SNS)형 맛집 리뷰 사이트 〈먹스팀 Muksteem〉는 파워 블로거와 포털의 내부자 거래에서 오는 불신을 막고자 블록체인 기술을 도입하였다. 먹스팀은 블로거가 식당 리뷰글을 올린 후 다른 사용자들의 추천이 쌓이면 작성자는 추천 수에 비례 가상화폐의 일종인 스팀을 보상으로 받게 하고, 이렇게 모은 스팀은 가상화폐 거래소를 통해 현금화할 수 있게 함으로써 블로거 입장에서 보면 제대로 된 맛집을 추천함으로써 일종의 보상을 받게 되니 협찬이나 광고에 의존하지 않고 진짜 제대로 된 맛집을 추천하게 된다. 작성된 리뷰 역시 수정과 삭제가 불가능하기에 신뢰가 생긴다. 이외에도 〈체인파트너스〉는 가상 화폐(이더리움)를 실생활에서 현금처럼 사용할 수 있도록 가상 화폐를 기반으로 한 결제 서비스 코인덕(Coin Duck)을 제공하고 있다. 가상화폐 보유자는 별도의 환전이나 송금 없이 코인덕 모바일 주소에 접속해서 가상화폐로 커피, 음료 구매뿐만 아니라 치과 진료 서비스 등을 누릴 수 있도록 코인덕 제휴사를 확장하고 있다. 글로벌 기업 코닥 역시 블록체인 기술을 이용하여 사진저작권 플랫폼 코닥원을 개설, 사진 원작자와 사용자 간에 저작권료를 코닥코인(KodakCoin)으로 지급하기로 했다.

[가상화폐와 블록체인]

인터넷 이래 최대의 발명이라고 하는 블록체인(Block Chain)은 특정 데이터(Data) 혹은 기록을 입력한 블록(Block)을 체인(Chain)처럼 연결하는 기술로 4차 산업혁명 시대를 이끌 핵심 기술로 손꼽히고 있다.

이처럼 뛰어난 블록체인 기술이 가상화폐와 만나면서 홍역을 치르고 있다. 가상자산 혹은 디지털 자산의 일환인 가상화폐는 블록체인 기술을 기반으로 기업이 주식시장에 공개하는 IPO처럼 ICO(코인공개)를 통해 외부의 자금을 모으는 수단임에도 불구하고 2021년 초부터 비트코인의 광폭 질주 덕분에 세상이 온통 금빛으로 물들게 되었다. 특히 MZ세대들은 동학개미와 서학개미로 변신하면서 계층 사다리를 오르려고 애를 썼으며 더 나아가서 디지털 코인(Coin)이나 토큰(Token)을 찍어내면서 화폐로 인정해달라고 국가의 핵심적인 권력인 조폐권을 위협하고 있다.

사토시 나카모토가 2008년 '비트코인 P2P 전자화폐'란 문서를 내밀었을 때 세상은 아무도 주목하지 않았는데 2018년 이후 두 번째 형성된 코인 시장은 사회적으로 득보다는 실이 더 컸지만 '가상경제투자'라는 새로운 투자 패러다임을 선보이게 하였다.

가상화폐는 1) 가치 저장의 수단과 2) 구매력을 지닌 교환 혹은 결제 수단으로 3) 그리고 스마트계약을 통해 DeFi, NFT와 같은 다양한 비즈니스 모델을 제공하는데 많은 사람들은 블록체인 기술보다는 가상화폐가 갖는 가치 저장의 수단에만 매달려 영혼까지 끌어다(영끌) 빚투를 내다보니 가계부채가 심각한 상황에 이르게 되었다.

2021년도 1분기 가상화폐 주요 4대 거래소의 신규 가입자 249만5289명 중 3분의 2가 MZ세대로, 20대가 32.7%로 가장 많았고 30대가 30.8%로 그 뒤를 이었다. 주식과 어린이를 합친, 주식투자 초보자를 비유한 '주린이'가 '코인 주린이'로 변해서 '벼락거지' 대열에 벗어나고자 애쓴 결과였다. 심지어 '어스2(Earth2)'에서 시작된 가상공간에 대한 투자가 새로운 투자 수단으로 주목받게 되었으며 가상부동산, 대체 불가능한 토큰(NFT), 메타버스(Metaverse)에 이르기까지 '미래먹거리'로 언급되면서 급부상하게 되었다.

반면 금융, 유통, 부동산까지 블록체인 기술이 플랫폼(Platform)을 기반으로 무한하게 활용될 것이라는 예측이 현실화되었지만 가치 저장의 수단에 치중하다 보니 부작용이 심각한 수준에 이르게 된 것도 사실이다.

이제는 점차로 파이가 커지는 가상경제에 대한 투자에 대하여 긍정적으로 바라봐야 할 때가 왔다. 가상현실(VR)과 증강현실(AR) 기술을 바탕으로 자신을 대신할 수 있는 아바타로 가상현실 공간을 꾸밀 수 있고, 메타버스 상에서 결제 수단으로 활용되기에 가상화폐와 메타버스(Metaverse)는 결코 분리해서 생각해서는 안 될 것이다.

새로운 성장동력으로 메타버스(Metaverse)가 각광받을수록 가상화폐의 긍정적인 측면을 받아들이는 제도적 보완이 시급하고, 토큰경제를 바라보는 MZ세대들의 경제적 시각을 바꾸어주어야 한다. 그동안 코인 광풍을 수수방관하던 정부도 2021년 6월, 증권형 토큰(STO)에 대하여 자본시장법 안으로 끌어들여 혼탁한 가상화폐 시장을 바로잡고 투자자를 보호하고자 첫발을 내딛었다.

2019년 카사코리아를 시작으로 규제 샌드박스를 통하여 블록체인 기반 부동산거래 플랫폼을 지정했지만, 예술품이나 지적재산권(IP)과 같이 권리관계가 어려워 수익화되지 못했던 유동자산까지도 NFT유통플랫폼 방식으로 제도권 안에서 품어야 할 때가 왔다.

향후 가상경제 시장은 지금보다 몇 배 더 성장할 것으로 보는 시각이 대세이기에 블록체인 기술을 통하여 플랫폼에 기반한 선한 가상경제투자는 권장되어야 할 것이다.

인간은 현실에서 채워지지 않는 물질적인 욕망을 어떻게든 가상공간에서 해소하려고 하기 때문에……

6.
빅데이터(Bigdata) 플랫폼과 경영

당신이 잠든 사이에도
데이터(Data)는
쌓이고 있다!!!

모든 기업에게 있어
빅데이터(Bigdata)는 새로운 자원(資源)이고,
인공지능(AI)은
그 역량을 좌우하기 때문에 공을 들이고 있다.

콘텐츠에서도 빅데이터는 중요한 자원이 되고 있다.
어떤 감독이 영화를 잘 찍고,
어떤 배우가 호감도가 높고,
어떤 작가가 흥행에 성공하는지 하는
의사결정에
개인화된 데이터를 분석해서 추천해주고 있다.

1 Part

빅데이터(Bigdata) 플랫폼

최근 경영의 화두로 떠오르는 빅데이터(Bigdata)는 방대한 양(量)과 다양한(Variety) 데이터를 분석(Analytics)하고, 예측(Insight)하여 기업의 글로벌 경쟁력을 향상시키는데 중요하게 활용되고 있다. 21세기 원유라고 비유되는 빅데이터는 생활을 바꾸고, 경영을 바꾸며, 공공정보의 개방을 통해 일자리 창출을 확대하는 등 4차 산업 혁명 시대의 경제를 뒷받침해줄 수 있는 성장동력이자 미래사회를 예측할 수 있는 합리적 의사결정의 기반이 되기에 중요하다고 볼 수 있다.

빅데이터(Bigdata)의 의미와 가치

이러한 빅데이터(Bigdata)가 본격적으로 중요하게 인식된 것은, 디지털 환경으로 변하면서 많은 사람들이 인터넷과 모바일 기기를 이용하여 도처에 남긴 금융이나 쇼핑 나아가 SNS를 통해 주고받은 데이터(Data)가 기하급수적으로 증가하고, 사물인터넷(IoT)으로 쏟아지는 무수히 많은 센서 데이터들이 쌓여서 정보로 자리잡았기 때문이다. 그리고 주목해야 할 점은 꼭 데이터가 방대해서 빅데이터(Bigdata)라고 하지는 않는다. 빅데이터는 데이터의 양(Volume)과 속도(Velocity) 그리고 다양성(Variety)이라는 특징을 갖고 있으며 경제적으로 필요한 가치를 추출할 수 있도록 분석(Analytics)한 뒤 예측(Insight)하는 기술을 포함하기 때문이다. 간혹 사람들은 빅데이터와 인공지능(AI)이 서로 별개로 떨어져 있는 기술로 인식하는 데 사실 빅데이터와 인공지능은 동전의 앞뒤와 같이 존재하여야 의미를 지니게 된다. 즉, 빅데이터는 머신러닝(기계학습 Machine Learning)과 딥러닝(Deep Learning) 같은 인공지능 기술을 통해 분석되어지고 예측되어 기업 경영 전반에 유익한 전략을 제공하기 때문이다.

앞에서 언급한 것처럼 인공지능(AI)은 마치 사람과 같이 생각하고 판단하는 기계 혹은 프로그램을 떠올리지만, '인공지능이 스스로 생각하고, 판단할 수 있는가'를 기준으로 볼 때 인공지능은 '강 인공지능(Strong AI)'과 '약 인공지능(Weak AI)'의 두 가지 방향으로 발전해 왔다. 빅데이터 이전에 데이터 분석은 기본적으로 데이터베이스에 저장된 정형 데이터를 기반으로 이루어졌으나 인공지능(AI) 기술과 클라우드 컴퓨팅 기술로 인하여 더 한 층 구체적이고 정교하게 빅데이터를 분석하게 되었다. 따라서 분석이 없는 빅데이터는 존재의 의미가 없고 인공지능 기술을 통하여 분석될 수 있는 빅데이터만이 구슬이 서말이라도 꿰어야 보배가 되면서 새로운 인사이트(Insight)로서 가치를 갖게 된다.

결과적으로 볼 때, 사물인터넷(IoT)과 소셜 네트워크(SNS)에서 쏟아지는 다양(Variety)하고 방대한 양(量)의 데이터는 모여서 빅데이터가 되고 인공지능의 먹이로서 존재하게 된다.

기업에 있어서 빅데이터 활용은 고객의 행동을 미리 예측하고 대처방안을 마련해 기업경쟁력을 강화시키고, 생산성 향상과 비즈니스 혁신을 가능하게 한다(McKinsey, 2011). 다시 말해서 빅데이터(Bigdata)는 분석(Analytics)하고, 예측(Insight)함으로써 경제적으로 필요한 가치를 추출할 때 의미를 가지게 된다. 소비자의 요구(Needs)에 대응하여 소비자가 원하는 새로운 기능을 출시하거나 고객의 사용 내역을 분석해서 누가 어떤 제품을 구매할까 판단해서 신사업을 개발함은 물론 반도체 공정의 센서 데이터를 바탕으로 품질을 개선하고 생산성을 제고하는 운영혁신(Operational Innovation)을 가져오게도 한다. 더불어 고객의 해외 카드 결제 내역을 분석하여 사전에 탐지함으로써 손실을 최소화하는 역할도 한다.

  콘텐츠 업계에서도 빅데이터는 중요한 자원으로 활용되고 있다. 넷플릭스(Netflix)처럼 고객의 시청 내역을 분석하여 누가, 어떤 영화를 좋아할 것인지 판단하여 추천함으로써 매출을 극대화하기도 하고, CGV나 메가박스처럼 과거의 흥행 데이터를 기반으로 앞으로 상영할 영화의 흥행을 예측하거나 목표 관객 수 달성을 통해 BEP를 실현하게 된다. 매달 2만 1900원을 내면 '일'과 관련된 디지털 콘텐츠를 무제한으로 볼 수 있는 구독서비스 회사 '퍼블리(PUBLY)'의 경우도 고객이 무엇을 선호하는지 데이터를 분석하고 좋아하는 성향을 파악해서 콘텐츠를 생산하고 있다.

  콘텐츠 추천을 전문적으로 서비스하는 '왓챠(Watcha)' 플랫폼은, 그 동안 어떤 감독이 영화를 잘 찍고, 어떤 배우가 호감도가 높고, 어떤 작가가 흥행에 성공하는지 등의 의사결정에서 대부분 감으로 이루어져 온 영화 제작에 새로운 방향을 가져다 주었다.

특정한 고객이 어떤 영화를 좋아하는지 철저하게 개인화된(Personalized) 데이터를 분석해서 향유자들이 어떤 감독과 배우와 작가를 선호하는지 추천할 수 있게 만들어줌으로써 약 1000만 다운로드를 바탕으로 6억여 건에 이르는 영화 별점 리뷰 빅데이터가 콘텐츠 산업에 있어서 마중물 역할을 하게 했다. 최근 2,30대 콘텐츠 향유자들은 동영상 콘텐츠를 보기 위해 플랫폼과 플랫폼을 뛰어다닌다. 그래서 넷플릭스, 푹, 티빙, 옥수수, 왓챠 같은 OTT(Over The Top) 서비스는 영상콘텐츠의 최신 소비 트렌드를 파악하기 위하여 끊임없이 빅데이터를 분석하고 향유자에 맞는 알고리즘을 설계한다.

빅데이터(Bigdata) 플랫폼

우리들이 잠자는 사이에도 데이터는 쌓이고 있다. 아날로그 시절에는 불가능했던 방대한 양(量)의 정보가 실시간으로 생산되고 머신러닝(Machine Learning)과 딥러닝(Deep Learning) 같은 인공지능 기술로 불가능했던 다양한 데이터를 분석할 수 있게 되었다. 특히 클라우드 컴퓨팅 기술이나 CPU과 같은 하드웨어의 성능 향상은 빅데이터 분석을 용이하게 함으로써 경영의 혁신을 가져올 수 있게 만들었다.

이처럼 사물인터넷(IoT)의 센서를 기반으로 해서 수집하거나 스마트폰과 같은 모바일 기기를 통해서 혹은 소셜네트워크서비스(SNS) 상에서 검색이나 상태 메시지, 취향, 위치정보 등이 노출되면서 데이터는 쌓이게 되는데, 이런 다양한 빅데이터를 처리하고 분석해서 새로운 인사이트를 제공하는 플랫폼을 빅데이터 플랫폼이라고 할 수 있다.

빅데이터 플랫폼은 기본적으로 데이터 수집과 확장성있는 대용량 처리뿐만 아니라 학습 과정을 통해 패턴(지식)을 찾아내고, 이를 이용하여 예측, 분류 등 의사결정 문제를 해결할 뿐만 아니라 독립변수와 종속변수 간의 결합관계(가중치)를 추출하여 모형을 구축할 수 있어야 한다.

IBM이나 SAS 같은 하드웨어와 소프트웨어에서 개별적인 강점을 보유한 글로벌 기업들은 빅데이터 솔루션 개발과 함께 우위를 선점하고자 빅데이터 플랫폼 경쟁에 박차를 가하고 있다. 즉, 생태계 지배를 위하여 끊임없이 빅데이터 플랫폼을 강화하는 전략을 세우고 있다.

기업에 존재하는 다양한 형태의 데이터를 수집, 처리, 저장하여 목적에 맞게 분석함으로써 조직의 전략적 의사결정이나 생산성 향상 그리고 새로운 비즈니스 모델의 창출에 활용하고자 하는 빅데이터 플랫폼 전략은 국내에서도 하나의 패러다임이 되었다.

소비자의 개인화와 리테일 테크(Retail Tech)로 인한 유통산업의 패러다임에 대응하고자 CJ올리브네트웍스는 빅데이터 플랫폼 기반의 유통 채널을 강화하는 빅데이터 분석 인프라를 구축하고, 그룹 내 데이터 서비스와 빅데이터 분석 컨설팅을 지원하였다. 특히 B2B, B2C 영역에서 수집된 다양한 종류의 데이터를 바탕으로 데이터의 공유와 연계를 통한 새로운 인사이트와 비즈니스 기회를 발굴하였다.

기존에 사용하지 않던 CJ대한통운의 송장상품(Description)을 텍스트 마이닝(Text Mining)한 뒤 외부 데이터와 결합하여 빅데이터 분석(Machine Learning)을 진행한 결과 송장 상품명을 확보하였고, 이를 데이터 크린징(Data Cleansing)하여 유의미한 상품정보로 만들었다. 송장상품(Description)을 분석한 결과, 서울시 내에서 물티슈와 생수의 온라인 주문량이 지역별로 차이가 발생한다는 점을 알게 되어 이를 바탕으로 브랜드 및 상품별 지역별 선호도를 파악, 온라인 마켓의 새로운 트렌드(New Insight)를 알 수 있게 되었다. 결과적으로 CJ올리브네트웍스는 CJ대한통운에서 사용하지 않던 데이터 송장상품(Description)을 새롭게 자원화하여 기업 경쟁력 강화에 기여하게 되었다.

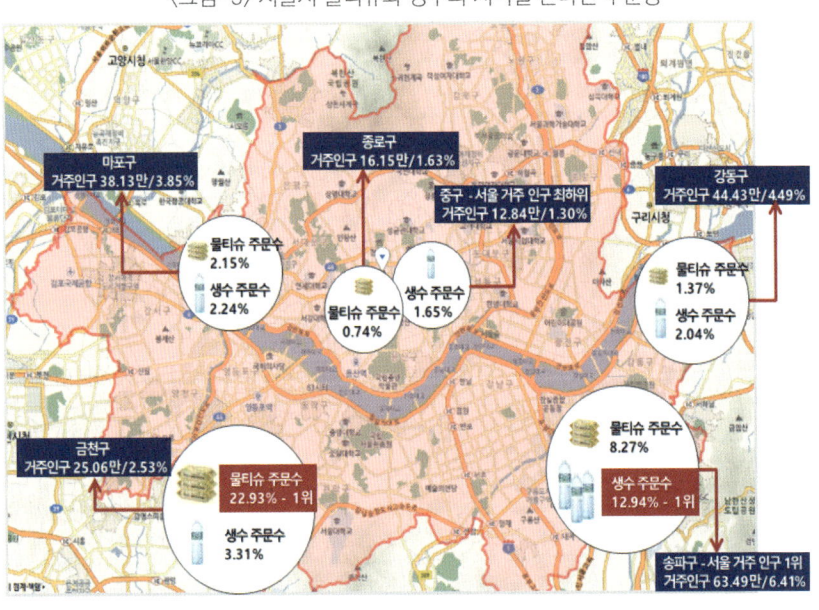

〈그림-5〉 서울시 물티슈와 생수의 지역별 온라인 주문량

코로나19 사태 이후 CJ대한통운은 2년 간 자사에서 배송한 25억5000만 상자의 물품 정보를 731가지 기준으로 분석한 '일상 생활 리포트'를

발간하면서 중요한 사실을 밝혔다. 2019년 영화 '기생충'의 개봉으로 짜파구리 열풍이 일면서 택배로 오간 짜장 라면과 너구리 라면이 차지하는 물량 비중이 19%로 영화 개봉 전보다 2배 이상 뛰었다는 사실을 알아 냈다. 이처럼 무의미했던 송장상품(Description)를 빅데이터 플랫폼을 통해서 분석함으로써 새로운 가치를 창출하였는데 이것이 빅데이터 경영의 결과로 볼 수 있겠다.

빅데이터(Bigdata) 경영

10여 년 전, 빅데이터(Bigdata)는 실리콘밸리에서 핀테크와 함께 주목받기 시작했다. 극장을 보면 은행의 미래가 보이는 것처럼 금융(Finance)과 기술(Technology)이 결합한 핀테크(Fintech) 서비스는 중개자로서의 은행을 필요로 하지 않고, 신용확인 절차가 간단하며, 철저한 개인화를 바탕으로 실시간 금융거래가 이루어지게 함으로써 금융에 새로운 패러다임을 가져왔다. 특히 빅데이터 기반의 머신러닝(기계학습)을 통하여 심사 모델을 개발, 대출하는 P2P 대출이 활성화되어 미국 내 개인 신용대출 시장의 9%를 점유한 '렌딩클럽(Lending Club)'이 2014년 나스닥에 상장하면서 빅데이터가 주목받게 되었다.

21세기 원유라고 비유되는 빅데이터는 생활을 바꾸고, 경영을 바꾸며, 공공정보의 개방을 통해 일자리 창출을 확대하는 등 국가 경쟁력을 강화시키며, 미래사회를 예측할 수 있는 합리적 의사결정의 기반이 될 것으로 믿었지만 많은 학자들은 빅데이터는 하나의 트랜드(Trend)가 될 것이며 '스몰데이터(Small Data)' 혹은 '올데이터(All Data)'로 변할지 그 누구도 장담할 수 없다는 시각이 지배적이었다.

2016년 알파고와 이세돌의 딥마인드 챌린지 매치가 서울에서 개최되면서 빅데이터는 생각지 않는 방향으로 흘러갔고 4차 산업혁명 시대의 주역이 되었다. 그 뒤 인공지능(AI)이 주목받게 되면서 빅데이터는 인공지능과 불가분의 관계라는 점을 알려야 하는 현상이 생겼는데 그 이유는 빅데이터가 단지 양(Volum)이 많다고 생각하는 사람이 많았기 때문이었다.

특히 빅데이터(Bigdata)는 데이터 양(Volume), 속도(Velocity), 다양성(Variety) 이라는 특징을 갖고 인공지능의 먹이로서 존재한다는 사실을 알리기도 전에 클라우드와 블록체인이 또 다시 트렌드로 부각되면서 ABC(AI,Bigdata,Cloud)가 주목받게 되었고, 코로나로 인한 디지털 전환이 국가적 아젠다가 되면서 또다른 변곡점을 맞게 되었다.

문재인정부의 한국판 뉴딜은 디지털 뉴딜과 그린 뉴딜로 이원화되어 포스트 코로나 시대를 대비하는 정책인데 디지털 뉴딜은, D.N.A(데이터, 네트워크, 인공지능) 기술로 산업 혁신을 견인하고 미래 사회를 이끄는 것인데, 핵심은 데이터를 '댐'에 가둬두고 필요할 때 사용할 수 있도록 "데이터 댐"을 구축하는 데 있다. 문제는 디지털 뉴딜에서 데이터를 강조하다보니 빅데이터가 실종되는 현상을 맞이하게 된 것도 사실이었다. 데이터 3법이 통과되고, 마이데이터 사업자가 선정되면서 얼핏 빅데이터는 설 자리를 잃은 것처럼 보이지만 NIA에서 추진한 빅데이터 플랫폼 구축 사업은, 공공 및 민간 데이터를 쉽게 연계하여 활용할 수 있게 만들어서 생태계를 조성하고 나아가 데이터 경제에 이바지하게 함으로써 빅데이터(Bigdata)는 플랫폼(Platform)을 기반으로 한 데이터 생산지이자 유통의 장으로 범위를 넓히게 되었다.

 코로나19 사태 이후의 뉴노멀(New Normal)은 어떻게 전개되어갈까? 많은 경영자가 고심하고 있다. 무엇보다 비대면 상황 하에서 언택트(Untact) 마케팅이 활성화되면서 그에 따른 빅데이터 경영이 재조명될 것으로 판단된다. 거래 과정에서 발생하는 소비자의 모든 빅데이터가 기업의 자산이 되기에 경영자들은 리더십을 바탕으로 빅데이터 경영에 필요한 투자를 아끼지 않게 될 것이다.

 많은 기업들은 디지털 기술을 통해 기업의 상품, 서비스, 프로세스 등을 바꾸어 경영 성과를 창출하고, 지속적인 성장을 위한 새로운 기회로 프로세스를 변화하고자 디지털 혁신(Digital Transformation)에 대하여 관심을 갖고 도입하게 된다. 지금과 같은 격변의 시기에 디지털 혁신은 생존의 문제가 되기 때문에....

 향후 FAANG(페이스북/ 애플/ 아마존/ 넷플릭스/ 구글의 이니셜) 기업과 같은 디지털 혁신기업들의 시장 지배력은 더욱 공고해지게 될 것이며, 빅데이터, 인공지능, 클라우드 등 미래 산업 생태계를 바꿀 수 있는 기술력을 보유한 기업들의 승자독식 현상은 계속될 것으로 전망된다.

 많은 기업들은 엄청나게 많은 돈을 들여서 디지털 혁신을 하고자 꿈꾸고 있는지도 모른다. 꼭 아마존처럼 디지털 혁신을 이루지 않더라도 고객의 데이터를 공유하고, 융합하여 사용할 수 있는 빅데이터 경영을 플랫폼 기반 위에서 시작할 때가 도래하였다.

그렇다면 빅데이터 경영은 어떻게 이루어져야 할까?

무엇보다 플랫폼(Platform)를 구축하여 양질의 데이터를 먼저 확보해야 한다. 기업에 존재하는 다양한 형태의 데이터를 수집, 처리, 저장하여 목적에 맞게 분석함으로써 조직의 전략적 의사결정이나 생산성 향상 그리고 새로운 비즈니스 모델의 창출에 활용하고자 할 때, 빅데이터 플랫폼 전략은 하나의 패러다임이 될 것이다.

만약 자사에 데이터 혹은 빅데이터가 부족하다면 데이터 거래소를 찾아가 구입하는 방법을 찾아야 한다. 우리나라에는 현재 누구나 데이터를 사고 팔 수 있는 유통 및 소비 분야 빅데이터 오픈마켓으로 한국데이터거래소(KDX)가 생겼고, 금융보안원에서 운영하는 금융데이터거래소(FinDX)도 거래를 시작하였다. 금융권 데이터를 유통 전 단계 (등록, 검색, 거래 계약, 결제, 분석, 데이터 송수신)에 걸쳐 안전하게 서비스를 제공하는 금융데이터거래소는 신한은행, KB국민은행, KB증권, LG유플러스, BC카드, 삼성생명, 코스콤 등 59개 데이터 기업들이 참여하여 다양한 금융 데이터 상품을 제공하고, 필요시에는 데이터를 구매한 뒤 분석 시스템을 통하여 데이터 유출 방지와 분석 결과를 받을 수 있게 만들어 준다.

아울러 옷가게에서 편하게 쇼핑하듯 데이터 시각(視覺) 자료를 받아볼 수 있는 플랫폼을 활용하는 것도 방법이 될 것이다. 데이터 시각화(Data Visualization)는 데이터 분석 결과를 쉽게 이해할 수 있도록 시각적으로 표현하고 전달하는 과정을 의미하는 데, 한 장의 그림이 책 한 권의 설명보다 더 설득력이 있기 때문이다. 미국의 경제학자 프리드먼(Friedman)은 데이터 시각화의 목적은 도표(Graph)라는 수단을 통해 정보를 명확하고 효과적으로 전달하는 것이며 동시에 이상적인 시각화란 단지 명확하게 의사를 전달하는 데 머물러서는 안 되고, 보는 사람을 집중하게 하고 참여하게 만들어야 한다고 했다.

다양한 데이터를 분석해서 고객 수요에 맞추어 시각화하는 플랫폼 '인스파일러'를 운영하는 스타트업 회사 서치스(Searcheese)에서는 코로나바이러스, 인구 일반, 생활습관, 건강 신체, 소비지출, 소득 금융, 문화여가 등 400 여종의 데이터 시각 자료들을 구축해 놓고, 소비자들을 기다리고 있다. 데이터 혹은 빅데이터를 이용하여 마케팅에 활용하고자 기획할 경우 객관적인 수치나 그래프들이 필요한데, 보통 외부 리서치 회사에 의뢰하면 기본적으로 2000만~3000만원이 들어가는 데 비해서 시각화 플랫폼 '인스파일러'를 이용하면 비용 부담없이 시각화된 데이터를 찾아보고 구입할 수 있도록 서비스를 제공하고 있다.

빅데이터 경영에 대하여 전무한데 그래도 뭐라도 움직이지 않으면 어쩌나 하는 불안감이 느껴진다면 디지털 트랜스포메이션을 통해 조직의 디지털 역량을 진단하고, 이를 기반으로 교육 및 조직의 디지털 혁신을 구축하며 나아가 빅데이터 경영을 도와주는 이노핏파트너스의 'DT-Q' 솔루션을 도입해도 좋을 것이다.

최근 제과기업 오리온은 4년 전에 비해 제품 반품율이 80%까지 줄어들게 되었고, 이를 통해 절감하는 비용만 연간 100억원이 넘게 되었다고 한다. 위와 같은 성공 사례의 배경에는 '포스 데이터'를 활용하는 데이터 경영의 힘(Power)에 있다고 볼 수 있다. 판매시점 정보 관리 시스템인 포스시스템(POS System)은 매상금액을 정산해 줄 뿐만 아니라 동시에 소매 경영에 필요한 각종정보와 자료를 수집, 처리해 주는 시스템으로 급변하는 소비 트렌드를 실시간 파악하여 매출 극대화를 이뤄낼 수 있는 데이터 보고(寶庫) 라고 할 수 있겠다.

제과기업 오리온은 과감한 투자와 CEO의 리더십을 바탕으로 대형 마트는 물론 편의점, 슈퍼마켓까지 유통채널 별로 거미줄 같은 수집망을 활용해서 데이터를 수집하고, 분석해서 실시간으로 소비자들의 반응을 파악, 생산량 증가 및 신속한 종산을 결정해 반품 처리 비용을 최소화하였다.

이처럼 빅데이터는 생활을 바꾸고, 경영을 바꾸며, 공공정보의 개방을 통해 일자리 창출을 확대하는 등 코로나 사태 이후 뉴 노멀 시대의 경제를 뒷받침해줄 수 있는 성장 동력이자 미래사회를 예측할 수 있는 합리적 의사결정의 기반이 되기에 중요하다고 볼수 있겠다.

포스트 코로나 시대에 있어서 빅데이터(Bigdata)는 더욱 더 중요한 자원이자 필수 불가결한 경영 요소로 자리잡게 되겠지만 만약 분석이 없는 빅데이터는 그 존재의 의미가 없기에 인공지능(AI) 기술을 통하여 분석될 수 있는 빅데이터만이 구슬이 서말이라도 꿰어야 보배가 되듯이 새로운 인사이트(Insight)로서 가치(Value)를 갖게 된다. 즉, 빅데이터를 분석해서 인사이트를 얻고, 기업 경영에 소중한 가치를 창출할 때 진정한 의미의 '빅데이터 경영'이 될 것이다.

[OTT(Over The Top)]

OTT는 인터넷을 통해 볼 수 있는 TV 서비스를 일컫는다. OTT는 전파나 케이블이 아닌 범용 인터넷망(Public internet)으로 영상 콘텐츠를 제공한다. 'Top'은 TV에 연결되는 셋톱박스를 의미하지만, 넓게는 셋톱박스가 있고 없음을 떠나 인터넷 기반의 동영상 서비스 모두를 포괄하는 의미로 쓰인다. OTT 서비스가 등장한 배경에는 초고속 인터넷의 발달과 보급이 자리 잡고 있다. 인터넷 속도가 보장돼야 동영상 서비스를 불편함 없이 즐길 수 있기 때문이다.

훌루(hulu)는 2008년 미국의 뉴스코퍼레이션과 NBC유니버셜이 합작해 만든 회사다. 구글이 2006년 인수한 유튜브의 독주를 막기 위해 만들어진 만큼, 처음부터 유튜브와는 다른 전략을 썼다. 훌루는 사용자 제작 콘텐츠(UCC)가 중심이 되는 유튜브와 달리, NBC나 폭스 같은 방송사 뿐 아니라 유니버셜이나 소니픽처스, 워너 같은 영화사와도 콘텐츠 협약을 체결해 저작권 문제가 없는 양질의 콘텐츠를 제공했다.

넷플릭스(Netflix)는 한 달에 적게는 7.99달러만 내면 영화와 TV 프로그램 같은 영상 콘텐츠를 마음껏 볼 수 있는 온라인 동영상 스트리밍을 통해 OTT 서비스 시장을 점유함으로써 경쟁 업체에 불을 지폈다. 2015년 4월, HBO는 애플TV를 파트너로 해서 케이블과는 별도로 운영되는 독자적인 스트리밍 서비스 'HBO나우'를 선보였다. 한 달에 15달러만 내면 HBO의 콘텐츠를 스트리밍으로 즐길 수 있는 서비스로 별도의 케이블TV 서비스에 가입하지 않아도 된다.

국내에선 2019년, 지상파 3가 만든 '푹(pooq)'과 SK브로드밴드의 '옥수수(oksusu)'가 연합해서 토종 OTT 서비스인 '웨이브(WAVVE)'를 출시했다. KT도 '올레tv' 모바일을 개편하여 야심차게 시즌(Seezn)이라는 OTT서비스를 선 보였는데 애플리케이션에서만 지원할 수 있는 특징을 갖고 있다. 기존 CJENM의 스트리밍 서비스 '티빙(tving)'과 함께 국내 OTT시장은 3파전을 형성하고 있지만 단시일 내에 가입자 1억명을 돌파하여 넷플릭스의 대항마로 떠오른 디즈니플러스가 한국시장을 본격 공략함으로써 한치 앞도 예측하기 어렵게 되었다.

[플랫폼(Platform)과 사용자 경험(UX)]

사용자가 어떤 시스템, 제품, 서비스를 직·간접적으로 이용하면서 느끼고 생각하게 되는 지각과 반응, 행동 등 총체적 경험을 뜻하는 사용자 경험(User Experience, UX)은 인간-컴퓨터 상호작용 (Human-Computer Interaction, HCI) 연구에서 사용된 개념으로, 아직도 많은 사용자 경험의 원리가 컴퓨터 공학 분야의 소프트웨어 및 하드웨어 개발에서 비롯되고 있다. 이 개념은 현재에 와서는 컴퓨터 제품뿐만 아니라 산업을 통해 제공되는 서비스, 상품, 프로세스, 사회와 문화에 이르기까지 널리 응용되고 있다.

모바일, 클라우드, 빅데이터, 인공지능 등 과거 어느 시기보다 많은 IT 트렌드가 시장의 대규모 변화를 주도하고 있는데 이 변화의 핵심은 질적으로 양적으로 사용자의 가치를 향상시키는 것이고, 그래서 사용자 경험이 중요하게 대두되고 있다. 사용자 경험은 제품·서비스의 사용성(usability), 사용자의 감성(affect), 사용자 가치(user value)에 의해 영향을 받는다. 그 밖에도 사용자가 이전에 유사한 제품을 사용하면서 얻은 경험(previous experience), 다른 사용자로부터 얻은 정보(viral process), 기업체가 가지고 있는 브랜드 자산(brand equity) 등에 영향을 받는다.

■ 사용자 경험(UX)과 유저 인터페이스(UI)

사람(사용자)과 사물 또는 시스템, 특히 기계, 컴퓨터 프로그램 등 사이에서 의사소통을 할 수 있도록 일시적 또는 영구적인 접근을 목적으로 만들어진 물리적, 가상적 매개체를 뜻하는 유저 인터페이스(UI)는 흔히들 사용자 경험의 약자인 UX(User Experience)와 혼동하는 경향이 있다.

유저 인터페이스(UI)가 사람과 시스템의 접점, 또는 채널을 의미하는 반면 사용자 경험(UX)은 사용자가 제품과 서비스, 회사와 상호작용을 하면서 가지게 되는 전체적인 느낌이나 경험을 말한다. 즉, UI의 기본 평가항목은 사용성, 접근성 및 편의성인 반면, UX는 이러한 UI를 통해 사용자가 느끼는 만족이나 감정을 의미한다.

결론적으로 볼 때, 사용자 경험(UX)은 제품에 대한 총체적 경험이고, 유저 인터페이스(UI)는 그것을 기술과 연결시켜 주는 매개체다. 제품이 주는 기능적이고 기술적인 특징을 인간적인 사용자 가치로 변화시켜 주는 매개체가 UI라고 할 수 있다.

■ 플랫폼과 사용자 경험(UX)

제품을 바라보는 사용자(소비자 혹은 구매자)는 사용자 경험(UX)에 집중해서 제품을 선택할 수 밖에 없는데 여기서 중요한 것이 플랫폼 차원의 접근이다.

스마트폰의 경우, 외부 개발자에 의해 다양한 애플리케이션(앱)이 존재하는데 사용자가 외부에서 개발한 앱을 다운받는 상황 하에서 전체 경험에 부정적인 영향을 주는 제품은 선택하지 않기에 스마트폰과 UX, UI를 한덩어리로 일치하고자 한다.

2010년 초반, 삼성전자가 애플에 고전하면서 사용자들이 앱스토어를 통해 외부에서 개발한 애플리케이션을 내려 받았을 때 사용자경험(UX)이 서로 달라 엇박자가 생긴 문제를 해결하고자 할 때 플랫폼 관점에서 접근, 외부 개발자의 앱과 자사 제품과의 일관성을 제시하였다. 즉, 사용자 경험(UX)이 사용성(Usability)이라면, 플랫폼은 상품성(Marketability)이라고 할 수 있다.

그렇기에 플랫폼과 사용자 경험(UX)의 상관관계를 이해하느냐 못하느냐가 생존의 조건이 되면서, 성장은 이 이해를 바탕으로 누가 더 잘하느냐에 달려있다.

7.
공유경제(共有經濟, Sharing Economy) 플랫폼

초창기 공유경제는 수많은 제품을 생산하고, 소비하면서 발생하는
환경문제 해결이나 사회 경제 활성화 차원에서
주로 오프라인에서 진행되어왔다.

따라서 많은 사람들이 적극적으로 활용하기에는
접근성이 떨어져서 활용도가 낮게 되었다.
이러한 공유경제에 활력을 불어넣게 한 것이 정보통신기술(ICT)이다.
정보통신 기술의 발전은 더 편리한 방식으로
사람들이 공유경제에 접근할 수 있게 했고,
다양한 공유경제 사업영역(비즈니스모델, 플랫폼)에
큰 도움이 되었다.

공유경제(共有經濟, Sharing Economy) 플랫폼

공유경제란, 물품을 소유의 개념이 아닌 서로 대여해 주고 차용해 쓰는 개념으로 인식하여 경제활동을 하는 것으로 남는 공간, 남는 물건, 남는 일손을 모두에게 공유하는 행위를 통해 굴러가는 경제 모델을 의미한다.

공유경제(Sharing Economy)의 개념

'공유경제'는 2008년 미국 하버드대 법대 로런스 레식 교수에 의해 처음 사용된 용어로 타임지가 선정한 '세계를 바꿀 10가지 아이디어' 중 하나인데, 이미 생산된 제품을 함께 공유해 새로운 가치를 창출하자는 측면에서 과잉생산과 과잉소비로 왜곡된 자본주의 경제를 바로 잡을 대안으로 주목을 받고 있다. 즉, 물품(物品)은 물론, 생산설비나 서비스 등을 개인이 소유할 필요 없이 필요한 만큼 빌려 쓰고, 자신이 필요 없는 경우 다른 사람에게 빌려 주는 공유소비의 의미를 담고 있다. 최근에는 경기침체와 환경오염에 대한 대안을 모색하는 사회운동으로 확대돼 쓰이고 있다.

공유경제(Sharing Economy) 플랫폼

초창기 공유경제는 수많은 제품을 생산하고, 소비하면서 발생하는 환경문제 해결이나 사회 경제 활성화 차원에서 주로 오프라인에서 진행되어왔다.

따라서 많은 사람들이 적극적으로 활용하기에는 접근성이 떨어져서 활용도가 낮게 되었다. 이러한 공유경제에 활력을 불어넣게 한 것이 정보통신기술(ICT)이다. 정보통신 기술의 발전은 더 편리한 방식으로 사람들이 공유경제에 접근할 수 있게 했고, 다양한 공유경제 사업영역(비즈니스모델, 플랫폼)에 큰 도움이 되었다.

■ 공유경제의 아이콘 – 우버(uber)

공유경제는 점차 현실로 떠오르고 있다. 이미 많은 사람들이 옷, 장난감, 명품가방, 장신구 등을 공유해 가치를 창출하고 있다. 이러한 공유경제 비즈니스 모델은 과잉 생산과 과잉 소비로 왜곡된 자본주의 경제를 바로 잡을 대안으로 손꼽히기도 하지만 모든 개념과 모델이 그렇듯 다양한 측면이 존재한다.

공유의 주체가 어느 가치에 방점을 찍느냐에 달려있겠지만 공유경제를 통한 사회적 가치의 복원이냐, 이익 추구냐의 갈림길에 서있다는 점에서 '착한 경제'를 부르는 '좋은 공유경제'가 있는 반면 '나쁜 공유경제'도 존재할 수 있기 때문이다.

공유경제의 '공유'와 '경제' 중에 해외에는 '경제'에 비중을 두는 반면 국내의 경우 이윤보다는 상생과 지역 발전이라는 '공유'에 더 비중을 둠으로써 우버(Uber)는 한국에서 철수할 수 밖에 없었지만 분명한 것은 우버는 플랫폼 비즈니스로 좋은 모델이란 점이다.

■ 카셰어링(Car Sharing)

카셰어링(Car Sharing)은 렌터카와 달리 한 대의 자동차를 시간 단위로 여러 사람이 나눠 쓰는 것으로, 차량을 예약하고 자신의 위치와 가까운 주차장에서 차를 빌린 후 반납하는 제도인데 1950년대 스위스에서 사회운동 형태로 처음 시작된 이후 90년대 들어 서유럽과 미국에서 상업화되었다. 특히 2008년 금융위기 이후 실용적 소비성향이 대두되면서 확산되면서 2011년 현재 60여 개국, 1000여 개 도시에서 운영되는 것으로 추산된다. 한국에는 2011년 10월 초부터 그린카에 의해 서비스가 시작되었다.

2011년 당시만 해도 스마트폰 보급이 미흡하여 차량 대여 및 반납을 RFID시스템을 활용했지만 최근에는 앱(App)을 이용해서 비즈니스모델로 자리잡고, 나아가 플랫폼(Platform)으로 진화하고 있다.

집카(ZIP Car)는 1999년 미국 매사추세츠주 케임브리지에서 가정주부인 로빈 체이스와 연구원 안체 대니얼슨에 의해서 설립되었다. 주택가나 회사 근처 남는 땅에 공용(公用)자동차를 비치하고, 회원들이 시간제로 빌려 쓸 수 있도록 하는 서비스로 미국에서만 운행차량이 1만대에 달할 정도로 성공하였다. 집카(ZIP Car)는 사업 초기에 저렴한 가격으로 자동차를 빌려쓸 수 있다는 입소문을 타면서 미국 대학가를 중심으로 빠르게 확산되었고, 영국, 미국, 캐나다 포함 북아메리카 50여 개 지역에서 25만 명의 회원과 매출 1000억 규모로 카셰어링 회사의 대표 모델로 성장하였다. "사람들은 자동차를 소유하기보다는 공유하고자 한다"는 점에 착안하여 IT 기술을 활용한 6가지 단순한 규칙으로 차량을 관리해서 2011년 나스닥에 상장했고, 2013년 3월 미국 에이비스(AVIS)에 4억 9100만 달러(약 5670억 원)에 인수되었다. 에어비앤비나 우버 등 공유경제의 대명사로 알려진 기업보다 수년 앞서 출시되어 공유경제의 시초로 불린다.

 국내에서도 카셰어링(Car Sharing)은 2011년 말 시작하면서 2012년 12월 기준 회원 수 약 1만 명 정도 수준이었으나 2019년 기준 통합 카셰어링 회원 숫자는 900만 명을 기록할 정도로 급성장했다. 모바일 앱으로 차량 예약부터 사용까지 가능한 카셰어링 서비스는 고유의 간편함과 이용 가능한 주차거점의 확대로 인해 2,30대 젊은 소비층에 인기가 많다. 국내 1위 카셰어링 업체 쏘카(Socar)는 2018년 6월, 보유 차량 1만대를 돌파함으로써 카셰어링의 원조격인 미국 집카(Zip Car)가 10년 이상 걸린 1만대 돌파 기록을 6년 만에 달성할 정도로 그 성장세가 높다. 2012년 쏘카가 차량 100대로 서비스를 시작한 지 9년 만에 회원수가 600만

명을 바라보고, 업계 2위인 롯데렌탈의 그린카(Green car)의 회원 수까지 합치면 국내 카셰어링 인구는 1000만 명을 내다보게 되었다. 집이나 차를 소유하지 않고 공유하는 소비 방식에 익숙한 2,30대가 인프라와 편의성으로 빠르게 확산되었고, 기술과 데이터로 일상의 다양한 이동 편의를 확장하는 모빌리티 플랫폼으로 성장하고 있다.

이렇게 카셰어링 시장이 빠르게 커졌지만 법과 규제로 인하여 다양한 카셰어링 비즈니스 모델이 등장하지 않아 성장에 한계를 보이고 있다.

현재 국내엔 대여할 차를 보유한 업체들이 스마트폰 앱을 통해 일반 소비자들에게 차량을 분 단위로 빌려주는 B2C(기업-소비자) 카셰어링만 존재하고, 내 집 주차장에 있는 차를 이웃 주민 등 다른 사람에게 빌려주고 사용료를 받는 P2P(개인-개인) 서비스는 없다. 현행 여객자동차운수사업법에 따라 일정 수량 이상의 차량과 주차장을 보유한 사업자만 자동차 대여업을 할 수 있기 때문이다. 반면 미국과 유럽에서는 B2C 카셰어링에 이어 P2P 카셰어링이 등장하면서 카셰어링이 대중화되어 가고 있다. 미국 P2P 카셰어링 1위 투로(TURO)는 차량 소유주와 차량 대여자를 연결해주고, 대신 대여료의 15~35%를 수수료로 받는 비즈니스 모델로 성장세가 가파르게 오르고 있다.

다만 자동차를 구입하는 대신 유지비 부담을 줄이고, 다양한 차를 경험해보는 재미를 느낄 수 있게 해주는 차량 구독서비스와 법인 전용 카셰어링을 통하여 코로나 19 여파로 위축된 시장을 탈피하고 공유 모빌리티의 파이를 키우고 있다.

최근에는 전 세계 기후변화에 맞추어 온실가스 배출 규제가 강화되면서 정부 차원에서 수송용 차량의 전기차 보급이 중요한 과제로 부상되었는데, 전기자동차 보급에 카셰어링이 앞장서고 있다. 독일과 벨기에의 카셰어링 지원 정책이 전기차를 중심으로 이뤄졌다는 점에서 소비자들이 전기차에 대한 경험과 진입장벽을 낮추는 데 카셰어링 제도가 일정한 역할을 하게 될 것이다.

■ 숙박공유

공유경제의 비즈니스 모델은 ICT 기술의 발전과 스마트 기기의 보급으로 혁신적인 비즈니스로 주목받고 있다. 전 세계 숙박 공유 서비스를 제공하는 에어비앤비(Airbnb) 역시 공유 경제의 대표적인 플랫폼의 하나이다. 손님에게 에어베드(air bed)와 아침(breakfast)을 내줬다는 점에 착안해서 만들어진 에어비앤비는 자신의 주거 공간을 타인에게 빌려주는 서비스로 2008년 샌프란시스코에서 처음 서비스되었다.

에어비앤비 공동 창업자 브라이언 체스키(Chesky)와 조 게비아(Gebbia)는 새로운 사업 구상을 위하여 집을 렌트했는데, 렌트비 부담을 덜어보려고 여행자들에게 자신의 거실을 빌려주면서 탄생하게 되었다. 전 세계 190개국 현지인들의 독특한 숙소를 어디에서나 우리 집처럼 사용할 수 있다는 장점을 강조해서 2천5백만 명이 활용하는 플랫폼으로 성장하였다.

에어비앤비(Airbnb)는 집카(Zip Car)가 IT 기술을 활용한 6가지 단순한 규칙으로 차량을 관리해서 성장했듯이 모르는 사람에게 집을 빌려주기 위해서는 신뢰를 담보로 시스템이 짜여져 있어야 하기에 제도적인 장치가 마련돼 있다. 게스트(Guest)는 숙소를 예약할 때 에어비앤비를 통해 숙박 대금을 지불하고, 집주인(Host)은 게스트가 체크인하고 24시간 후에 에어비앤비를 통해 숙박 대금을 받는다. 특히 집주인은 에어비앤비 호스트 보호 프로그램을 통해 절도와 기물파손으로 인한 피해를 최대 10억 원 까지 보상받을 수 있도록 보험도 가입되어 있다.

에어비앤비(Airbnb)는 과거에는 상품으로 여겨지지 않았던 '집'에서 가치를 창출한다는, 어차피 남는 방을 돈을 벌 수 있는 수단으로 바꿔준다는 개념에 바탕을 두고 사업을 확장, '집'이 가지는 전통적인 가치 개념을 바꾸어 놓았으며 나아가 부동산의 개념까지 흔들며 성장하고 있다. 아울러 에어비앤비(Airbnb)는 관광산업 활성화에 기여한다. 많은 여행객에게 에어비앤비가 집을 통해 부족한 모텔이나 호텔을 대체하는 플랫폼으로 자리 잡게 됨으로써 여행자들에게 머물 곳을 제공함은 물론 전 세계 거주문화를 경험할 수 있게 하는 장점을 갖고 있다.

그러나 현지인처럼 살아볼 수 있는 기회를 제공하고, 호스트와 게스트 사이에 윈윈이 되는 장점 못지않게 단점도 많을 수밖에 없는 것이 숙박공유의 현실이다. 미국에서 에어비앤비는 집주인들이 숙박업체처럼 세금을 내지 않고, 숙박업체에 적용되는 안전 규정 등과 같은 각종 규제를 받고 있지 않는다는 점에서 숙박업체와 정부가 마찰을 빚고 있다.

특히 호스트가 거주지에 침투함으로써 발생하는 투어리피케이션(Tourification)현상과 같은 사회적 문제가 발생하게 되자 각국 정부에서도 규제를 통해 숙박공유에 대한 규제 방안을 모색하고 있다.

2021년 7월 15일, 소프트뱅크 손정희회장의 비전펀드가 국내 숙박레저 플랫폼 기업 '야놀자'에 2조원을 투자, 제2의 쿠팡 신화가 탄생하였다.

'야놀자'는 호텔과 모텔로 나누어져 있던 국내 숙박 공간을 젊은들의 취향에 맞게 변화시키므로써 국내 경쟁사인 '여기 어때'를 따돌리고 1500만명이 이용하는 '국민 레저' 기업으로 성장시켜왔을 뿐만 아니라 '글로벌 레스트(R. E. S. T) 플랫폼'을 통하여 여가는 물론이고 휴식(Refresh), 놀이(Entertain), 숙박(Stay), 여행(Travel)까지 확대함으로써 에어비앤비나 부킹닷컴과 같은 글로벌 OTA기업과 경쟁하게 되었다. 특히 호텔자산관리(PMS) 분야에서 다국적 기업 오라클과 자웅을 겨루면서 향후 클라우드와 인공지능(AI) 등 첨단기술을 기반으로 테크기업으로서 비전을 제시하였다.

yanolja

이외에도 국내 공유 서비스는 코로나 19 사태를 뚫고 다각도로 성장의 발판을 마련하고자 애쓰고 있다. 그 예로 전동킥보드 공유 서비스가 약진하고 있다. 택시를 잡기에는 가까운 거리이면서 대중교통이 대응하지 못하는 곳까지 촘촘하게 이동을 책임지는 '라스트 마일(Last Mile)' 이동수단으로 전동킥보드가 대안으로 떠오르고 있다. 특히 코로나19가 확산되면서 밀폐된 공간에 다수가 함께 있어야 하는 대중교통의 일부 수요마저 흡수하면서 성장세가 이어지고 있다. '킥고잉'의 경우, 월간 사용자(MAU)가 7만 명을 넘고 보유 전동 킥보드가 2만대에 달할 정도로 틈새 시장을 차지하고 있다. 올룰로의 '킥고잉'과 피유엠피의 '씽씽' 그리고 라임의 '라임'이 치열하게 선두 경쟁을 하고 있는 국내 전동킥보드 공유 서비스 시장은 성장세 못지 않게 몸값도 높아져서 시장의 주목을 받고 있으며 2021년 5월, 전동킥보드의 자전거 도로 통행을 허용하는 도로교통법 개정안이 국회를 통과하면서 추가 성장의 발판도 마련되었다.

공유경제(Sharing Economy) 플랫폼의 성장과 규제

진정한 공유의 실현은 가능할까? 앞에서 언급하였듯이 공유경제는, 타임지가 선정한 '세계를 바꿀 10가지 아이디어' 중 하나로 주목받고, 이미 생산된 제품을 함께 공유해 새로운 가치를 창출하자는 측면에서 과잉 생산과 과잉소비로 왜곡된 자본주의 경제를 바로 잡을 대안이 되고 있다.

단순히 휴머니즘 기반의 공유가 아닌, 개인이 가지고 있는 자원을 통해 효과적인 생산 활동에 관여하는 새로운 생산양식으로 부상하는데 이의를 제기할 사람은 없을 것이다. 그러나 공유경제 비즈니스 모델은 사회적 공유의 가치뿐만 아니라 성장에 있어서 기존 산업과 뚜렷하게 대립되어 사회적 갈등을 야기하거나 혹은 규제에 가로막혀 발전하지 못하는 양상으로 전개되어 갈 수 있다는 점에서 유의해야 한다.

우버(Uber)가 국내에서 택시업계와의 대립으로 사회적 갈등을 야기한 채 한국에 진출하지 못하고 떠난 공백을 카풀(Carpool) 서비스가 메꾸고자 했지만 이 역시도 '유사운송행위' 문제와 '출퇴근 운행시간과 횟수 제한'과 같은 규제에 묶인 뒤 2020년 3월 여객자동차운수사업법 개정안(타다 금지법) 통과되면서 앞을 볼 수 없는 상황이 되었다.

국내 자가용 보유대수 1700만대에 모빌리티 시장 규모 17조원인 현 상황에서 언제까지 법과 규제에 가로막혀 새로운 성장 동력이 되지 못할까?

중국의 '디디추싱(Didi Chuxing)'은 세계적인 공유의 아이콘 우버마저 중국에서 무릎 꿇게 하고 중국판 우버로 성장, 춘절 대이동 전후로 카풀 서비스까지 선보인다고 해서 화제가 되고 있다. 동남아시아 차량공유서비스 '그랩(Grab)'은 우버의 동남아시아 사업부문을 인수해서 동남아시아 차량공유서비스 1위 기업으로 우뚝섰다. 이처럼 세계는 물론이고 중국을 비롯한 아시아 각국에서 차량공유와 이를 기반으로 한 모빌리티(Mobility) 서비스가 차세대 성장 동력으로 자리잡고 있다.

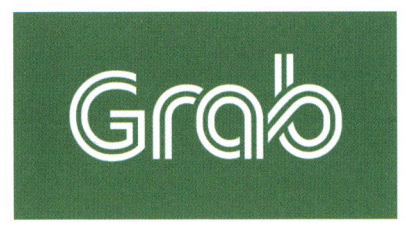

동남아시아 우버인 그랩(Grab)의 가장 큰 특징이자 장점은 바로 하나

의 앱으로 상황에 따라 다양한 차량을 직접 선택할 수 있다는 점이다. 저렴한 가격으로 1~4명이 이용하기 좋은 '그랩카', 막히는 길을 누구보다 빠르게 이용할 수 있는 '그랩바이크', 많은 인원이 같은 차를 타고 이용할 때는 '그랩코치', 같은 경로지만 타고 내리는 곳이 다를 때 사용하기 좋은 일종의 카풀 서비스 '그랩쉐어' 등 그 종류도 점점 확대되는 추세이다.

반면 카카오의 경우 카카오택시 이후 더 이상 진전이 안 되고 있다. 카카오 카풀(Carpool) 서비스는 3차에 걸친 택시업계의 파업으로 가입자 7만 명을 확보했음에도 불구하고 시범서비스에 만족해야 했고, 국내 카풀업계 1위 기업인 풀러스(Poolus)는 주식 배분을 통해 플랫폼 성장가치를 이용자들과 공유하겠다고 선언했지만, 앞길이 불투명한 현실을 감안할 때 한국에서는 각종 규제로 인하여 공유경제 플랫폼 기업으로 가는 길이 한층 어려워졌다.

카풀(Carpool) 서비스는 플랫폼(Platform)을 기반으로 아주 잘 짜여진 공유경제의 비즈니스 모델이나 국내에서만 규제와 혁신 사이에서 성장통을 겪고 있다. 소비자(고객)에게 보다 나은 이동의 편의와 혜택을 제공하는 기술 기반의 모빌리티 서비스가 성장하기 위해서는 '카풀 운전자 등록제'를 통하여 관리되고, '출퇴근 운행시간과 횟수제한'과 같은 규제는 기존 택시 업계와 공존하면서 상생할 수 있도록 완화해주어야 할 것이다.

현대자동차가 미래 모빌리티 시대를 주도하는 역량을 한층 강화하고, 전기차(EV) 기반의 혁신적인 모빌리티(Mobility)서비스를 통해 공유경제 분야 핵심 플레이어로 부상하고자 하면서 한국의 카카오나 풀러스(Poolus), 타다(TADA)가 아니고 동남아시아의 그랩(Grab)과 인도의 올라(Ola)에 투자를 해야 하는 현실을 볼 때 국내의 모빌리티 시장의 미래가 걱정스럽다.

　최근 중국 정부의 규제로 인하여 성장이 좌절되는 공유경제 모델도 있다. 택시나 버스를 타기에는 가깝고, 걷기에는 멀다고 느끼는 경우가 적지 않을 때 유효한 자전거를 통해 공유경제 비스니스 모델을 개발한 중국의 오포(ofo)의 경우가 그렇다. 중국의 노란색 공유 자전거 오포는 창업 2년 만에 유니콘(Unicion) 기업으로 성장한 중국 공유 서비스 스타트업의 상징이었다. 2015년, 베이징대학 재학생이던 다이웨이(戴維 · 27)가 동료 학생 2명과 함께 학교 내에서 자전거 공유 사업을 벌인 것이 시작이었다. 이후 알리바바와 디디추싱 등으로부터 총11억 5000만 달러를 투자받으며 기업 가치가 한때 30억 달러까지 올랐으며, 오포는 부산을 포함한 전 세계 21개국으로 진출해 회원 2억 명을 보유한 글로벌 기업이 되었다.

세계1위 공유 자전거 업체 오포가 보증금 환불도 못해줄 정도로 심각한 자금난에 시달리게 된 것은 무엇보다 중국 정부가 자전거 부착 광고를 금지하면서 시작되었고, 이로 인해 매각 협상에도 실패함으로써 타격을 받았다. 오포의 자전거 사용 가격은 한 시간당 1위안(약 164원)으로 저렴하였지만 광고를 통해 자전거 한 대당 160위안(약 2만 6000원)을 받는 수익 구조였기에 중국 정부의 자전거 광고 규제로 인한 제약에는 달리 대안이 없었다.

여타 공유경제 모델과 달리 공유 자전거 사업은 새롭게 고정자산(자전거)을 투자해서 사업을 영위해야 하기에 수입에 비해서 초기 투자가 많은 모델인데 규제로 인해서 수익구조가 변하면 언제든지 위험에 처할 수 있는 취약한 비즈니스 모델이 되어버리기 때문이다. 따라서 공유 자전거 모델로 성공하기 위해서는 항상 새로운 수익 모델을 개발할 수 있는 혁신이 뒷받침되어야 한다.

2019년 현재 우리가 규제에 묶여 한 발짝도 나아가지 못하고 있는 사이 글로벌 모빌리티 시장은, 미국과 영국은 우버(Uber), 중국은 니오(NIO), 동남아는 그랩(Grab), 인도는 올라(Ola), 브라질은 99가 과점하고 있다. 특히 글로벌 공유 시장은 하나의 플랫폼 안에서 모든 교통, 생활 편의를 제공하는 '멀티모달(Multimodal · 복합) 플랫폼'을 구축하고자 최선을 다하고 있다. 즉, 자전거부터 하늘을 나는 택시까지 하나의 플랫폼 안에서 '심리스(Seamless · 끊김 없는) 연결'을 해주는 궁극의 모빌리티 서비스를 추구하고 있다.

미국에서는 개인 간(P2P) 차량 공유 서비스의 효율성을 인식하고 '투로(Turo)'나 '겟어라운드(Getaround)' 등이 인기를 얻고 있는데 과연 출, 퇴근 시간에만 예외적으로 '카풀'을 허용하는 반쪽짜리 차량 공유로 어떻게 경쟁력을 가질 수 있을 지 묻게 된다.

2020년 3월, 여객자동차운수사업법 개정안에 따라 택시는 카풀, 렌터카 등 다른 차량 조달 방식을 제치고 모빌리티 서비스의 주류가 되었다. 타다 베이직처럼 기업이 직접 차량을 운영해야 하는 플랫폼 운송 사업은 기여금과 면허 총량에 대한 정부 가이드라인이 제시되기 전이라 섣불리 뛰어들기 힘든 상황인 반면 여객법 개정안으로 법적 근거 마련과 규제 완화 등 혜택을 받게 된 가맹택시 사업은 법인 및 개인택시와 손잡는 구조라서 플랫폼 운영사 입장에선 비교적 작은 부담으로 빠르게 서비스를 확장할 수 있기에 타다 빈자리를 노리고 모빌리티의 새로운 판을 짤 수 있게 되었다. 플랫폼 기업 입장에서 볼 때 가맹택시는 기사 월급이나 차량 소유 비용을 부담하지 않고도, 수수료 기반으로 사업할 수 있기 때문에 가볍게 시작할 수 있는 것이 장점이지만 언제까지 기득권에 눈치보며 국내 모빌리티 시장의 성장을 제한할지 모를 일이다.

모빌리티서비스는 서로 닮아간다. 출퇴근과 같은 일상의 이동에서 여행까지 모빌리티의 범위가 같고, 다양한 이동수단을 제공하는 '서비스형 모빌리티(MaaS/Mobility as a Service)'을 지향하기 때문인데, 최근의 모빌리티 시장은 경쟁이 치열해지면서 퀵보드에서 하늘을 나는 택시(UAM)까지 나름 진화하고 있다. 특히 카카오모빌리티는 코로나 사태 이후 항공 예약이나 전동 킥보드에서 퀵서비스, 택배 같은 물류 영역까지 진출하고 있다.

2019년 타다금지법 시행 이후 가맹 택시 '카카오T블루' 제휴를 대폭 확대하면서 택시뿐만 아니라 코레일과 '카카오T기차'를 연결하고, 항공권 검색부터 예매, 발권까지 가능한 '카카오T항공'으로 카카오 발길 닿는 곳이라면 어디든 사업영역을 넓혀가고 있다.

kakao mobility

카카오모빌리티는 서비스형 모빌리티(MaaS)에 그치지 않고 1) 사람의 이동 2) 사물의 이동 3) 서비스의 이동이라는 3가지 축으로 모빌리티의 영역을 공격적으로 확장시키고 있다. 세차 및 정비업체와 손잡고 카카오T앱 내에서 방문형 서비스를 받을 수 있는 '내 차 관리 서비스'를 선보이고, 반려동물 전용 택시 '펫미업'을 통해 급부상한 펫시장을 노크했으며 쏘카의 강점인 렌터카 서비스까지 진출하려고 준비하고 있다.

이처럼 카카오모빌리티의 시장 확대는 혁신을 토대로 한국적 모빌리티 시장이 넓어진다는 이점도 있지만, 문어발식 확장이 카카오페이, 카카오뱅크, 카카오엔터테인먼트로 이어지는 상장을 위한 투자 유치 차원의 공격적 경영이 아닌가 하는 시각도 있다.

8.
플랫폼 전략

플랫폼(Platform)은,
플랫폼에 참여하는 사업자나 개인(플랫포머 or 플랫폼사업자)
모두에게 매력적인 플랫폼이 되어야 한다.
즉, 플랫폼에 참여할 수 있도록 메리트(Merits)를 제공하고
윈-윈 모델을 통하여 가치를 창출할 수 있는 역할을 하여야 한다.

최근 플랫폼을 바탕으로 한 플랫폼 전략(Platform Strategy)은
IT기업 뿐만 아니라 제조, 유통, 서비스, 콘텐츠 등에 광범위하게
확산되어 네트워크 효과를 창출하고,
새로운 사업 혹은 BM의 생태계를 구축하게 된다.

플랫폼 전략(Platform Strategy)

플랫폼 전략(Platform Strategy)이란, 기업이 제공하는 여러 종류의 상품들을 설계하고, 만들고, 운송하고, 판매하는 전 과정에서 공통 요소들을 찾아내고, 이들의 상호 공유와 활용을 통한 지렛대 효과를 극대화하는 시스템을 구축하는 것이다. 즉, 관련 그룹을 장(場 Field)에 모아 네트워크 효과를 창출하고 새로운 사업의 '생태계(Ecosystem)'를 구축하는 전략을 말한다.

제조업 측면에서 볼 때, 누군가 기차를 만들고, 어떤 기업은 철로를 만드는 데 있어서 플랫폼 전략은 기차와 승강장뿐만 아니라 기차역, 구내 매점, 편의 시설까지 설계하고, 나아가 기차역 앞 광장을 꾸며 사람들이 더 많이 모일 수 있게끔 종합적으로 계획하는 데서 출발한다.

기차역을 멋지게 설계했는데 아무도 사용하지 않는다면 투자대비 가치 측면을 떠나서 흉물이 되기 때문에 진정한 '플랫폼'이 되려면 많은 사람들이 모여야 하고, 그것을 위해서 플랫폼 전략을 수립하게 된다.

플랫폼 전략은 단순하게 플랫폼에 대한 전략이 아니라 플랫폼을 둘러싼 가치 복합체와 기업생태계 전체에 대한 시스템 차원의 전략이어야 하기에 결과적으로 볼 때 플랫폼 주도 기업이 되는 것은 자신의 힘으로 되는 것이 아니라 외부의 힘을 어떻게 조직하고 활용하는 가에 달려있다고 보기도 한다.(SERI 이슈페이퍼, 2012) 또한 플랫폼 전략을 수립하기 위해서는 기업의 내부적인 환경에 대한 냉철한 분석과 동시에 기업의 비즈니스에 대한 사회적 트렌드와 기술, 경쟁구도 나아가 글로벌한 세계 경제 동향까지도 파악할 수 있는 외부 환경 분석도 필요하다.

기업은 사람을 모으기 위해 공짜 점심을 주기도 하며 더 많은 사람들이 이용할 수 있도록 기반 기술을 공개하기도 한다. 애플(Apple)이 운영체제(OS)를 무료로 업그레이드 해주는 것이나 구글(Google)이 모바일 OS 안드로이드를 무료로 공개해 삼성전자와 같은 많은 하드웨어 업체들이 안드로이드 제조에 뛰어들게 함으로써 모바일 시대를 장악하게 된 것도 플랫폼 전략을 정확히 이해하고 바로 실행에 옮겼기 때문이다.

최근 들어 플랫폼 전략은 구글, 애플, 페이스북, 아마존 등 정보통신기술(ICT) 분야뿐만 아니라 자동차, 패션, 농업 등 전 산업 분야에 확산되고 있다.

'테슬라(Tesla)'는 개방과 공유로 전기자동차 생태계를 만드는 인프라 구축을 위하여 자체 개발한 전기차 기술에 관한 특허 약 250건을 공개하는 승부수를 던짐으로써 경쟁사도 라이선스 비용 없이 테슬라의 특허를 이용해 전기 자동차를 제조할 수 있게 했다. 이는 전기자동차 시장 자체를 확대함과 동시에 장기적인 관점에서 볼 때 사업을 확장하기 위한 플랫폼 전략인 것이다.

'도요타(Toyota)'도 미래 자동차 경쟁에 뒤지지 않기 위해 30년 넘게 보유해 온 수소연료전지차(FCV) 특허 5680개를 오는 2020년까지 한시적으로 무상 제공하겠다고 선언을 함으로써 플랫폼 기업으로서의 지위를 공고히 함은 물론 기업 생태계 참여자들 간의 기회와 권한, 수익의 배분 체계를 적절히 관리하겠다는 것이다.

    2016년, 일본 소프트뱅크 손정의 사장이 영국 케임브리지에 본사를 둔 세계 2위 반도체 설계회사 ARM을 234억 파운드(약 35조원)에 인수함으로써 화제가 되었는데 ARM도 플랫폼 전략의 힘으로 모바일 시대 PC 칩의 절대 강자였던 인텔을 누르고 승리를 할 수 있었다.

    원천기술부터 제조까지 완성형 체제를 갖춘 인텔(Intel)에 비해 ARM은 모바일 칩 설계에만 집중하고 나머지는 모두 협력해 새로운 모바일 생태계 구성에 노력하였다. 약 400명의 개발자가 반도체 설계 관련 기술을 연구하고 개발에만 매달린 그 결과를 무료에 가까운 가격에 공개한다는 것은 위험한 발상이지만 ARM은 자체 개발한 모바일 프로세스 핵심 기술(코어)을 자사 브랜드로 개발해 직접 제조에 뛰어들지 않고, 제조를 원하는 기업에 지적재산권을 공개해 수익을 올리는 전략을 선택했다. 한 마디로 ARM의 플랫폼 전략의 핵심은 반도체 설계의 지적재산권(IP) 공개였으며 대신 많이 팔리면 되었다. 스마트폰으로 야기된 모바일 혁명도 어찌보면 구글 안드로이드 OS, 애플 iOS 등 운영 체제 때문이기도 하지만 ARM이 저렴한 가격에 핵심 기술을 공개했고, 이를 각 기업이 채택해 저렴한 가격으로 스마트폰을 제조했기에 유발된 측면이 크다.

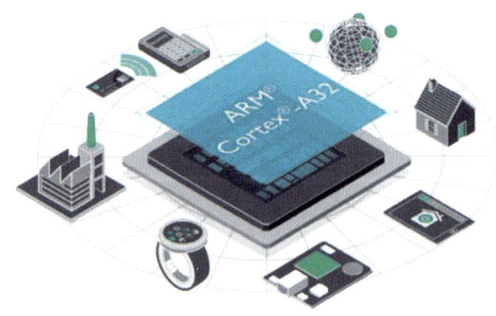

　기업이 막대한 연구, 개발(R&D) 자금을 들여 개발한 기술을 '무료'로 공개하겠다는 것은 지금까지 경영 이론으로는 설명이 안되지만 플랫폼 전략의 힘(Power)이 증명됐기 때문에 이 같은 승부수를 던지는 것이 가능해졌다.

　결과적으로 플랫폼 전략이자 플랫폼 파워는 IT기업 뿐만 아니라 제조, 유통, 서비스, 콘텐츠 등에 광범위하게 확산되어 네트워크 효과를 창출하고, 새로운 사업 혹은 비즈니스 모델(BM)의 생태계를 구축하게 된다.

　최근 차를 한 대도 팔지 않아 매출이 0인 수소 트럭 업체 니콜라(Nikola)가 매출 100조원의 세계적인 수소차 기술을 갖고 있다고 평가받고 있는 현대차 시총을 넘어설 수 있을까 관심이 높다. 2020년 6월 4일 상장하자마자 '제2의 테슬라'가 될 것이라는 기대감에 주목받고 있는 니콜라는 과연 어떤 회사일까?

　아무런 실적도 없이 나스닥 상장 4일 만에 포드의 시가총액을 앞서자 많은 사람들은 거품으로 보기도 했지만 트레버 밀턴 니콜라 CEO의 '친환경 수소 생태계'에 대한 비전에 투자자들은 관심을 갖게되었다. 29세 때 '니콜라'를 창업한 트레버 밀턴은 나름 일론 머스크 테슬라 CEO에 비견

되는 전략가라는 평가를 받고 있다. 태양광 발전으로 얻은 전기로 물을 전기분해한 뒤 수소를 생산하고, 저장하고, 충전하는 일련의 '수소 생태계'를 구축하겠다는 그의 비전이 뚱딴지같기도 하지만 플랫폼(Platform)에 기반한 수소 생태계를 마련하겠다는 전략은, 많은 기업으로부터 투자를 받을 수 있게 한 믿음이 되었다. 수소차의 심장과 같은 수소연료 전지 기술이나 한 곳에 수천억 원이 들어갈 것으로 예상되는 충전소 구축에 대한 세부적인 계획과 자금 조달 방안도 없이 '빈 껍데기'라는 지적을 뛰어넘어 IPO에 성공하고, 다수의 글로벌 기업으로부터 투자 유치에 성공한 이면에는 플랫폼 전략이 있었기 때문이었다.

수소차 기술력에서는 내로라하는, 특히 수소 연료 전지를 양산하는 기술을 보유하고 있는 현대차에 비해서 '니콜라'는 전략만 존재하는 데 어떻게 현대차 시총을 뛰어넘을 수 있을까? 트레버 밀턴은 모든 것을 혼자 하겠다는 것이 아니었다. 수소 연료 전지나 충전소 그리고 트럭 등 각 분야 별로 우수한 기업을 참여시키고 자신은 '플랫폼(Platform)' 역할을 하겠다는 비전을 제시함으로써 플랫폼의 중요성을 부각시켰다.

친환경 에너지인 수소를 활용해 모빌리티 생태계를 구축하고자 했던 '니콜라'가 나스닥에 상장해 주가가 64달러까지 치솟았다가 2020년 9월에 사기논란에 휩싸이면서 20달러 미만으로 추락했지만 새삼 플랫폼전략이 기업의 미래를 평가받게 되는 세상이 되었음을 보여주는 사례가 되었다.

플랫폼 구축전략(Platform Construct Strategy)

플랫폼(Platform)은, 플랫폼에 참여하는 모든 참여자(생산자, 소비자, 제공자, 소유자)들의 가치를 창조하면서 모두에게 매력적인 플랫폼이 되어야 한다.

생태계의 관점에서 보면 개체 간에는 항상 경쟁만 하는 것이 아니라 협력도 필요하다. 즉, 플랫폼에 참여할 수 있도록 메리트를 제공하고 윈-윈 모델을 통하여 가치를 창출할 수 있는 역할을 하여야 한다.

이러한 공동의 가치를 추구하는 데 있어 필요한 플랫폼 전략은 크게 2가지로 구별될 수 있다. 첫 째는 비즈니스 목적에 따라서 시장(市場)을 자신이 중심이 되게 새로운 가치 복합체(Value Complex) 형성하여 사용자를 끌어들이는 흡인력을 갖게 만드는 플랫폼 구축전략(構築戰略)이 있고, 둘째는 누구나 성공하는 플랫포머(Platformer)가 될 수 없기에 많은 기업들은 기존에 구축된 플랫폼을 바탕으로 그 안에서 어떻게 활동할 것인지, 어떤 차별화 요소를 갖고 고객에 다가설 것인지 고민하게 되는 데 이것을 플랫폼 활용전략(活用戰略)이라고 한다.

플랫폼으로 성공하기는 어렵다. 모든 기업이 꿈꾸지만 쉽게 얻을 수 없기에 시대적 흐름을 읽지 못하면 한순간에 실패하고 만다. 따라서 플랫폼 비즈니스를 하기 위한 플랫폼 전략은 기업의 규모나 비즈니스 목적에 맞게 선택하여야 한다. 플랫폼을 활성화시키고 선순환 구조의 생태계를 조성하며 플랫폼 본연의 가치를 추구하기 위해서는 막대한 자본력을 필요로 하기에 중소기업이나 스타트업 입장에서는 구축보다는 이미 구축되어 있는 매력적인 플랫폼이 있다면 플랫폼에 참여하여 플랫폼 비즈니스를 하면 된다.

최근의 기업 경쟁구조는 개별 기업의 상품 간 경쟁이 아니라 기업 생태계 간의 경쟁으로 진화되고 있기에 나보다 우리에게 맞는 비즈니스 세계를 만들어가기 위해서는 생태계 안에서 기업의 필수 구성요소인 ICE(Investor, Customer, Employee)를 포함한, 이해 관계자들의 상호 작용을 강조하게 된다. 다시 말해서 다양한 제품, 서비스, 기술 등이 서로 결합하고 연결되어 함께 소비됨으로써 가치를 제공하는 제품 및 서비스의 집합체인 가치 복합체 (Value Complex)가 자신이 보유한 자산(핵심적인 기술이나 혁신적인 아이디어)을 중심으로 플랫폼 화(化)되어 사용자를 흡입하게 만들 수 있어야 한다. 위와 같은 조건을 바탕으로 플랫폼 참여자들과 함께 새로운 가치를 만들고 시너지를 창출할 수 있게 하는 것이 플랫폼 구축의 핵심 가치인 것이다.

성공적으로 구축된 플랫폼은 꼭 경제적 가치와 물질적 이익을 추구하기 보다는 플랫폼 참여로 브랜드 혹은 기업의 가치가 향상되는 부가적 이익을 추구할 수 있어야 하는 구조가 되어야 한다. 특히 플랫폼 참여자 간의 활발한 내부적인 교류를 통하여 플랫폼 이용자들의 시선을 끌 수 있도록 기능의 업데이트나 다양한 서비스 측면에서 끊임없이 진화하여야 한다. 매력적인 플랫폼을 구축하기 위한 세부적인 전략이자 방법론을 살펴보면 다음과 같다.

◆ 어떤 가치(Value)를 줄 것인가?

◆ 가격(Price)의 차별화

◆ 독창적인 비즈니스 모델(BM)

◆ 교류(Network)할 수 있는 플랫폼 구축

◆ 킬러 콘텐츠(Killer Contents)

◆ 매력(Appeal)적인 플랫폼

◆ 플랫폼의 규칙(Rule)을 정한다.

◆ 항상 진화(Evolution)해야 한다.

◆ **트랜드를 파악하고, 어떤 가치(Value)를 줄 것인가 결정한다.**

플랫폼을 구축하기 위해서는 무엇보다 사회의 변화와 라이프 스타일의 트렌드를 파악해서 어떤 업계, 어떤 업종에서 어떤 가치를 제공할 것인가를 결정해야 한다. 동시에 어떤 그룹과 어떤 그룹을 연결하는 플랫폼을 만들 것인가에 대해 검토해야 한다. 특히 어떤 점을 특징으로 내세울 것인가는 매우 중요하다.

국내 최초의 SNS 서비스 '싸이월드'를 선보인 캠프모바일 이람대표는 SNS 의 여왕이라는 애칭에 걸맞게 SK커뮤니케이션에 '싸이월드'를 매각하고, 네이버로 와서 네이버의 검색기능을 보강할 수 있는 '카페'와 '블로그'를 만들었으며, 2012년 인맥 기반의 '밴드 BAND'를 만들었다. 소셜네트워크서비스(SNS)가 개방형에서 폐쇄형으로, 지인 중심에서 관심사 중심으로 변화하기 전에 '밴드'는 지인 중심으로 기획하여 자리를 잡았다. 캠프모바일 이람 대표는 '밴드'의 성공요인으로 기획보다는 서비스에 집중했기 때문이라고 했다.

요즘 기획자들은 '내가 창의한 기발한 아이디어로 사람들을 놀라게 해줘야지'라고 생각하는 경우가 많은데 기획에 중심을 두기보다는 사용자들이 좋아하고 필요로 하는 서비스에 중점을 두면서 초기에 완벽한 서비스를 내놓기보다는 "밴드에서는 모임이 쉬워진다"라는 컨셉(Concept) 중심의 핵심기능을 강조하면서 서비스한 뒤 이후 피드백을 통해 사용자의 의견을 업데이트함으로써 성공할 수 있었다.

사람들이 좋아하고 동시에 필요로 하는 플랫폼은 많은 규제에 놓일 때가 많다. 신산업, 신기술 분야에서 새로운 제품, 서비스를 내놓을 때 일정 기간 동안 기존의 규제를 면제 또는 유예시켜주는 제도인 '규제 샌드박스'는 영국에서 핀테크 산업 육성 시 처음 시작된 개념인데 최근에 우리나라에도 적용되어 플랫폼 구축에 활용되고 있다. 지금까지는 미용실 공간이 공유할 수 없는, 1개의 미용실에서는 반드시 1명의 미용사가 사업자로 등록해야 한다는 규제가 있었는데 '팔레트에이치(Palette-H)'는 공유 미용실 허용에 대한 산업융합 규제 샌드박스를 통하여 공유 미용실 플랫폼을 구축할 수 있게 되었다. 수십 년 된 규정 때문에 여러 명의 미용사들이 미용실 주인이 아닌 미용사로 근로계약 관계를 유지해야 했는데 이러한 불편을 없애고 고객 중심의 서비스를 지향하는, 1개 미용실에 여러 명의 미용사가 공유할 수 있는 컨셉(Concept) 중심의 기능을 강조하는 플랫폼을 구축할 수 있게 되었다.

◆ 가격(Price)의 차별화

플랫폼은 참여 그룹 간의 가치 교환을 원활하게 함으로써 함께 상생할 수 있는 생태계를 만드는 존재이지만 사명감으로 플랫폼을 운영할 수 없기에 플랫폼을 통해 수익이 발생하여야 한다.

제품 생산을 중심으로 하는 전통산업은 제품 하나당 원가, R&D, 마케팅 등 비용을 감안하여 가격을 책정하는데 플랫폼은 필요 시 마이너스 전략을 택하기도 한다. 페이스북, 트위터, 구글 등은 이용료나 검색에 따른 사용료를 내지 않고 규모의 경제를 바탕으로 대안적인 수익모델로 이윤을 얻는다.

따라서 플랫폼 구축 시, 어떤 그룹으로부터 어떻게 수익을 얻을 것인가, 혹은 반대로 어떻게 지원할 것인가를 결정해야 한다. 어떤 그룹의 참가가 플랫폼에 유리한가를 파악해 천천히 가격 변동을 실시하면서 변화를 지속해 가는 것이 중요하다. 마이크로소프트(MS)가 OS를 개발할 때, 여러 애플리케이션 개발자 그룹에 금전을 비롯해 다방면으로 지원을 실시했고 3만 명 이상의 기술자를 회원으로 삼았다. 개발에 사용한 비용은 전부 라이선스 비에 추가해 컴퓨터 회사나 개인으로부터 회수하면 되었기 때문이다.

플랫폼의 가격 차별화 전략은 플랫폼의 수익모델 개발 전략과 동일 선상에 놓여 있기 마련이다. 플랫폼은 가격을 낮게 책정하더라도 플랫폼 사용자를 늘려서 규모의 경제에 도달하면 이익을 추구하기 쉽다. 양면시장(공급자와 소비자)에서 플랫폼은 그룹과 그룹의 거래를 중개하는 역할에 치중하지 절대로 간섭하거나 직접 참여하지 않는다. 단지 심판처럼 플랫폼 운영자는 플랫폼이 잘 운영되어지도록 원칙을 정하고, 도구를 제공할 뿐이다. 따라서 양면시장 체제를 바탕으로 운영되어지는 플랫폼에서는 수익모델도 플랫폼이 추구하는 가치를 지향하는 모델이어야 지속될 수 있다.

차량 공유기업인 우버(Uber)의 경우, 차량을 소지하고 이동 서비스를 제공하려는 개인과 이동 수단이 필요한 소비자를 연결해주는 서비스로 어느 한 쪽만이 가치를 갖는 구조가 아니라 제공자와 소비자 모두가 가치를 얻는 수익모델을 지니게 된다. 구글(Google)은 검색 서비스를 제공하면서도 사용자로부터 서비스 제공의 대가를 요구하지 않는다. 지식과 정보의 공유라는 구글이 추구하는 가치는 플랫폼의 성장동력이 되면서 그 이면에 '애드센스'와 같은 비즈니스 모델을 분리시킴으로써 성장했고, 그 연장선 상에 유튜브도 존재하게 된다.

'배달의 민족'의 경우 초기에 신선한 개념과 파격적인 마케팅으로 플랫폼 구축에 안착하였다. 그러나 2019년 12월 독일의 음식 배달 서비스 회사인 딜리버리히어로가 인수 합병함으로써 수수료 문제가 초미의 관심사가 되었다. 배달의 민족 측에서 수익 모델을 광고 모델에서 수수료 모델로 전면 개편함에 있어서 제휴업체들의 불만을 수용하지 못하고 우유부단한 입장을 유지한 것은 플랫폼에 있어서 가격 전략이 얼마나 중요한 것인지 새삼 인식하게 된다. 특히 코로나19로 인하여 사회적 거리두기가 심각한 상태에서 수수료 문제는 앞으로도 지속적으로 문제를 야기시킨다는 점에서 플랫폼의 성장 측면에서 볼 때 플랫폼 가격 정책은 어느 정도 사회적 합의가 필요하다. 제로 페이로 결제하고 제로 배달앱을 이용, 해결책(Solution)을 제공한다면 킬러콘텐츠는 속도(Speed)에서 가격(Price)로 바뀌게 되기에 더 중요하게 된다.

◆ 독창적인 비즈니스 모델(BM)

플랫폼은 사용자의 관심(Interest)에 기반을 둔 킬러콘텐츠를 확보하고, 이를 통해 재방문을 유도하면서 참여를 이끌어낸 뒤 해결책(Solution)을 제공함으로써 경쟁력을 확보하고 가치를 창출하게 되는데, 이 때 해결책(Solution)을 줄 수 있는 서비스 혹은 수익모델이 플랫폼의 비즈니스 모델이 된다.

어찌 보면 플랫폼 비즈니스 모델은 단순하다. 숙박 공유기업인 에어비앤비(airbnb)처럼 공급자에게서 숙박시설을 제공받고, 이용자들에게는 차별화된 공간으로 숙박시설을 서비스함으로써 공급자와 이용자 사이에서 수수료 수익을 받는 구조를 갖기 때문이다. 그렇다면 어떤 측면에서 플랫폼은 수준 높은 비즈니스 모델의 결합체라고 할 수 있을까? 오프라인 상에 부동산 중개업자처럼 인터넷 상에서 중개 모델을 그대로 재현하고 수수료를 받는 비즈니스 모델이 과연 고도의 비즈니스 모델이라고 할 수 있을까?

일반적으로 플랫폼은 양면 시장에서 공급자와 소비자를 대상으로 수수료라는 비즈니스 모델을 갖게 되지만 실질적으로는 자신의 플랫폼 상에서 수수료를 안 보이게 설계한다. 이는 가치를 창출하는 플랫폼 기능과 수익을 추구하는 비즈니스 모델을 분리해서 설계함으로써 플랫폼을 수준 높은 비즈니스 모델의 결정체로 만들어주게 된다. 즉, 플랫폼만의 차별적인 비즈니스 모델을 통하여 가치를 창출하게 된다. 구글이 검색 서비스를 제공하면서 검색 수수료를 받지 않고, 페이스북이 미디어 플랫폼으로서 공정한 가치를 실현시키면서도 수수료 수익을 요구하지 않는 것은 독창적인 비즈니스 모델을 갖고 있기 때문이다. 따라서 플랫폼에서의 비즈니스 모델은 고객의 가치를 창출할 수 있어야 수준 높은 비즈니스 모델의 결합체라고 할 수 있겠다.

코로나19 사태는 모든 것을 뒤바꾸어놓았다. 비대면 상황 하에서의 소비 패턴을 변화시켰고 '안전성'을 최우선 가치로 고려하게 만들었기에 플랫폼에서의 비즈니스 모델도 트렌드를 반영한 독창성을 요구하게 될 것이다. 개인주의 강화와 집 중심의 식생활은 혼자 즐기는 스트리밍 서비스나 게임의 성장세를 이끌고, 밀키트(Meal kit) 시장이 팽창하게 만들었다. 특히 온라인 교육시장의 성장이나 중장년 층의 온라인 유입으로 온라인 쇼핑이 눈에 띄게 증가하게 되는데 코로나 이후인 포스트 코로나(Post Corona)에 맞는 플랫폼 비즈니스 모델이 절실하게 요구되는 시기이기도 하다.

비대면 상황 하에서 대중교통의 매력이 줄어들면서 공유차 혹은 자차에 대한 비중이 높아지고 있는 시기에 자동차 외장수리 중개 플랫폼인 '카닥(Cardoc)'은 독창적인 비즈니스 모델로 성공한 플랫폼이다. 흔히 자동차 애프터 마켓은 소비자가 정보를 독점하고 있는 판매자들에게 속아서 물건을 살 가능성이 아주 높은 레몬마켓이기에 '카닥' 플랫폼이 더욱 빛을 보게 되었다. 온라인 상으로 손상된 차 부위 사진을 보내면 수리 견적서를 받아볼 수 있기에 카센터를 가지 않고도, 정비사와 흥정하지 않고도 신뢰할 수 있기에 젊은이들에게서 높은 반응을 보이게 되었다. '카닥'은 자동차 수리를 중개하는 독창적인 플랫폼으로 자리를 잡게 되면서 커뮤니티(Community)가 확산되었고, 누적된 데이터를 바탕으로 엔진오일과 같은 차량 용품을 자연스럽게 사업 분야에 추가, 커머스(Commerce)가 이루어지게 만들었다.

◆ 교류(Network)할 수 있는 플랫폼 구축

성공한 플랫폼은 '네트워크 효과' 라는 입소문을 연쇄적으로 발생시킬 수 있는 구조를 가지게 된다. 이러한 구조가 만들어지면 선순환이 시작되면서 자가 증식을 하듯 플랫폼이 확대된다. 일종의 '꿀벌의 법칙' 처럼 플랫폼 주위의 비즈니스 파트너들이 많을수록 시장에서의 플랫폼의 힘

(Power)은 커지게 된다. 따라서 플랫폼이 존재하기 전보다 더 활발하게 그룹 간 교류가 이루어질 수 있도록 시스템을 구축해야 한다.

플랫폼 가치 창출은 크게 2개의 축을 따라 이루어진다. 다시 말해서 사용자의 증가에 따른 이익이 두드러지게 나타나는 '규모의 경제'와 이용자 간의 상호작용 때문에 발생하는 '네트워크 가치'로 플랫폼 비즈니스는 움직이게 된다. 이러한 플랫폼 가치 창출의 기준은 플랫폼 구축에 영향을 주는 요인이 되기에 플랫폼 안에서 플랫폼 구성원 간의 조화로운 교류를 중요시하게 된다.

애플의 앱스토어(App Store)나 구글플레이(Google Play)는 모바일 플랫폼 구축에 있어서 폐쇄적인 PC 소프트웨어 유통과 달리 획기적이고 차별화된 접근 방식을 통해서 네트워크 효과를 극대화하였다. 애플이나 구글은 단지 플랫폼을 제공하고, 플랫폼 진화에만 신경 썼을 뿐인데 수많은 개발자들이 애플리케이션을 등록하였고, 그 안에서 네트워크 효과를 가져오게 만들었다. 페이스북 같은 소셜네트워크서비스(SNS) 사업자들은 이용자 간의 상호작용 때문에 발생하는 '네트워크 가치'를 중시하기에 이용자를 늘리려고 애쓰게 되고, 수많은 콘텐츠 제작자들이 페이스북을 통하여 교류할 수 있도록 자신의 모든 API를 공개함으로써 미디어 플랫폼을 지향하게 되었다.

모바일 빅데이터 플랫폼 '아이지에이웍스'가 2020년 4월에 발표한 '중고거래 앱 시장 분석 리포트'에 따르면 중고거래앱 '당근마켓'의 일 사용자 수는 약 156만명을 기록하면서 종합 쇼핑앱인 11번가(138만명), 위메프(110만명), G마켓(108만명) 등을 뛰어넘었다. 2016년에 출시된 당근마켓은 '당신 근처의 마켓'의 줄임말로 모바일로 동네를 인증해야 가입이 가능하며 동시에 GPS 기반으로 2~6km 내에 있는 이웃끼리만 상품을 거래할 수 있게 하는 차별화를 통해 고객들의 신뢰감을 형성할 수 있었다. 즉, 중고거래 시 갖게 되는 사기 피해 위험을 '동네 직거래'라는 유통방식을 도입해서 리스크를 줄여주었다. 특히 당근마켓은 불필요한 물품을 쉽게 처리할 수 있다는 편리성에다가 같은 동네 이웃끼리 교류할 수 있는 커뮤니티 성격을 지녀서 네트워크 효과를 극대화시켰다. 젊은 세대들이 중고 물품 거래를 통하여 자연스럽게 만날 수 있는 장(場)을 개설해줌으로써 파급력이 컸다. 당근마켓이 위메프, 11번가 보다 일사용자 수가 높은 점이나 사용자 1인당 월 평균 실행 일수 역시 당근마켓이 8.6일로 타 플랫폼보다 앞선다. 단시일 내에 중고거래 마켓 1위로 부상한 당근마켓은 플랫폼 구축 시 교류할 수 있는 네트워크 가치를 중시함으로써 성공할 수 있게 되었다.

결과적으로 플랫폼은 플랫폼을 구성하는 모든 그룹들의 이해관계를 만족시키고 공동의 가치(Value)를 추구하는, 교류하는 시스템이 되어야 할 것이다.

◆ 매력(Appeal)적인 플랫폼

플랫폼에 참여하고 있는 그룹(생산자, 소유자, 제공자, 소비자)의 애착도를 높이는 데는 가격이나 킬러 콘텐츠도 중요하지만 플랫폼의 매력을 강화하는 것도 하나의 방법이다. 매력적인 플랫폼 구축 전략은 가격 경쟁에 휩쓸리지 않기 때문에 일단 한 번 확립하면 강한 흡입력을 지니게 된다. 그리고 플랫폼 간의 경쟁에 우위를 확보하게 되어 '승자독식(Winner takes all)'의 길을 걷게 된다. 플랫폼은 생산자와 소비자를 대상으로 하는 양면 시장에서 공유하기 보다는 승자가 모든 것을 가지게 된다. 그래서 플랫폼은 경쟁에 지지 않고자 가장 좋은 플랫폼이자 매력적인 플랫폼이 되고자 다양한 시스템을 구축하려고 노력을 한다.

미국 최대의 옥션 사이트 이베이(ebay)가 최초로 도입했고 지금까지 많은 사이트에서 활용되고 있는 '판매자(입점 브랜드)에 대한 평가 시스템'의 경우 한 번 높은 평가를 얻으면 좀처럼 다른 경매 사이트로 이동하지 않는다는 점에서 이베이로서는 매력적인 시스템이 되고 있다.

지금은 SSG닷컴이 인수했지만 G마켓과 옥션을 운영하는 이베이코리아의 경우 '에스크로 시스템(Escrow System)'를 통해 구매자가 돈을 입금하고 물품을 수령한 후 이상이 없다는 것을 확인하면 회사가 판매자에게 돈을 전달하는 방식의 시스템을 구축하고, 동시에 온라인에서 명품 수요가 증가함에 따라 소비자들의 피해를 방지하기 위해 위조품 보상 제도를 운영하는 소비자 중심 경영(CCM)에 앞장 서는 것도 매력적인 플랫폼이 되기 위한 경영방식인 것이다.

코로나19 사태는 시장의 규칙(Rule)를 바꾸었고, 소비자 취향에 맞는 수단이 주목받게 되면서 중고거래 플랫폼이 뜨고 있다. 글로벌 MZ세대(밀레니얼+Z세대)들의 트렌드에 맞추어 중고거래가 기존과 다르게 개인의 취향을 중시하게 되면서 매력적인 플랫폼으로 성장하게 되었다. 젊은 이들은 10만원 짜리 옷을 하나 사서 10번 입는 것보다는 3,40만원 짜리 옷을 5번 입고, 20만원에 중고로 파는 것이 더 낫다는 판단을 하게 되고 이러한 자산가치 중시 경향을 파악한 '번개장터'가 매력적인 플랫폼으로 부각되고 있다.

번개장터

자기 자신을 표현하는 수단으로서 소비재를 중고로 채우면서 어딜 가도 구할 수 없는 리미티드 아이템에 대한 구매 욕구를 만족시켜주는 중고거래 플랫폼은 동네 상권을 재발견하는 계기가 되기도 했다. 코로나 사태로 지역 간 이동이 꺼려지고, 재택 근무가 보편화되면서 사람들의 생활 반경이 집 근처로 좁아지게 되었고 이로 인해서 특색 있는 플랫폼이 자리잡게 되었다. 중고거래 플랫폼 '당근마켓'은 개인 간 중고 거래를 뛰어넘어 동네 커뮤니티 서비스로 주목받게 되었다. '당근마켓'은 생활 반경 최대 6키로미터 이내에서 중고물품을 사고파는 서비스로 동네 주민들끼리 온갖 것들을 사고판다.

결과적으로 코로나 19 사태로 인해 경제 활동이 비대면 환경으로 접어들면서 플랫폼의 매력을 지역에서 혹은 소비 취향에서 찾아 성공하는 사례가 많아지고 있다.

◆ 킬러 콘텐츠(Killer Contents)

성공한 플랫폼이라면 킬러 콘텐츠라고 할 수 있는 인기 콘텐츠나 서비스를 반드시 가지고 있다. 그것은 '플랫폼이 어떤 플랫폼인가'를 결정짓는 중요한 요소다. 배달의 민족 같은 배달 앱을 활용한 플랫폼은 배달 속도(Speed)가 생명이다. 고객에게 최대한 빨리 배달함으로써 고객의 요구를 해결(Solution)할 수 있기에 음식배달업의 킬러콘텐츠는 속도(Speed)에 있게 된다.

플랫폼이 사용자의 관심(Interest)을 토대로 왕성한 커뮤니티를 확보하는 것은 중요하다. 따라서 일정한 규모를 확보하기 위한 킬러 콘텐츠의 확보는 중요한 플랫폼 성공의 포인트가 되고 있다. 킬러 콘텐츠를 통해 재방문을 유도하면서 사용자의 관심(Interest)과 참여를 이끌어내면 플랫폼은 일단 성공의 교두보를 확보하게 되는 것이다.

'버즈피드(Buzz Feed)'의 리스티클 (Listicle) 형태의 콘텐츠도 킬러 콘텐츠에 해당한다. 목록(list)과 기사(article)의 합성어인 리스티클은 '죽기 전에 가봐야 할 여행지 29곳'처럼 독특한 콘텐츠를 목록으로 보여주는 서비스다. 절대 클릭 수와 페이지 뷰에 집중하지 않고, 러시아군이 우크라이나 상공에서 말레이시아항공 비행기를 격추한 것 같은 의미 있는 콘텐츠를 더 많은 사람들에게 많이 전달하고 공유하고자 하는 버즈피드의 킬러 콘텐츠 추구는 독창적이라고 할 수 있다. 버즈피드는 트래픽을 창출할 수 있는 새로운 포맷이자 형태의 뉴스 기사를 간략한 목록 위주로 보여주는, 리스티클 (Listicle) 형태의 콘텐츠를 생산함으로써 소비자가 공유하게 만들었다. 특히 매달 수천만 명이 버즈피드의 콘텐츠를 보지만 실제로 버드피드 회사 홈페이지에 접속해 보는 사람들은 거의 없다. 대부분 페이스북, 트위터 등 소셜 네트워킹서비스(SNS)에서 공유된 콘텐츠를 보거나 유튜브에 접속해 동영상을 본다. 즉, 페이스북, 유튜브, 인스타그램 등을 유통 채널로 활용하는 독특한 인터페이스를 선보이고 있다. 결과적으로 볼 때, 버즈피드는 소비자가 공유할만한 킬러 콘텐츠만 생산하고, 이를 특화된 모바일과 SNS에 인터페이스로 활용하게 만들어줌으로써 플랫폼 경쟁력에서 우위를 보여주었다.

MX세대는 그 어느 세대보다 소속에 얽매이지 않고 일하고 싶을 때 일하는 '긱 이코노미(Gig economy)' 중심의 사고 방식을 갖고 있다. 특히 직장을 갖고도 플랫폼 노동으로 수익을 얻는 '투잡'이 일정한 수를 차지하고, 먹고 살기 위해 억지로 일하는 것이 아니라 삶을 위해서 일은 언제든지 찾을 수 있다는 사고방식이 강했기에 이를 기반으로 하는 재능 플랫폼은 시장에서 성장 가능성을 인정받았고, 사람과 사람을 연결하는 O2O(Offline to Online) 플랫폼으로서 혹은 전문가를 연결하는 전문 프리랜서 마켓 플랫폼으로 자리를 잡았다.

그런 이유로 '숨고(Soomgo)'나 '크몽(Kmong)'과 같은 플랫폼은 재능(才能)이라는 킬러 콘텐츠를 비즈니스 모델로 삼아서 숨은 고수를 찾아주고 필요한 분야 별 전문가 연결해주는 고객의 요구를 해결(Sloution)해줌으로써 재방문을 유도하였고, 사용자의 관심(Interest)과 참여를 이끌어내면서 커뮤니티를 확산, 정착할 수 있게 되었다.

킬러콘텐츠(Killer Contents)는 정체된 플랫폼을 활성화시켜주기도 한다. 국내에서 지상파에 비해 종편의 시장점유율은 미약하고 시청율도 저조한데 '미스 트롯'이나 '보이스 트롯'과 같은 예능 프로그램은 종편의 시청율을 높여주는 킬러콘텐츠로 역할을 충분하게 수행, 종편의 시장 지위를 확대시켜주었다.

◆ **플랫폼의 규칙(Rule)을 정한다.**

규칙(Rule)이 존재하지 않는 플랫폼에서는 '악화가 양화를 구축하는' 사태가 일어 날 위험이 많다. 일단 한 번 좋지 않은 이미지가 생기면 그 플랫폼은 구성원들로 부터 외면을 당하고, 시장에서 순식간에 사라져 버린다. 이 경우 '네트워크 효과'는 실패의 소용돌이를 점차 증폭시키게 되어 기하급수적으로 이용자들이 빠져나가게 된다. 그렇기 때문에 플랫폼은 플랫포머(운영자)가 중심이 되어 독점금지법 등 각종 정부의 규제와 지도 그리고 특허권 침해에 주의를 해야 한다.

금융 산업의 대 변혁을 가져다주는 핀테크(FinTech)는 또 하나의 플랫폼으로 자리 잡고 있다. 이러한 핀테크(FinTech) 플랫폼에 벤처기업도 가세하여 스타트 업으로서 핀테크의 열기가 뜨거운데 비바리퍼블리카의 간편 송금 서비스인 토스(Toss)의 경우, 실시간 출금이 가능하고, 전화번호만 있으면 누구에게나 돈을 보낼 수 있는 비회원 송금 방식이라는 점이 매력적이어서 유니콘 기업으로서의 성장 가치를 지니고 있다. 문제는 네이버의 모바일용 송금결제 서비스인 네이버 페이(Naver Pay) 방식이 비바리퍼블리카의 토스(Toss)와 너무 유사하다는 점에서 플랫폼의 규칙(Rule)을 위반하지 않았나 하는 점이다.

앞에서도 언급한 것처럼 플랫폼은 양면 시장 구조를 지녀서 플랫폼의 경쟁은 하나의 승자가 나타날 때까지 계속 진행되기 마련이다. 간편결제 서비스라는 새로운 시장의 구조를 만들어 핀테크 플랫폼으로 자리 잡은 비바리퍼블리카의 토스(Toss)는 국내에서는 카카오페이와 네이버페이와 맞서야 하고, 글로벌 시장에서는 위쳇페이나 알리페이 등과 다른 차별화된 서비스를 바탕으로 플랫폼 경쟁에서 살아남아야 한다. 초기의 간편결제 서비스로 시작해서 지금은 계좌 및 신용등급 조회, 대출현황, 금리 조회 서비스까지 종합 금융서비스 플랫폼으로 비전을 제시하는 비바리퍼블리카의 입장에서는 사업 확장에 따른 각종 규제와 특허권 침해에 민감할 수 밖에 없을 것이다.

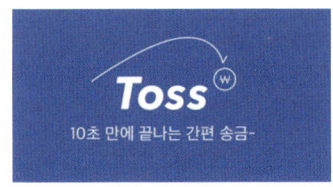

◆ 항상 진화(Evolution)해야 한다.

성공한 플랫폼은 끝없이 진화(Evolution)해야 한다. 진화라고 해서 단순히 새로운 서비스를 도입하기만 하면 되는 것이 아니다. 중요한 것은 참가하는 그룹의 본원적 욕구는 무엇인가 라는 원점을 절대로 잃어버려서는 안 된다는 사실이다. 플랫폼이 활성화되기 위해서는 플랫폼이 무엇을 위해 존재하는가, 플랫폼의 서비스나 제품은 언제, 누가, 무엇을, 어디서, 어떻게 이용하는가에 대한 질문을 늘 구체적으로 지속해야 한다.

플랫폼은 끊없는 기술혁신과 소비 패턴의 변화에 따른 주도적인 연관성을 찾아 진화해야 한다. 처음부터 성공한 플랫폼은 없었다. 끊임없이 스스로 변화하면서 진화했고, 공급자와 소비자 사이에 새로운 가치를 찾고자 노력 할 때 진정 매력적인 플랫폼이 될 수 있기 때문이다.

세계 최대 공룡이 된 아마존(amazon)은 신용카드를 딱 한번 등록하면, 2번째 이후부터는 쇼핑할 때 본인인증 같은 불편함이 없도록 한 '원클릭' 시스템과 '관심 제품 추천 서비스'로 플랫폼을 활성화시켰다. 고객의 구매 이력과 패턴을 분석해 고객이 지갑을 열만한 상품을 추천해 주는 아마존의 '관심 제품 추천 서비스'는 고객의 마음을 귀신같이 읽어내는 것으로 유명하다. 특히 고객이 살 것으로 예상되는 물품을 미리 포장해 고객과 가장 가까운 물류창고나 배송 트럭에 옮겨 놓음으로써 획기적으로 물류비용을 절감하게 만들어주었다. 이 서비스의 비결은 '머신러닝(Machine Learning 기계학습)' 이라는 인공지능(AI) 기술이다. 방대한 데이터를 분석해 어떤 패턴을 읽어 내고, 이를 토대로 미래를 예측하는 기술이다. 아마존의 경우 머신 러닝에 바탕을 둔 예측을 일주일에만 무려 500억 번이나 한다.

페이스북(facebook)의 경우에도 '엣지랭크(Edge Rank)'라는 알고리즘을 통해 콘텐츠를 소비하는 과정에서 발생하는 페이스북의 '좋아요(Like)', '팔로잉(Following)' 같은 상호작용이 많이 일어나는 정보를 보다 많은 사람들에게 전파될 수 있도록 노출시켜주는 '뉴스 피드(News feed)' 시스템을 구축, 이용자들의 편리한 선택을 돕게 만들어주었다.

플랫폼 활용전략(Platform Use Strategy)

 플랫폼의 가치(Value) 추구에서 가격, 비즈니스 모델, 네트워크, 킬러 콘텐츠, 규칙까지 매력적인 플랫폼으로 진화하는 데 필요한 전술은, 시장(市場)을 자신이 중심이 되게 사용자를 끌어들이는 흡인력을 갖게 만든다. 이처럼 플랫폼 구축전략(構築戰略)은 플랫폼 구성원들에게 성공하는 플랫폼으로서 주목받게 되는데 문제는 모든 개인이나 기업이 플랫폼을 구축할 필요는 없다. 다시 말해서 누구나 성공하는 플랫폼 사업자가 될 수 없기에 대부분은 성공한, 매력적인 플랫폼에 참여하여 플랫폼을 활용하는 데 주력하게 된다.

 이미 구축되어있는 훌륭한 플랫폼이 있는 데 많은 비용을 투자해서 비즈니스 모델을 찾고 생태계를 조성하기보다는 매력적인 플랫폼에 참여해서 플랫폼 비즈니스를 하면 된다. 따라서 개인이나 기업의 입장에서는 플랫폼 구축전략 못지않게 플랫폼 활용전략(活用戰略)도 매우 중요하다.

 '코스알엑스(COSRX)'는 K팝 스타 등 유명 광고 모델을 내세우지 않고도 아마존이 공개한 보습제 카테고리 판매 순위에서 '컴포트세라마이드 크림'으로 1위를 기록하였다. 의류·화장품 등과 같은 소비재 시장은 글로벌 진출에 있어서 기술력만으로 브랜드 인지도를 높여 소비자의 눈길을 사로잡기에는 많은 어려움이 있어서 코스알엑스는 처음부터 아마존으로 갔다. 아동복 전문 업체인 '배냇베이비(Vaenaitbaby)'도 아마존의 D2C(Direct to Consumer·유통 단계를 거치지 않고 소비자에게 바로 판매하는 방식) 시스템을 활용, 시간과 국경의 장벽을 넘을 수 있었다. 중국에서 옷을 만들고, 아마존이 제공하는 물류 창고 서비스 덕분에 최대 6주 이상 걸리던 배송 기간을 2~3일로 줄이게 되면서 배냇베이비는 저렴하면서도 원단이 좋은 옷을 생산하는 데 주력할 수 있었다.

경쟁력있는 강소기업들은 좋은 제품을 만들어도 유통 채널을 확보하기 어려워 해외로 진출하는데 장애가 많았지만 아마존과 이베이, 알리바바 등 온라인 유통 플랫폼을 활용해 글로벌 소비자를 직접 공략할 수 있는 환경이 조성되었다.

◆ 플랫폼 트렌드 파악

◆ 플랫폼 비교분석

◆ 플랫폼의 선택

◆ 플랫폼 대응전략

◆ 플랫폼 트렌드 파악

　디지털 기술은 지속적으로 발전하면서 우리 삶에 자연스럽게 스며들어 우리 주변의 모든 것들을 바꿔 놓고 있다. 사회 전반에 걸쳐서 기존의 전통적인 운영 방식과 다른 새로운 접근방식과 시도가 요구되기 시작했다.

　특히 정보의 불균형이 해소되면서 자동화, 지능화가 가속되고, 기업경영이나 고객관리 나아가 비즈니스 모델, 운영 프로세스 등에 있어서 기존 방식과 다른 변화를 맞이하고 있다. 이러한 패러다임의 변화는 플랫폼을 기반으로 하는 사업자들에게 어떤 면에서는 기회가 될 수도 있다.

　성공한 플랫폼은 시대의 변화를 감안하여 사전에 준비하거나 발 빠르게 대처함으로써 시장을 개척했고, 때로는 사회에 영향을 주어 변화를 몰고 오기도 했다. 이러한 시기에 성공한 플랫폼에 참여하여 활용하기 위해서는 플랫폼 트렌드를 이해하는 데서 출발하여야 하는데, 핵심 키워드는 '소셜(Social)'과 '스마트(Smart)'로 볼 수 있다.

　먼저 기술이 발전하면 할수록 사람들은 사람들과의 관계에 집중하게 되고, 기술은 사람들 간의 원활한 커뮤니케이션을 지원하는 쪽으로 발전하게 되는 데 이 때 중요한 것이 소셜 플랫폼이다. 소셜 플랫폼(Social Platform)은 수많은 개인들이 네트워킹을 통해서 관계를 형성하기 때문에 쉽게 무너질 수 없고, 사용자들의 관계에 기반한 정보를 갖고 있기에 독보적인 가치를 가지게 된다. 30억 명의 사용자 네트워크를 통해 소셜 플랫폼의 가치를 뛰어넘어 미디어로서 변화의 중심이 되고 있는 페이스북이 이를 증명하고 있다. 특히 플랫폼 가치 창출의 두 축은 규모의 경제와 네트워크 가치(Network Value)인데 소셜(SNS) 플랫폼은 2가지 요소를 잘 갖추고 있는 매력적인 플랫폼이다. 플랫폼의 특성상 규모의 경제

(Economics of Scale)가 한번 만들어지면 네트워크 효과를 타고 더욱 거대해지는 선순환구조가 이루어지기에 소셜 네트워크 서비스(SNS)를 대상으로 비즈니스를 하고자 하는 사업자(개발자)들이 많이 몰려들게 된다.

또 다른 트렌드는, 애플의 아이폰과 함께 스마트 기기의 보급은 사회의 전(全) 영역이 모바일화 되면서 한층 더 사용자 중심의 맞춤 설정과 네트워킹 기능이 확대됨으로써 플랫폼의 영역이 넓어지게 된다는 점이다.

한마디로 온라인과 오프라인의 구분이 무의미한 시대가 되었다. 일반 매장과 온라인 매장의 경계가 허물어지면서 온·오프라인 매장을 연계한 O2O(Online to Offline) 플랫폼이 부상하게 되었다. 국내의 크고 작은 매장 300만 곳에서 이뤄지는 연간 소비는 700조원에 달하지만 PC 등장 이후 시작된 전자상거래 시장의 규모는 50조원으로 아직 오프라인보다 작고, 이 중 모바일로 이뤄지는 시장의 규모는 15조원이기에 핀테크 열풍과 간편결제 시장이 보편화되면 오프라인의 마케팅과 온라인의 네트워크가 결합해 새로운 가치를 창출하는 O2O 플랫폼은 새로운 트렌드로 자리 잡게 될 것이다.

〈그림-6〉 O2O 비즈니스 플랫폼

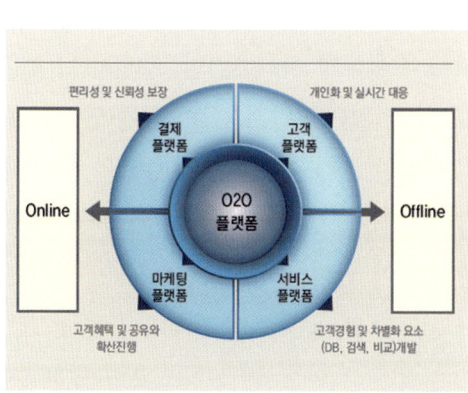

이처럼 독보적인 관계 정보를 기반으로 구축된 소셜 플랫폼을 활용하여 어떤 플랫폼 비즈니스를 추구해야 할지 결정해야 하고, 동시에 언제 어디서든 네트워크 서비스가 가능한 유비쿼터스 시대에서 특정 플랫폼에 국한하지 않고 사용자가 원한다면 플랫폼 간의 원하는 서비스를 모아서 흐름에 맞게 플랫폼 비즈니스를 찾아야 할 것이다.

◆ 플랫폼 비교분석

플랫폼에 참여하기 위해서는 고려하고 있는 플랫폼을 비교분석하여야 한다.

플랫폼의 고객층과 자사의 고객층이 얼마나 매치되는지, 플랫폼의 가격전략, 플랫폼 이용료 및 수수료, 사용자 커뮤니티, 규칙, 발전 가능성 등을 분석함으로써 참여 우선순위를 정해야 한다.

음식배달 애플리케이션(앱)을 활용한 플랫폼에 개인 사업자가 참여하려고 하면 '배달의 민족'과 최근 합병한 '배달통'과 '요기요' 등에 대한 수수료, 사용자 수 등을 사전에 철저하게 분석할 필요가 있다. 그리고 자사가 다루는 품목이 밀레니얼 세대를 대상으로 하는 패션일 경우, 온라인 패션 쇼핑몰 1위로 확실하게 자리매김한 '무신사(MUSINSA)'의 편집숍에 참여하는 것도 방법이다. 회원수 470만명에 입점 브랜드가 3500개에 달하는 무신사는 다양한 브랜드를 중심으로 젊은 층을 파고들어 시장 점유율을 높이면서 성장하고 있다. 또한 신선식품의 경우, ns홈쇼핑이 타 홈쇼핑보다 매출 구성에 있어서 차지하는 비율이 높다는 점을 감안하여야 한다. 게임 기업의 경우, 응용 애플리케이션(앱)을 개발해서 플랫폼에 참여한다고 하면 먼저 구글 안드로이드용으로 만들지, 애플 아이폰 용으로 만들지, 두 가지 다 만들지에 대하여 결정을 해야 한다.

◆ 플랫폼의 선택

　플랫폼에 참여하는 사업자는 기업의 위상에 따라서 혹은 플랫폼에 참여하기까지 교섭할 수 있는 힘(Power)의 여부에 따라서 메이저 사업자와 마이너 사업자로 구별할 수 있다. 스마트폰 운영체제가 애플의 iOS와 구글의 안드로이드 OS로 양분된 상태에서 삼성전자의 경우 어떤 OS를 채택하느냐 하는 것은 플랫폼 생태계에 막강한 영향력을 행사할 수 있기에 플랫폼 참여자로서 주도권을 갖게 되지만 마이너 사업자의 경우에는 플랫폼과 일대일로 교섭할 수 없다는 점을 감안하여 플랫폼을 선택하여야 한다. 반면 규모가 작기 때문에 큰 리스크 없이 다양한 플랫폼에 참여할 수 있기에 그만큼 유연하게 운영할 수 있는 장점도 있다.

　플랫폼마다 보유하고 있는 고객이 다르고, 수수료율이 다르기 때문에 플랫폼과 교섭할 수 있는 파워셀러(시장 선도기업)가 아닌 이상 자신의 비즈니스와 가장 잘 맞는 플랫폼을 선택하여야 한다. 오픈마켓의 경우,

초기에는 거래를 활성화시키기 위하여 판매자와 구매자 모두에게 매력적인 인센티브를 제공한다. 그러나 어느 정도 시장 점유가 이루어지면 입점절차를 까다롭게 하고, 수수료율을 단계적으로 인상하고, 타 오픈마켓이나 쇼핑몰보다 낮은 가격의 판매를 강요하는 경우가 발생하기에 플랫폼 선택 시 고려해야 한다.

플랫폼은 서로 다른 이해를 가진 두 개의 시장(양면 시장)을 대상으로 새로운 가치를 창출하는 생태계이지만 모두에게 이상적인 장(場)이 될 수는 없다. 플랫포머(Platformer)의 경영철학이나 비전 그리고 경쟁사 참여 여부 등을 면밀히 조사해서 참여했더라도 플랫폼 안에서의 비즈니스는 실상과 다르기에 항상 긴장하여야 하며 수시로 운영정책과 수수료율, 비용절감에 대하여 교섭하여 플랫폼 내에서 독자적인 지위를 확보하여야 한다.

◆ 플랫폼 대응전략

성공한 플랫폼은 플랫폼 참여자를 위한 선순환구조의 생태계를 구축하여 참여자들 간에 원활하게 가치를 교환할 수 있는 시스템과 규칙을 만들어 주면 된다. 다시 말해서 플랫포머(Platformer, Owner)는 최대한 개입하지 않고 플랫폼 참여자들의 이익이 극대화될 수 있도록 플랫폼 정책을 수립하면 된다. 그러나 성공한 플랫폼은 초기의 목적을 잊고, 이용료 혹은 수수료 인상과 수직통합, O2O 서비스 등으로 플랫폼 참여자들에게 무리한 요구를 하게 된다.

위와 같은 플랫폼의 횡포에 대응하려면 계약을 통한 명확한 권리를 보장받는 것과 불이익을 받고 있는 참여자 혹은 협력사를 모집하여 오픈 플랫폼을 구축하는 방법이 있다. 구글(Google)은 페이스북에 맞서서 구글 플러스로 견제에 실패했지만 애플의 iOS에 대항하여 안드로이드 OS를 내놓는 오픈 플랫폼 전략은 충분한 성과를 거두었다.

페이스북에서 팜빌(Farm Ville), 시티빌(City Ville)과 같은 소셜게임(SNG)을 서비스해서 성공한 게임회사 징가(Zynga)의 경우, 플랫폼 참여자도 플랫포머와 대등하게 교섭할 수 있음을 보여주었다. 2007년 5월 페이스북이 자신들의 플랫폼에 적용할 수 있는 API를 공개하자 이를 발 빠르게 적용하여 페이스북에 입점하기에 이른다. 사람들이 원하는 것이 무엇인지 정확하게 꿰뚫어 본 '징가'는 2009년 전 세계에 소셜네트워크게임(SNG)이라는 장르를 만들어낸 게임 팜빌(Farm Ville)을 출시하며 SNG의 전성기를 열었다.

2010년, 페이스북이 플랫폼에서 서비스되는 게임들의 유료 콘텐츠를 자신들의 수익으로 돌리기 위해 도입한, 모든 결제를 '페이스북 크레딧'으로 대체한다는 방침을 발표하자 둘의 사이는 틀어지는 듯 했다. 하지만 게임과 광고를 포함해 매출의 12%를 담당할 정도로 비중이 커져버린 '징가'를 페이스북은 완전히 외면하지 못했고, '징가' 역시 새로운 플랫폼을 찾지 못한 상황에서 극적으로 합의함으로써 플랫폼 참여자도 막강한 플랫포머(Platformer)로부터 권리를 지킬 수 있다는 사례가 되었다.

국내 게임콘텐츠 기업(참여자)의 경우, 애플의 앱스토어와 구글 플레이에서 게임 유통에 따른 수수료가 매출의 30%인데 만약 퍼블리셔에게 게임을 위탁할 경우 개발자와 퍼블리셔의 수익 비율은 4:6이 되기에 실제적으로 게임 개발자에게는 전체 매출의 28%만 받게 되는 불합리한 구조적인 문제를 가지고 있다.

비록 국경과 플랫폼 제약이 없는 모바일 게임 특성으로 인하여 모바일 게임사(플랫폼 참여자) 입장에서는 플랫폼 사업자별로 게임 버전을 내지 않고 구글 플레이와 애플 스토어에 한 가지 버전으로 출시하는 글로벌 원빌드(Global One Build) 전략으로 게임을 출시하고, 반응이 오는 지역에 마케팅 투자를 집중함으로써 게임장터(플랫포머)로부터 좀 더 자유로워졌다고는 하지만 구글과 애플이 국내 모바일 OS 시장을 양분하고 있는 상황 하에서는 언제든지 플랫폼 기업의 갑질 문제가 대두될 수 있다.

최근에 구글은 글로벌 시장 지배력을 이용하여 자사 결제 시스템 이외 다른 결제 수단을 이용하는 앱 사업자를 퇴출시키기도 하고, 결제 수수료를 일방적으로 올리기도 한다. 특히 인기 모바일 게임 '포트나이트'의 개발사인 미국 에픽게임즈는 높은 수수료율을 이유로 자체 과금을 했다가 구글과 애플의 앱장터에서 퇴출당할 정도로 독점적 지위로 인한 폐해가 깊어져 세계 각 국의 정부로부터 조사를 받고 있다.

Part 2

콘텐츠, 플랫폼(Platform)으로 날다

생각에 날개를 달면 노래가 되듯이
콘텐츠(Contents)는 플랫폼(Platform)이란 날개를 달아야
존재의 가치를 찾을 수 있게 된다.
즉 플랫폼이란 날개를 달게 되면서 콘텐츠는 커뮤니티가 왕성해지고
자연스럽게 커머스가 이루어지면서 가치(Value)를 얻게 된다.

콘텐츠, 플랫폼(Platform)으로 날다!

만남!

우리들은 하루에도 많은 사람들과 만나고 헤어진다.

그저 평범하고 일상적인 만남과 달리 좀 더 색다른, 특이하면서도 의미 있는 만남을 생각해본다면 어떤 것이 있을까?

정치적으로는 미국과 중국 사이의 탁구를 매개로 한 핑퐁외교가 있을 것이고, 예술적으로는 음악의 시인 베토벤과 언어의 시인 괴테의 만남을 세기적인 만남이라고 할 수 있겠다.

2018년 4월 27일, 남과 북 두 정상들이 판문점에서 화해 분위기를 이어가면서 이루어진 만남이나 싱가포르에서 김정은 위원장과 트럼프 대통령이 비핵화를 주제로 만난 것이, 지구상 유일의 분단국가인 우리에게 정말 중요하고 의미 있는 만남이라고 생각된다.

반면 김지미와 나훈아 간의 만남이나 청와대 변양균 정책실장과 신정아의 만남은 결코 바람직한 만남은 아닐 것이다. 특히 콘텐츠 플랫폼이란 주제로 좀 더 의미 있는 만남을 이야기하는 차원에서 볼 때, 이성 간의 만남보다는 콘텐츠 경영에 중요한 플랫폼에 있어서는 투자자와 창업자와의 만남을 떠올려보는 것이 좋겠다.

2014년 9월 19일, 중국 최대 전자상거래 기업인 알리바바가 미국 증권시장에 상장한다는 뉴스가 최대의 화제가 되었다.

상장일 마감 당시 알리바바(Alibaba, 阿里巴巴)의 시가총액은 2314억 달러(242조원)로 당시 우리나라 1년 예산인 370조의 65%에 해당하는 천문학적 금액이었다. 글로벌 IT 기업 가운데 애플(6090억 달러), 구글(4000억 달러), 마이크로소프트(3870억 달러)에 이어 4위로 랭크되었고 페이스북(2016억 달러)과 아마존(1530억 달러)을 제치면서 중국에서 닷컴 기업의 글로벌 위상을 높여주었다.

여기서 알리바바의 마윈회장과 일본 소프트뱅크의 손정의회장 그리고 야후의 창시자인 제리 양과의 만남을 떠올려 보게 된다.

2000년 초반, 야후(Yahoo) 제리 양의 주선으로 손정의회장은 알리바바의 마윈회장을 만난 뒤 그의 사업계획을 듣고 당시로서는 거액인 2000만 달러(약 200억)을 투자하여 알리바바 지분 34.4%를 보유한 최대 주주가 되었다.

그 후 10여년 만에 3000배가 넘는 60조원이 되면서 손정의회장과 마윈회장의 만남은 단순한 만남을 뛰어넘어 '세기의 투자'로 결실을 맺게 되었다.

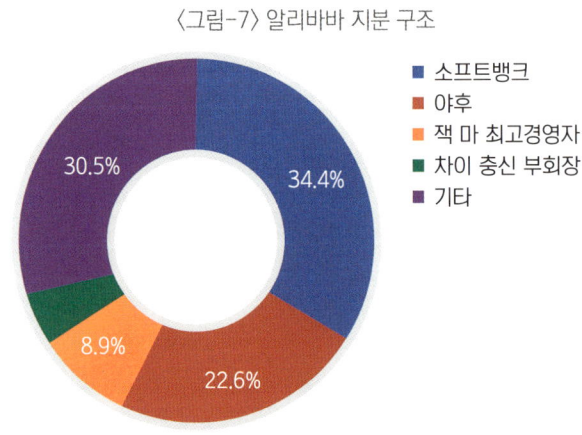

〈그림-7〉 알리바바 지분 구조

투자 수익이 3000배라면 정말 대단한 안목이라고 할 수 있다. 알리바바 마윈회장의 사업가로서의 비전이 대단한 것인지 아니면 공장이나 시설 하나 없는 닷컴 기업의 사업계획만 듣고 2000만 달러라는 거액을 투자하는 손정의회장의 혜안을 높게 봐야 하는 것인지 여러가지 생각을 하게 만들었다. 게다가 야후의 제리 양과 알리바바의 마윈회장은 가이드와 관광객으로 처음 만났다고 하는데, 정말 이런 만남을 세기적인 만남이라고 해야 하지 않을까 싶다.

사실 만남을 특별하게 강조해서 그렇지 만남보다 더 중요한 것은 투자에 대한 안목이라고 할 수 있겠다.

가이드와 관광객으로서의 관계를 통해서 소프트뱅크의 손정의회장을 만나게 되고(중간에 야후의 제리양이 소개를 했지만) 막대한 결과를 얻게 된 데는 소프트뱅크 손정의회장의 투자에 대한 결단과 미래를 보는 혜안을 다시 한 번 더 느낄 수 있었으며, 그래서 손정의 회장이 아시아의 워런 버핏이란 칭호를 듣게 되는구나 싶었다.

반면, 삼성 이건희회장이 2014년 5월 11일 심장마비로 인하여 입원을 한 이후 의식을 회복하지 않았는데도 삼성SDS는 2014년 11월 14일에 상장을 하였다.

삼성SDS의 이재용부회장은 1996년 삼성SDS에 유상증자와 전환사채를 시작으로 지분을 확대하면서 18년 만에 106억을 가지고 300배에 달하는 수익을 얻게 될 것으로 추정되는 데 여기서 주목할 점은, 소프트뱅크의 손정의회장이나 삼성SDS의 이재용부회장 둘 다 엄청난 수익을 얻었지만 손정의회장은 알리바바에 대한 투자인 데 비해 이재용부회장은 투자가 아니라 부(富)의 상속이란 점에서 씁쓸하고, 세기적인 만남이나 투자 역시 찾아볼 수 없어서 아쉬웠다.

중국의 알리바바는 미국의 아마존과 더불어 세계 최대 기업 간 전자 상거래 온라인 마켓인 '알리바바닷컴'을 운영하고, 2003년 전자상거래 사이트인 타오바오(淘寶)를 개설, 가파른 성장세를 보였으며 그 영향으로 미국 이베이(ebay)가 2006년 중국 시장에서 철수하는 계기가 되었다. 온라인상의 플랫폼을 기반으로 중국 전자 상거래의 80%를 점유하는 '알리바바닷컴'은 매일 1억 명이 물건을 구매하는 곳인데 비즈니스의 장(場)으로서 플랫폼이 주목받는 이유와 플랫폼의 매력을 동시에 갖고 있다.

전통시장이나 승강장 같은 오프라인 플랫폼은 수용인원의 한계 혹은 광고 게재 공간의 제약과 같은 시·공간적으로 어려움을 갖게 되는 데 오늘 날 정보통신(ICT) 기술의 발전은 오프라인 플랫폼이 갖는 한계를 극복하게 만들어 주었다.

불특정 다수와 네트워크를 형성하는 트위터, 페이스북 같은 개방형 소셜네트워크서비스와 지인(知人) 중심의 네트워크를 형성하는 밴드, 카카오스토리 등의 폐쇄형 소셜네트워크서비스가 있다. 그리고 관심사 기반의 인스타그램과 같은 소셜네트워크서비스는 검색 플랫폼의 대표인 구글(Google)과 함께 온라인 플랫폼 통하여 새로운 비즈니스를 추구하고 있다.

결과적으로 콘텐츠(Contents)만 강조하면 스토리텔링(Storytelling)이 중요하지만 경영적인 측면에서 본다면 콘텐츠는 플랫폼(Platform)을 만나야 날개를 달 수 있게 된다.

가수 장사익(張思翼)씨를 아시나요?

항상 한복을 단정히 입고 '봄날은 간다'와 '찔레꽃'을 구성지게 부르는 우리 시대의 노래꾼.

생계를 위해 태평소를 배우고 이광수 사물놀이패에서 연주하며 가수의 길에 들어서기까지 무려 15개의 직업을 가질 만큼 어렵게 살았던 그의 이름에서 콘텐츠의 길(미래)을 볼 수 있다.

사익(思翼) – 생각 사(思), 날개 익(翼)

생각에 날개를 달면 노래가 된다는 의미가 있듯이 콘텐츠(Contents)는 플랫폼(Platform)이란 날개를 달아야 존재의 가치를 찾을 수 있게 된다. 즉 플랫폼이란 날개를 달게 되면서 콘텐츠는 커뮤니티가 왕성해지고 나아가 자연스럽게 커머스가 이루어지면서 가치(Value)를 얻게 되는 것이다.

전통 시장이나 승강장 같은 오프라인 상의 플랫폼은 시간, 공간적으로 한계를 가져 오기에 이러한 수용인원의 한계와 공간 게재의 한계를 극복한 것이 온라인상에서의 플랫폼인데, 하루가 다르게 변하는 정보통신의

기술로 인하여 오프라인이 갖는 진열의 제약이나 유통의 장애를 극복하게 된다는 점에서 플랫폼이 강조되고, 플랫폼(Platform)은 콘텐츠 비즈니스의 장(場)으로 주목받게 된다. 구체적으로 보면 플랫폼은 롱테일 법칙에 따른 '롱테일 콘텐츠(Longtail Contents)'를 만들어내고, 끊임없이 변화하는 트랜스포머 전략을 활용하되 주력상품을 바꾸는 것이 아니라 트렌드에 맞게 플랫폼(Flatform)을 넘나드며 적응하는 능력을 갖추게 함으로써 매력적인 플랫폼을 만들고, 콘텐츠 비즈니스의 장(場)으로 주목받게 되는 것이다.

디지털 기술의 발전으로 소비자에게 더 많은 선택권을 주고, 틈새제품이나 틈새 시장의 활성화를 유도하여 소수의 핵심 고객이 아닌 사소한 다수의 고객에게 매출의 80%를 얻게 된다는 롱테일의 법칙(Long tail Theory)이 생겨났다.

미국 온라인 서점 아마존에서 소수의 베스트셀러 책에 대한 매출보다 1년에 어쩌다 한두 번 팔리는 나머지 다수의 책에 의한 매출이 훨씬 커서 아마존 매출의 25%를 차지하고, 넷플릭스 매출의 21%를 차지하는 롱테일 법칙(Longtail Theory) 역시 플랫폼이 존재하면서 이루어지게 되고 롱테일 콘텐츠(Longtail Contents)가 주목받게 된다.

9. 콘텐츠(Contents)란 무엇인가?

콘텐츠(Contents)란 무엇인가?

콘텐츠(Contents)란,
일반 대중에게 매체를 통하여 교양과 오락을 제공하고
그에 대한 대가로 수익을 창출하는
정보(情報) 혹은 내용물(産物)이다.

내용이나 목차를 뜻하는 콘텐트(content)와는
차이가 있으며
많은 사람들이 "컨텐츠"라고 하는 데
외래어 표기법에 따라 "콘텐츠"라고 해야 맞다.

콘텐츠(Contents)란 무엇인가?

일반 대중에게 매체를 통하여 교양과 오락을 제공하고 그에 대한 대가로 수익을 창출하는 정보(情報) 혹은 내용물(産物)이라고 할 수 있는데 내용이나 목차를 뜻하는 콘텐트(content) 혹은 콘텍스트(context)와는 차이가 있으며 많은 사람들이 '컨텐츠'라고 하는 데 외래어 표기법에 따라 '콘텐츠'라고 해야 맞는다. 또한 콘텐츠(contents)로 하는 게 옳으냐, 콘텐트(content)가 맞느냐 하는 논란이 있지만 영어사전에는 단수형인 콘텐트(Content)는 추상적인 의미나 성분의 양을 표시하고, 복수형은 대개 구체적인 것을 가리킨다고 되어 있기에 보통은 복수형으로 사용하게 된다.

콘텐츠(Contents)란?

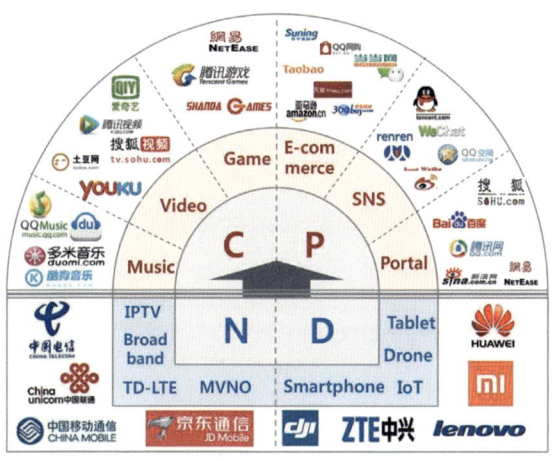

출처: KT경제경영연구소

콘텐츠(Content)는 1990년대 중반 유럽에서 '멀티미디어 콘텐트'란 용어로 쓰이기 시작하면서 보편화되었지만 콘텐츠(Contents)는 한국에서 1999년부터 e비즈니스 열기가 고조된 이후 이른바 3C(Content → Community → Commerce) 범주 안에서 모든 형태의 미디어에 담기는 '내용물 전반'을 가르킨다는 의미에서 자연스럽게 복수형을 사용하다보니 보통명사로 고착되었다.

그런 점에서 볼 때 중국은 콘텐츠(Contents)란 용어보다는 크리에이티브를 바탕으로 한 '창의(創意)' 혹은 '창의산업(創意産業)'을 강조하고 있고, 영국은 크리에이티브를 중심으로 한 창조산업(Creative Industry)이라고 한다.

앞에서 일반 대중에게 매체를 통하여 교양과 오락을 제공하고 그에 대한 대가로 수익을 창출하는 정보(情報) 혹은 내용물(産物)이라고 콘텐츠(Contents)를 정의했지만 성신여대 심상민교수처럼 콘텐츠를 "그 장르가 영화든 문학이든 학습이든 뉴스든 오락이든 간에 기획이나 창작, 혹은 가공이나 개발을 누가 했는지가 분명하게 나타나서 추후에 저작권을 주장할 수 있는 모든 종류의 원작"으로 보기도 하고, 말이나 문장 또는 여러 종류의 예술작품과 같이 어떤 매체를 통해서 표현되어지는 내용물이나 문자, 영상, 소리 등의 정보를 제작하고 가공해서 소비자들에게 전달하는 정보 상품으로 정의하기도 한다.

저작권으로 인정받을 수 있는 정보(情報) 혹은 내용물(産物)을 콘텐츠(Contents)라고 할 때 콘텐츠는 크게 3가지 특징을 가지게 된다.

콘텐츠(Contents)의 특징

첫 째, 콘텐츠는 향유자(享有者) 중심의 생산 방식에 있다.

대다수 소비재는 과학적 창조성에 기초하고 분석과 논리로 접근하는 수렴적 사고에 기반을 두는 데 비해 콘텐츠(Contents)는 예술적 창의성을 기초로 창작되며, 일반 소비재처럼 시장 요구에 부응하는 소비자의 참여보다는 타인의 참여와 간섭을 배제한, 순수한 예술가의 창작 활동을 중요시 하게 된다. 따라서 그 결과물을 감상하는 향유자(享有者)의 능력을 요구하게 된다. 즉 소비재처럼 사용설명서와 시연만으로 쉽게 이해하고 즐길 수 없는, 향유자 중심의 생산 방식을 갖게 된다. 여기서 향유자 중심의 생산 방식은 향유자가 원하는 콘텐츠를 제작하는 방법을 알려 주는 것이 아니고, 창작물 향유에 적합한 향유자를 찾아 주고 그들이 만족할 수 있도록 창작물과 그 해석을 이어 주는 데 있기에 마케팅 측면에서 볼 때 '공급의 마케팅'이라고 할 수 있다.

콘텐츠는 예술가의 독창성과 그에 따른 자아실현이나 자기표현을 중시하기 때문에 일반 소비재처럼 수요와 공급으로 이루어지지 않고 얼마나 많은 사람들에게 콘텐츠를 보급하고 영향력을 미칠 수 있는지가 중요하기에 마케팅 역시 향유자 중심으로 이루어지게 된다. 콘텐츠 구성요소인 생산자 → 텍스트(매체) → 향유자에 있어서도 향유 유형, 선행 체험, 선호도, 수준(교양) 등을 감안하여 중심타킷(마케팅)을 잡고, 수익창출방안을 수립하게 되는 것도 향유자가 콘텐츠를 경험하는 과정에서 높은 가치를 부여하는, 향유 과정을 즐기기 위해 경험 그 자체를 구매하는 경험재로서 존재하기 때문이다.

『대장금』,『성균관스캔들』,『해품달』 같은 전통적인 사극을 재해석한 드라마가 유행하는 것도 향유자의 선호도를 반영한 것이고, 명절이면『가문의 영광』과 같은 가족 중심의 영화가 상영되고, 여름이면 공포영화가 흥행을 주도하는 이유도 향유자의 선행 체험을 바탕으로 콘텐츠를 생산하기 때문이다. 특히 영화는 최소 2년의 제작기간을 감안하여 향유자 중심의 생산을 하는 반면 드라마는 3개월 정도의 제작기간을 통해 시청자 중심의 트렌드를 반영한 뒤 콘텐츠의 2/3는 실시간으로 향유자와 소통하면서 향유 유형을 파악하면서 제작하게 된다.

둘째, 콘텐츠는 투자대비 성공 확률이 낮은 고위험(High-Risk)성을 가지고 있다.

콘텐츠는 수요의 불확실성(Demand Uncertainty)이 강한 상품으로 성공확률은 낮으나 한번 성공하면 높은 수익이 보장되는 고위험이 존재한다. 영화, 게임, 애니메이션 등은 많은 제작비용에 비해서 시장의 수요를 예측할 수 없기에 수익을 창출하기 위해서는 상대적으로 시장 규모가 커야 하지만 시장 규모가 증대하면 관객층이 다양해져 수요의 불확실성도 함께 증가하게 된다. 즉 콘텐츠 제작비는 매몰 비용(Sunk Cost) 성격이 강해서 흥행에 실패하면 다른 방법으로 회수가 불가능하기에 최단 기간에 제작비를 회수하고자 유통의 규모를 확대하여 경제적 효과를 노리는, 규모의 경제(Economics of Scale)를 이루기 위하여 복합기업화로 변화를 추구한다.

최근 디지털 기술의 발전과 융합에 의해 타분야의 기업과의 제휴(콘텐츠 기업인 타임워너와 인터넷기업인 AOL의 합병이나 디즈니의 21세기 폭스 M&A)로 초대형 기업이 탄생하고, LG유플러스와 CJ헬로비전 합병을 계기로 콘텐츠 수직계열화를 확대하는 것도 다 규모의 경제를 통한 수익 창출을 기대하기 때문이다.

투자 대비 성공확률이 낮은 고위험(High-Risk)적인 콘텐츠의 특징을 감안, 콘텐츠 수직 계열화와 같은 규모의 경제를 추구하는 방법 이외에 사전에 리스크(Risk)을 제거하는 시도가 필요하다. 리스크 테이킹(Risk Taking)이란, 위험을 지각한 뒤 굳이 행동하는 것을 뜻하는데, 비즈니스 상에서는 리스크 테이킹은 위험을 무릅쓰고라도 적극적으로 대응하여서 손해나 사고 발생 등의 사태를 극복하는 것을 의미하기에 벤처나 스타트업에 있어서는 새로운 기회를 가져온다는 점에서 수도 없이 시도되고 있다.

2014년 상반기 내수시장에 불러일으킨 전지현 신드롬은 상품 판매, 수출, 관광 수요, 광고 등 직·간접적인 경제 효과를 따지면 3조원에 이르며, 전지현의 브랜드 가치는 3000억 원이 넘는 것으로 알려지고 있다. 코트, 양말, 화장품, 가방, 향수 등 전지현이 썼다 하면 꿈쩍도 않던 내수시장이 꿈틀거렸고, 전지현 신드롬은 국경을 초월하였다. 중국에서도 "눈 오는 날에는 치맥"이라는 말 한마디에 '치맥' 열풍이 번질 정도이고, 치맥 열풍은 중국의 조류 인플루엔자마저 잠을 재웠다. 그러나 『별에서 온 그대』 이후 중국 당국은 한국 드라마의 진출에 위협을 느끼고 다양한 방법으로 규제를 가하면서 한류 드라마의 중국 방영이 어려워졌다.

콘텐츠 글로벌화를 위해서는 14억 명의 중국을 뛰어넘지 않고서는 불가능하기에 새로운 한류 트렌드를 통해 중국 진출을 활발하게 할 수 밖에 없다. 중국 시장 확보를 위한 최우선 과제로 중국 내의 다양한 동영상 플랫폼(유쿠, 토도우, 아이치이 등)을 확보하고, 중국 내에서 방영될 경우 불법 다운로드로 인한 피해를 줄이면서, 최소 2,3개월 걸리는 중국 국가신문출판광전총국의 사전심의를 감안하여 사전제작 방식으로 한중 동시 방영을 추진하는 리스크 테이킹(Risk Taking)이 필요했다.

『태양의 후예』의 경우, 2011년 대한민국 스토리 공모대전에서 우수작으로 선정된 김원석의『국경없는 의사회』를 원작으로, 탄탄한 스토리텔링을 바탕으로 제작된 드라마이다. 드라마 전문 제작사가 아닌 영화투자배급사 뉴(N.E.W)가 직접 제작하면서 중국 내 동영상 플랫폼 확보와 사전 제작 방식을 도입하여 新한류와 리스크테이킹(Risk Taking)을 시도하였다.

통상적으로 중국 펀드로부터 투자를 받기 위해서는 홍콩을 통한 우회 진출을 고려해야 하지만 뉴(N.E.W)의 경우, 기업설명회(IR) 블루오션인 북경에서 6조 이상의 자산운용사를 대상으로 기업설명회(IR)를 개최, 화책미디어로부터 약 536억 원을 투자 유치하는 데 성공하였다. 특히 중국의 국가신문출판광전총국의 사전심의를 감안하여 제작비 130억 원의 16부작 전체를 사전에 제작하였고, 중국 내 합작법인 설립과 중국의 동영상 플랫폼 아이치이를 통해 동시 방영함으로써 태후 신드롬을

만들 수 있었다.

 이처럼 막대한 초기 비용이 들어가는 콘텐츠의 경우, 수익을 창출하기 위해서는 고위험(High-Risk)성을 제거하고자 규모의 경제를 실현하거나 새로운 트렌드를 감안한 리스크 테이킹(Risk Taking)이 필요하다.

 셋 째, 콘텐츠는 일반적인 마케팅과 다르게 단순하게 소비자에게 어필할 수 있는 트렌드나 가격 등으로 결정되지 않고, 향유자에게 가치를 제공함에 있어서 콘텐츠 부가가치 창출에 직, 간접적으로 관련된 일련의 활동으로 보는 데 이 때 주목하는 것이 하나의 원천 소스인 콘텐츠를 다양한 용도로 활용하는 OSMU(One Source Multi Use) 전략이다.

 하나의 원천소스(OS:One Source)인 콘텐츠를 다용도로 활용(MU:Multi Use)하여 시너지 효과를 높이고, 수익성을 제고하는 OSMU(One Source Multi Use) 전략은 중요한 콘텐츠 특징으로 자리 잡고 있다. 예를 들어 하나의 콘텐츠인 드라마(Drama)가 방송, 영화, 공연, 출판, 게임, 캐릭터, 비디오 등에 다양하게 사용되어 수익성을 높이는 OSMU 전략은 원천콘텐츠에서 거점콘텐츠로 그리고 다시 윈도우 확장으로 이어지는 독특한 가치사슬(Value Chain)을 보여준다. 즉, 원천콘텐츠에서 거점콘텐츠로 그리고 다시 다양한 미디어를 통해 OSMU 전략을 구사하는 윈도우 확장을 거치게 됨으로써 일반 마케팅과 차별화된 독특한 가치사슬(Value Chain)을 갖게 된다.

 영국의 여류작가 조안 롤링(Joan Kathleen Rowling)의 『해리포터 Harry Potter』 시리즈는, 완벽하지 못한 어린 영웅의 성장기와 선과 악의 대립을 다룬 고전적 이야기에 마법과 서스펜스적 요소를 담아 독자와 주인공을 감정적으로 연결함으로써 1차적인 성공을 이루었다. 그리고 OSMU(One Source Multi Use) 전략으로 2차적인 부가가치를 이루었다.

1997년 해리포터 시리즈 제1권인 《해리포터와 마법사의 돌》이 영국에서 출간된 것을 시작으로 2007년 총7권까지 출판하여 완결된 '해리포터 시리즈'는 67개 언어로 번역되어 총 4억5천만 부 이상 판매되었고, 2001년 워너브라더스가 영화로 처음 제작한 이래 10년 동안 총 8편을 선보이면서 75억달러(약 8조)의 매출을 기록하였다.

강력한 현실감을 배경으로 옆집의 평범한 아이가 혹시 마법사일지도 모른다는 생각을 하게끔 생동감 있게 형상화하여 전 세계적으로 큰 성공을 거두었으며, 영화와 게임 등 다양한 상품으로 제작되어 2007년 한 해 동안 308조원이란 천문학적 매출을 올렸는데 이는 같은 기간 한국의 반도체 수출 총액인 231조보다 1.3배 이상 큰 규모란 점에서 '이야기(Story)'의 힘이 얼마나 큰 지 나아가 콘텐츠의 OSMU 전략의 중요성을 부각시켜주는 계기가 되었다.

아울러 마케팅 전문가 수잔 기넬리우스는, 무엇보다 1990년대 인터넷의 등장으로 입소문 마케팅과 사회적 미디어 네트워킹을 바탕으로 하는 웹 2.0이 해리포터 성공의 절대적 요소로 자리했다고 강조했는데 하나의 이야기가 갖는 상상력의 힘과 그런 상상력으로 만들어내는 부(富)가 얼마나 거대한 지 밝혀내기도 했다.

끝으로 콘텐츠는 탄탄한 스토리텔링(Storytelling)을 기반으로 삼아야 한다.

경제발전의 패러다임이 산업경제(70~80년대) → 지식경제(90년대-IMF) → 창조경제(2008-글로벌금융위기)로 변화하면서 성장 동력이 토지, 노동, 자본에서 지식과 정보를 거쳐 상상력을 바탕으로 한 창의력을 중심의 콘텐츠 산업이 부각되고 있다. 인간의 창의성을 바탕으로 문화, 예술, 오락 등과 관련된 재화와 서비스를 제공하는 콘텐츠 산업은, 순수한 예술가의 창작 활동을 중요시하기에 그 결과물을 감상하는 향유자의 능력을 요구하게 되는 데 이 때 꼭 요구되는 것이 탄탄한 스토리텔링이다.

스토리텔링(Storytelling)은 스토리(Story)+텔(tell)+링(ing)을 뜻한다.
스토리(Story)가 단순히 어떤 이야기를 만들거나 이야기를 남들에게 표현하고 전달하는 행위를 지칭한다면 텔(tell)과 링(ing)은 구현방식과 전략에 따라 어떻게 즐길 것을 말할 것인가? 라고 볼 수 있다. 즉, 텔(tell)은 말하는 방식을, 링(ing)은 말하는 전략을 의미하게 된다.

⟨그림-8⟩ 스토리텔링(Storytelling)

| Story | 무엇을 말할 것인가 |

 어떻게 즐길 것을 말할 것인가

| tell | ■ 말하는 방식
▶ 총체적 감각의 동시적 구현
▶ 개별적 감각의 특화된 구현 |

| ing | ■ 말하는 전략
▶ 서사 구성 요소의 전략화
▶ 중심 윈도우의 매체적 특성 적극 반영
▶ 향유를 자극, 확산, 지속시키는 지배소 강화
▶ 상투성과 창의성의 8:2법칙 |

스토리텔링은 눈에 보이는 그대로의 모습이 아닌 단순히 정보를 나열하는 방식에서 벗어나 시간의 흐름에 따라 이야기 속에서 일어나는 사건과 등장인물, 그리고 배경이라는 구성요소를 가지고 이야기에 생명을 불어넣고 표현하여 공감대를 형성하는 소통행위를 뜻한다.

그렇기에 스토리텔링은, 이야기를 매개로 소통을 한다는 점에서 향유자 중심의 생산방식이란 점과 자아와 타자 그리고 집단에 관한 동일한 인식을 갖게 하는 정체성(Identity)을 확보, 스토리를 중심으로 부가가치를 창출하는 OSMU(One Source Multi Use) 전략의 핵심이 되고 있다.

보통 OSMU(One Source Multi Use) 전략은 하나의 콘텐츠가 TV, 영화, 디자인, 출판, 관광 등 여러 매체를 통하여 활용되는 효과를 뜻하는데 원천 소스의 창구(Windowing) 다변화, 장르 전환(Adaptation), 관련 상품 판매(Merchandising), 브랜드 창출 효과(Branding) 등을 통해서 부가가치를 극대화하는 데 스토리텔링이 중심이 된다.

SK하이닉스 "안에서 세상 밖으로" 시리즈가 유튜브 등 SNS에서 2018년 5월 14일 기준으로 765만여 건의 조회 수를 기록, 온라인을 중심으로 화제를 모았다.

졸업식을 맞은 반도체들이 스마트폰, 인공지능(AI) 등 여러 첨단 기기로 보내진다는 스토리를 갖고 있는 SK하이닉스 광고는, 반도체를 의인화시키는 독특한 방식을 통하여 SNS 히트작으로 평가받았다. 보통 SNS에서 조회 수가 200만 이상 나오면 히트작이고, 500만 정도의 조회 수를 기록하면 아주 잘 만들어졌다고 하는 데, B2B 기업으로 SK하이닉스 광고가 유튜브와 페이스북에서 750만 이상 조회된 것은 메가 히트로 기록된다.

스마트폰으로 배정된 여성 졸업생의 감사하는 마음과 인공지능으로 확정된 남성 졸업생의 환호하는 모습, 그리고 반도체의 지옥인 PC방에 보내지는 반도체 역할의 남성이 좌절하는 표정과 함께, 마지막으로 우주로 가는 반도체 역할을 하는 여성 주인공의 기뻐하는 장면을 담아서 반도체가 세상 모든 곳에 쓰인다는 메시지를 2,30대 젊은 트렌드에 잘 반영했기에 반도체 회사의 딱딱한 이미지를 친근하게 변화시켜주었다.

 스토리(Story)는 가장 효과적인 전달 방법이기에 기업(企業)도 스토리의 힘에 주목하기 시작하였고, 고객과 직원에게 회사의 특별한 정체성을 보여줄 수 있는 강력한 도구로 인식하고 활용되고 있다. 한마디로 탄탄한 스토리텔링은 기업의 이미지를 변화시키는 중요한 원동력이 되고 있다. 세계 최대 인터넷 기반 동영상 스트리밍 업체 넷플릭스의 리드 헤이팅스 최고 경영자(CEO)는 2017년 2월 27일, 모바일 월드 콩그레스(MWC)에서 "모바일 플랫폼이 콘텐츠보다 우선순위가 아니다"라고 말했다. 그 의미는, 특정 기술이 미래에 어떤 형태로 나아갈지 아무도 모르고, 플랫폼은 기업들의 생존 수단으로 변해서 플랫폼 위에 또 다른 가치를 담을 수 있기에 살아남은 시대의 생존 전략은, 기술이 아니라 이야기(Story)를 만드는 데 우선순위를 두고 세상에 없는 대체 불가한 경험이나 제품을 만들겠다는 것이다.

 세계 금융 위기 이후 영웅 위주의 스토리텔링 공식에 변화가 오고, 대중은 '영웅 페르소나(persona)'보다 '친구 페르소나(persona)'를 선호하는, '인간적인, 너무나 인간적인' 스토리를 원하게 되었다. 기업도 이러한 흐름에 주목, 영악하게 보이기보다는 우직하고 때론 어리숙한 모습으로 어필하게 되는 데, 이를테면 기업이 손해를 보면서라도 고객의 이득을 위해 말없이 행동한 것으로 보여야 감동을 얻게 된다.

폭설이 쏟아지는 산골에 사는 사람이 페덱스(Fedex)에 배송을 요청하자 페덱스가 헬리콥터를 5만 달러에 대여해서 우편물을 수거함으로써 고객들은 기업에 감동을 받게 된다. 사람들이 애플의 제품에 열광하는 이유는, 제품 자체도 좋지만 거기에 스티브 잡스의 끊임없는 도전 스토리가 들어있기 때문이다. 결과적으로 기업들은 스토리를 통해서 제품에 기능뿐만 아니라 감성과 낭만을 불어넣어 기업의 정체성을 확보하기도 한다.

스토리텔링(Storytelling)은 기업의 특별한 정체성을 보여줄 수 있는 유용한 수단이기에 고객과 직원들은 스토리텔링을 통해 이 기업이 다른 기업과 어떤 점이 다르고, 어떤 특별한 점이 있는지를 생생하게 체험할 수 있게 되는데 비즈니스 스토리텔링은 크게 세 분야에서 활용되고 있다.

먼저, 브랜딩(Branding)을 강화시키는 데 있다.

스토리텔링은 뿌리 있는 브랜드를 만드는 강력한 요소이다. "20대의 당신의 얼굴은 자연이 준 것이지만 50대의 당신의 얼굴은 살아온 삶의 모습이다"라고 하는 샤넬의 창업자 코코 샤넬의 풍부한 이야기는 브랜드에 정체성을 부여하게 된다.

'콜로플라스트' 라는 덴마크 제약회사는 스토리텔링을 통해서 '환자의 삶을 돌보는 기업'으로 차별화된 브랜딩에 성공했다. 치료 과정에서 고통

받는 환자들과, 그들의 고통을 해결하기 위해 노력하는 콜로플라스트의 설립자와 연구 개발자들에 관한 스토리들을 통해서 환자의 삶을 먼저 걱정하는 기업이라는 정체성을 고객들에게 분명하게 전달하였다. 초저가형 컴퓨터를 만드는 '라즈베리 파이'란 회사 역시 세상에서 가장 저렴하고 작은 컴퓨터 제조를 통하여 기업의 꿈인 '지구 상 모든 아이가 동등하게 컴퓨터를 배울 수 있는 기회'를 주고자 했다. 서양에서 후식으로 먹는 '라즈베리 파이'의 이름을 기업명으로 삼아서 IT인재를 일부러 키워내려고 하지 않고 장난감처럼 저렴한 가격으로 쉽게 만나서 흥미를 가질 수 있게 하자는 비전을 제시하여 성공할 수 있었다.

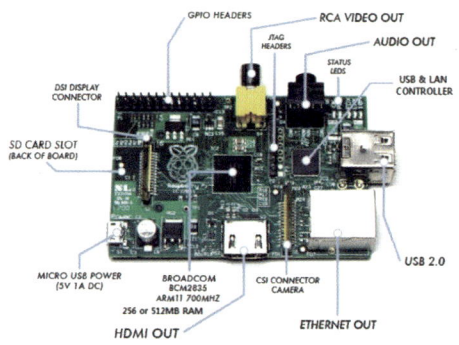

다음은 조직 문화 구축과 가치를 확산시키게 된다.

기업이 조직 문화를 만들어 가거나, 중요한 가치를 기업 안팎으로 퍼뜨리기 위해서는 일방적인 교육이나 연설만으로는 부족하다. 기업의 조직 문화는 직원들 내부에 떠돌아다니는 수많은 스토리에 의해서 자연스럽게 형성되어야 한다. 현대기아차 그룹은 부서 간 업무 시너지를 높이고 기업 문화를 강화시키기 위해 스토리텔링을 활용했다. 그룹 내 모든 부서와 회사들이 자신을 대표할 수 있는 스토리를 발굴해 낸 다음 이를 공유하는 작업을 한 것이다.

현대기아차 그룹은 업무와 관련된 스토리를 총 47개 발굴해낸 다음 'Happiness(행복)', 'Satisfaction(만족)', 'Excitement(자극)', 'Pride(긍지)', 'Delight(즐거움)'의 다섯 개 테마로 나눠 책을 5권 만들어 낸 뒤 책자와 온라인 게시판, 스토리 박람회와 워크숍 등 다양한 방식으로 그룹 임직원과 공유했다.

끝으로 스토리텔링은 아이디어, 생각, 지식을 전달한다.

기업이 가지고 있는 새로운 아이디어, 복잡한 지식들을 기업 내부의 다른 직원이나 부서와 공유함으로써 그 가치를 인정받고자 할 때도 스토리텔링은 유용한 수단이 될 수 있다. 교육이나 회의, 프레젠테이션 같은 지식을 공유의 장에서 활용할 수 있다. 제록스(Xerox)는 직원들이 업무에 필요한 지식을 매뉴얼이나 교육 프로그램을 통해 얻는 것이 아니라는 사실을 파악하고, 대신 자신들이 경험한 스토리들을 휴게실의 커피 자판기 옆에서 잡담처럼 주고받음으로써 업무에 실질적으로 도움이 되는 지식을 배운다는 것을 밝혀냈다. 제록스는 이렇게 휴게실에 떠돌아다니는 커피 브레이크 스토리들을 모아서 잘 구조화시켜 '유레카(Eureka)'로 명명된 데이터베이스에 저장함으로써 누구나 쉽게 사용이 가능하게 하였다.

10.
웹툰(Webtoon)콘텐츠

원천콘텐츠는
적은 비용으로 대중성 검증이 가능하며 거점콘텐츠화가 용이한
신화, 소설, 만화 등이 선호되고 있는데
최근에는 반응이 즉시 드러나는 웹툰(Webtoon)이 각광을 받고 있다.

시, 공간적인 한계성과 자본 규모의 제약에서
자유로운 콘텐츠이기에
활발한 신인 작가의 유입과 정부의 지속적인 지원을 바탕으로
향후 장르적 성공 가능성이 매우 크다.

웹툰(Webtoon) 콘텐츠는
포털, 모바일, 드라마, 영화 등의 매체에 종속되어 유통구조가 형성되며
원소스 멀티 유즈(OSMU : One Source Multi Use)를 통하여
수익을 확보하는 구조를 가지고 있다.
즉, 웹툰(Webtoon)은 그 자체를 상품으로 판매하여 수익을 올리는
라이센싱(License) 전략보다는 OSMU 전략에 적합한 매체라고 할 수 있다.

2 Part

웹툰(Webtoon) 콘텐츠

웹툰(Webtoon) 콘텐츠를 쉽게 이해하려면 먼저 2030세대들을 이해할 수 있어야 한다. MZ세대라고 불리우는 젊은 세대들은 게임을 많이 하고, 지치면 네이버나 다음에 들어가서 웹툰(Webtoon)을 본다. 코로나 19 사태 이전부터 밀레니얼 세대 혹은 Z세대들의 경우, 화상회의 솔루션인 '줌(Zoom)'을 이용해서 술자리를 원격으로 만들고, 화면으로 새로 산 옷이나 신발 등을 보여주면서 서로의 근황을 살피고 있었을 정도로 인스타스램, 틱톡, 유튜브와 같은 소셜네트워크 서비스에 푹 빠져있었다. '브이로그' 생활에 익숙해져 있는 그들을 이해하기 위해서 부모들은 콘텐츠(Contents)가 무엇인지 알아야 하고, 자식들이 어떤 콘텐츠를, 어떻게 좋아하는 지 파악해야 대화가 될 수 있었다.

우리나라 천만 흥행 영화는 영화〈기생충〉까지 총 27편이고, 그 중에 외국영화는 8편이 차지하는데 8편의 천만 외국 영화 중에서 독특한 영화로 크리스토퍼 놀란 감독의 영화『인터 스텔라 Interstellar, 2014』가 있다. 어려운 과학 영화이면서도 어떻게 개봉 10일 만에 누적 관객수 415만명을 돌파하고 천만 영화가 되었을까? 우주의 신비로움을 과학적으로 해석한 영화라서 즐거움보다는 지루함을 가져다 주는 요소가 많은 영화인데… 한마디로 학원가를 주름잡는 대치동, 목동 아줌마들의 '지적 호기심을 자극하는 스토리'에 원인을 찾을 수 있다. 즉, 자식에게 무식하지 않기 위해 영화를 많이 보았고 그래서 영화 제작사는 이것을 마케팅 포인트로 잡아서 어필했기에 천만 영화가 될 수 있었다.

 항상 우리 아들은 누워서나 밥을 먹으면서나 핸드폰을 아래로 터치하면서 무엇인가 보고 있다. 슬쩍 어깨너머로 보면 웹툰(Webtoon)인데 마냥 즐거운 것 같고 행복해 보여서 웹툰 콘텐츠 강의 동영상을 제작하기 위해서 아들에게 톡을 보냈다. "지금 현재 가장 눈에 띄고 밀레니얼 세대나 Z세대에게 각광받고 있는 웹툰으로 작가 SIU(씨유)의 『신의 탑』을 봤냐고?" 했더니만 바로 답이 왔다. "엄청 좋아하고 애니 버전을 기다리고 있다고·····." 아들은 강풀의 『26년』이란 웹툰을 보고 5.18 광주 사태에 대하여 어렴풋이 인식을 했으며, 작가 광진의 웹툰 『이태원 클라쓰』를 본 뒤 웬만해서 TV 앞에 앉지도 않는 데 매주 금, 토 11시에는 드라마 『이태원 클라쓰』를 열심히 보기에 웹툰과 드라마의 차이에 대하여 대화의 물꼬를 틀 수가 있었다. 아들의 예를 들었지만 그 만큼 밀레니얼 세대와 Z세대에게 웹툰(Webtoon)은 영향력이 지대한 매체이자 원천 콘텐츠인 것이다.

웹툰(Webtoon)은 인터넷을 뜻하는 '웹(Web)'과 만화를 의미하는 '카툰(Cartoon)'이 합쳐져 만들어진 신조어이다. 웹툰(Webtoon)은 플래시로 제작된 웹애니메이션을 뜻하는 용어로 사용되기도 했고, 웹에서 형성된 모든 만화 형식을 대표하는 용어로 쓰이기도 했지만 현재는 웹사이트에 게재된, 세로로 긴 이미지 파일 형식의 만화를 뜻하는 용어로 사용되고 있다.

웹툰(Webtoon) 콘텐츠는 포털을 통해 인터넷에서 대량의 트래픽을 규칙적으로 유발하는 데 성공했고, 광고 노출을 통해 수익을 올리는 비즈니스 모델로 자리잡게 되면서 원천콘텐츠에서 거점콘텐츠로 전환(Adaptation)하기가 용이하다. 게다가 시, 공간적인 한계성과 자본 규모의 제약에서 자유로운 콘텐츠이기에 활발한 신인 작가의 유입과 정부의 지속적인 지원을 바탕으로 향후 장르적 성공 가능성은 매우 크다. 특히 뉴미디어 기기의 폭발적 성장을 통해 인터랙티브한 디지털 웹툰 서비스와 다양한 웹툰 애플리케이션, 웹진의 등장으로 해외 진출 가능성 등 여러 가지 면에서 기대하는 바가 큰 장르임에 틀림없다. 상대적으로 게임 시장이 중국 자본의 침투로 인하여 정체성을 보여주는 데 비해 웹툰은 포스트 한류를 이끌고 갈 수 있는 매력적인 장르라 할 수 있겠다.

웹툰(Webtoon) 콘텐츠는 포털, 모바일, 드라마, 영화 등의 매체에 종속되어 유통구조가 형성되며 원소스 멀티 유즈(OSMU : One Source Multi Use)를 통하여 수익을 확보하는 구조를 가지고 있다. 즉, 웹툰(Webtoon)은 그 자체를 상품으로 판매하여 수익을 올리는 라이센싱(License) 전략보다는 OSMU 전략에 적합한 매체라고 할 수 있다.

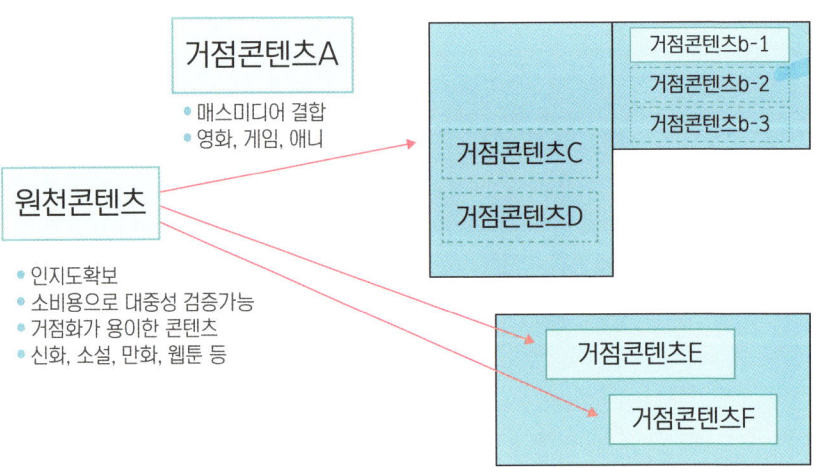

<그림-9> 콘텐츠에 있어서 전환(Adaptation)

그림에서 보는 것처럼 원천콘텐츠는 적은 비용으로 대중성 검증이 가능하며 거점콘텐츠 화가 용이한 신화, 소설, 만화 등이 선호되고 있는데 최근에는 반응이 즉시 드러나는 웹툰(Webtoon)이 각광을 받고 있다. 아울러 거점콘텐츠로의 전환(Adaptation)은 원천콘텐츠의 성격이나 폭발력에 따라서 원천콘텐츠와 동시에 기획되는 경우도 있지만 대부분 경쟁력있는 장르를 중심으로 순차적으로 전개된다. 예를 들어보면 대중에게 가장 접근성이 높고 경쟁력있는 장르이자 채널로 원천콘텐츠에서 거점콘텐츠로 전환되는데 웹툰에서 드라마로 혹은 영화로 전환되는 경우가 이에 해당한다. 보통 OSMU(One source Multi-use) 전략이라고 하면, 하나의 콘텐츠(Contents)가 TV, 영화, 디자인, 출판, 관광 등 여러 매체를 통하여 활용되는 효과를 의미하는 데 구체적으로 보면 1) 콘텐츠를 구현하는 미디어를 중심으로 하는 창구화(Windowing) 전략 2) 개별 장르의 변별성 탐구와 이를 기반으로 하는 장르 간 전환(Adaptation) 전략 3)

관련 상품 및 부가 상품과 연관된 상품화(Merchandising) 전략 4) 스토리를 통하여 기업의 정체성을 제공하는 브랜딩(Branding) 전략 등으로 부가가치를 극대화한다고 볼 수 있다. 결과적으로 볼 때, 원천콘텐츠로서의 웹툰(Webtoon)은 풍부한 윈도우 전략 혹은 창구화 전략을 구사할 수 있는 매체로서 매력적이라고 할 수 있겠다. 거점콘텐츠로 전환에 성공한 웹툰 사례는 많은 데 연극에서는 『강풀의 순정만화』가 있고, 영화에서는 『이끼』와 『신과함께_죄와벌』이 있으며, 드라마에서는 『미생』과 『이태원 클라쓰』가 있다.

드라마 『이태원 클라쓰』는 IP(지적 재산)를 활용하여 시장의 파이를 넓히려는 카카오페이지의 '슈퍼 웹툰 프로젝트' 첫 번째 작품에 해당하는데 전략적 파트너로 종편 JTBC를 택한 뒤 OSMU 전략을 바탕으로 성공하였다. 웹툰(Webtoon) 『이태원 클라쓰』는 작가 광진이 다음 웹툰에서 2017년 1월 3일부터 2018년 5월 22일까지 연재한 작품으로 2020년 1월부터 JTBC에서 금, 토 드라마로 방영되어 인기를 얻게 되었다.

드라마『이태원 클라쓰』는 2030세대들에게는 꼰대들에게 저항하며 성공하는 대리만족을 느끼게 해주었으며 자유, 소신, 목표를 향해 험난한 길을 걷는 주인공 박새로이의 성격에 동의하면서 카타르시스를 느끼게 해주었다. 특히 4050 남성 세대들은, 가진 것은 없지만 재벌가에 맞서 자수성가 하는 주인공의 성공스토리에 익숙해져 있다. 그렇기에 주인공들의 젊은 시절 열정을 추억하면서 내 자식도 힘든 세상을 박새로이처럼 살아가 주었으면 하는 바램과 희망이 반영되어 드라마 시청률의 커다란 상승 요인이 되어주었다. 흔히들 원천 콘텐츠에서 거점 콘텐츠로 전환하기 쉬운 콘텐츠로 설화, 신화 그리고 만화 혹은 웹툰을 들 수 있는 데 웹툰을 드라마화하는 OSMU의 성패는, 기본적으로 이야기의 힘(Power)에서 오고 그 다음에는 원작과의 연관성에 바탕을 두게 된다. 즉, 원작과 얼마나 가까운지, 원작을 훼손하지 않고 달라진 매체에 맞춰서 효과적으로 각색했는지에 달려있다고 해도 과언이 아니다. 반면 드라마『이태원 클라쓰』는 드라마가 성공하기 전에 성공할 것이란 전제를 두고, 마케팅 전략을 구사하였다. 다시 말해서 원작 내용을 알고 있는 '노잉' 층과 원작 내용을 모르는 '언노잉'층을 동시에 공략하였다. 웹툰 원작을 알고 있는 '노잉'층을 드라마로 유입하고, 원작을 모른 채 드라마를 본 '언노잉' 층은 웹툰으로 자연스럽게 유입하려는 전략은 전적으로 웹툰의 작품성을 바탕으로 한 드라마 성공을 예측한 새로운 마케팅 전략으로 주목받게 되었다. 평균 권리금 2억 후반, 서울 3위, 멋과 다양성이 존재하고, 세계가 보이는 이태원에서 주인공 박새로이가 어려움을 극복하며 '꿀밤'을 운영하고, 적대자인 '장가' 그룹과 대적해 나가는 이야기가 펼쳐진 드라마『이태원 클라쓰』는 이야기가 갖고 있는 힘 못지않게 OSMU 전략의 새로운 시도를 보여주었다.

[OSMU콘텐츠와 트랜스미디어(Transmedia)콘텐츠]

최근 OSMU(One Source Multi Use)에 이어 부각되고 있는 트랜스미디어(Transmedia)는 스마트폰, IP TV, 트위터와 페이스북과 같은 SNS의 등장으로 콘텐츠 향유 방법이 달라짐에 따라 사용자가 여러 미디어를 동시에 접속하거나 이동하게 되는 경우에 있어서 하드웨어를 중심으로 해석하는 용어인데 간혹 영화, 게임, 웹, 만화 등 다양한 콘텐츠의 변이를 트랜스미디어로 보는 경우도 있지만 원칙적으로 장르의 변이일 때만 트랜스미디어 콘텐츠(Transmedia Contents)로 해석하는 것이 옳다.

디지털 기술의 발전은 미디어의 형식을 변화시키고 그 형식은 내용, 즉 콘텐츠를 변화시키고 있다. 올드 미디어는 뉴미디어를 만나 충돌 〉 갈등 〉 융합 〉 수용의 과정을 거치면서 공존하게 되는 데 이 과정에서 나온 개념이 트랜스미디어 콘텐츠이다. 마크 롱(Mark Long)은 트랜스미디어 콘텐츠에 대하여 그것은 하나의 콘텐츠이면서도 달라야 한다고 강조하였고, 하나의 비전이 적어도 3개 이상의 미디어에서 시작될 수 있도록, 영화에서 게임으로 게임에서 만화로 넘어올 수 있도록 기획단계에서부터 설계하여야 한다고 했다.

결과적으로 트랜스미디어 콘텐츠는 OSMU 차원의 콘텐츠와는 다르다. OSMU는 성공한 원천콘텐츠를 기반으로 그것의 특성에 맞게 순차적으로 다른 미디어로 옮기는 것을 의미하는 반면 트랜스미디어 콘텐츠는 단계적이지 않고 , 동시 다발적으로 각각의 콘텐츠가 개별적인 세계를 표현하면서도 하나의 통합적인 세계를 창조하는 것을 뜻한다. 즉 OSMU와의 공통점은 다양한 미디어로 개발되는 것이고, 차이점은 동시다발적으로 개발되면서 내용이 같지 않고, 캐릭터도 재배치된다. 또한 트랜스미디어 콘텐츠는 OSMU처럼 동일한 이야기를 다른 미디어에 반복 사용하는 것이 아니라 각각의 미디어에 다른 이야기를 나타내면서 서로 연결되어 전체적으로 하나의 완결된 구조를 갖는다는 점에서 차이를 보인다.

트랜스미디어 스토리텔링(Transmedia Storytelling)의 대표적인 예로 동화 〈피터팬과 웬디〉를 들 수 있다. 1902년 스코틀랜드의 소설가 배리(J.M.BARRIE)에 의하여 탄생된 〈피터팬과 웬디〉는 OSMU 개발 방법으로 1924년과 2003년에 영화화되었고, 1953년에는 애니메이션화되었다. 그러나 이 콘텐츠들은 원작 소설에 나오는 주인공 '피터팬'을 그대로 사용했지만 2008년과 2009년에 개봉한 디즈니애니메이션 〈팅커벨1, 2〉는 원천 콘텐츠의 매력적인 캐릭터, 조연에 해당했던 '팅커벨'을 주인공으로 하였다.

디즈니애니메이션 〈팅커벨〉은 스핀오프(Spin-off)를 통해서 〈피터팬과 웬디〉와는 또 다른 이야기를 창조하였고, 추가로 새로운 요정 캐릭터를 만들었다.

뿐만 아니라 〈피터팬과 웬디〉의 공간적 배경이었던 네버랜드가 아니라 그곳의 일부인 픽시 할로우를 배경으로 요정의 탄생과 계절의 흐름을 연관시켜 이야기를 전개하였다.

위와 같이 '팅커벨'의 탄생 배경스토리(Back Story)를 통하여 관람객들로 하여금 색다른 경험을 하게 만들어주었다. 특히 어린 여자아이들을 대상으로 새로 창조한 캐릭터(요정)의 신비로움을 마케팅함으로써 또 다른 관객층을 찾을 수 있었다.

그렇다면 디즈니애니메이션 〈팅커벨〉에서 사용된 스핀오프(Spin-off)는 무엇일까? 속편이기는 하지만 전편의 스토리를 이어가는 것이 아니라 곁가지로 뻗어나가는 형태의 스토리. 즉, 서브 시리즈(Sub-Series) 혹은 서브 스토리를 의미하는, 핵심 스토리(Core Story)를 뒷받침해주는 배경스토리(Back Story)와도 일맥상통하는, 일종의 서사구조를 구현한다는 점에서 스핀오프(Spin-off)는 장르 전환(Adaptation)과 동일한 개념으로 볼 수 있겠다.

11.
사람이 콘텐츠(Contents)다!

10년 전만 하더라도 사람이 콘텐츠일까?
막연하게 "정말 사람이 콘텐츠가 될 수 있을까?" 라고 생각했는데....

1인 크리에이티브가 주도하는 콘텐츠의 세계를 바라 보면서
정말 사람이 중요한 시기가 왔구나 하는 생각이 들고,
콘텐츠는 상상력으로 무장된 창의적인 사람을 길러낼 수 있다는 점에서
"사람이 콘텐츠다" 라고 말할 수 있게 되었다.

1인 크리에이터가
미디어에 기반한 인기 연예인을 뛰어넘어 진화하는 데는
다이아TV, 트레저헌터, 샌드박스와 같은
MCN 플랫폼이 있었기에 가능하였고
'사람이 콘텐츠'가 될 수 있도록 많은 기여를 하였다.

Part 2

사람이 콘텐츠(Contents)다!

얼마 전 언론사 대표와 같이 콘텐츠로서의 '저널(Journal)'에서 전문기자의 의미와 역할에 대하여 이야기를 나눈 적이 있었다. 예를 들어 조선일보의 군사전문기자인 『유용원의 군사세계』 사이트는 하루에 2500명씩, 누적방문객수가 3억 7천만 명이니 전문기자 한 명의 역할이 언론사 입장에서 볼 때 아주 중요하다고 할 수 있겠다. 비록 보수 언론으로서 찬반의 의견이 있겠지만 타 언론사에는 없고, 조선일보에는 있기에…….

2018년 11월 4일, 한국 영화의 거목이자 영원한 배우이였던 강신성일 씨의 타계 소식을 듣고 슬픔과 함께 배우로서 고인을 떠올리다 사람이 정말 '콘텐츠'가 될 수 있을까, 스스로 묻게 되었다.

SBS 21부작 드라마 『별에서 온 그대에서』 전지현 신드롬은 직·간접적으로 브랜드 가치가 3000억 원을 넘고, 코트, 화장품, 양말, 가방, 향수 등 전지현이 썼다하면 꿈쩍도 않던 내수시장이 꿈틀대고 국경을 초월하는 경제적 효과를 가져왔다. "눈 오는 날에 치맥"이란 대사 한 마디에 중국에서 치맥 열풍이 불고 중국의 조류 인플루엔자마저 잠을 재웠다.

한류의 대표 주자인 배용준이나 일본 오리콘 앨범 차트를 7번이나 1위를 기록한 보아도 한류의 주역이면서 동시에 중요한 '콘텐츠'인 것이다.

어느 정도의 시간(時間)을 투자해서 소비하는 저작물을 '콘텐츠'라고 할 때 사람은 소비와 동시에 '콘텐츠'를 생산하는 주체로 과거에는 존재감이 미약했지만 현재와 같이 1인 '크리에이터(Creator)'와 '인플루언서(Influencer)'의 영향력이 막강할 때는 인공지능(AI)과 같은 디지털 기술과 유통(플랫폼)이 결합하여 고객의 요구에 맞추어 모든 것을 일괄 처리해주는 '컨시어지 서비스(Concierge Service)'처럼 '컨시어지 콘텐츠(Concierge Contents)'로 진화할 것이다. 그리고 그 중심에 사람, 즉 창의성을 가진 사람이 '콘텐츠'로 일정 부문 역할을 하게 될 것이다.

10년 전만 하더라도 "사람이 콘텐츠일까?" 라고 막연하게 생각했는데……. 죽음을 앞두고도 부산영화제 레드카펫을 밟을 정도로 영원한 영화인으로 남고자 한 강신성일씨의 경우를 볼 때 과거에는 '팬'이었고, 한때는 '스타'로 마케팅을 주도하였고 지금은 '콘텐츠'라는 것에 이의 제기가 없다.

방탄소년단(BTS)이 '다이너마이트(Dynamite)'로 미국 빌보드 메인 싱글 차트에서 발매 2주 차 연속 1위를 기록하여 한국 음악의 새로운 역사를 쓴 경우도 "사람이 콘텐츠"로서의 존재하고 있다는 것을 알 수 있다.

현대경제연구원은 『방탄소년단(BTS)의 경제적 효과』라는 보고서를 통해서 방탄소년단의 경제적 효과가 연간 총 5조 5600억 원에 달한다고 발표했다. 향후 10년 간 지속된다면 싸이와 배용준을 넘어서 2018년 개최된 평창 동계올림픽의 경제적 가치를 웃도는 수준으로 파급효과가 클 것으로 예상했다.

방탄소년단(BTS)을 보기 위해 외국에서 한국을 찾아오는 관광객이 연평균 79만 6000명으로 전체 외국인 관광객의 7.6%에 해당하는 관광 효과를 일으켰지만 무엇보다 방탄소년단(BTS)의 유엔 연설문을 가지고 전 세계 학교에서 시험문제나 리포트로 사용하게 만들었단 점에서 한글을 전파하는 데 공이 컸다.

　매스 미디어(Mass Media) 속에 녹아있던 '콘텐츠'가 분리되기 전까지는 우리에게 대중문화 전반에 엔터테인먼트와 동일한 의미의 '연예'가 있었고, 1인 크리에이터 등장 전에는 '연예인'에 익숙했었다. '대중적인 연극, 노래, 춤과 같은 예능이나 대중 앞에서 예능을 공연하는 일에 종사하는 사람들'을 뜻한 연예인(演藝人)의 의미가 미디어의 발달과 함께 멀티플레이어형 엔터테이너로 변화하고 매니지먼트와 결합하여 산업으로 발전할 때만 해도 수요와 공급의 예측이 불가능했다. 특히 시장의 2중 구조로 인하여 상품으로서 가치를 인정받을 수밖에 없었고 그나마도 일반 노동력에 비해 매우 짧은 생명주기를 지님으로써 한계에 부딪쳤다.

　그러나 10대 청소년 중 25%가 유튜브를 활용한 개인방송을 시청하고 있다는 한국언론진흥재단의 조사결과를 볼 수 있듯이 '연예인'이 지니고 있는 '콘텐츠'가 유튜브나 아프리카TV와 같은 플랫폼(Platform)을 만나면서 '연예인'으로서 한계를 극복하는 현상을 보여주게 되었다.

파워블로거, 팟캐스트 진행자, 인터넷 방송진행자(BJ), 유튜버와 같은 1인 크리에이터가 미디어에 기반을 둔 인기 연예인을 뛰어넘어 진화하는 데는 다이아TV, 트레저헌터, 샌드박스와 같은 MCN 플랫폼이 있었기에 가능하였고 "사람이 콘텐츠"가 될 수 있도록 많은 기여를 하였다.

웹툰에 이어 웹소설가들의 등장이나 북클럽(Book Club)이 주목을 받고 있는 현상 역시 '사람'이 플랫폼을 만나서 '콘텐츠'로 존재하는, 사람 중심의 '콘텐츠'를 반영한 사례로 볼 수 있다. 2018년 10월, 윤석금 웅진그룹 회장이 코웨이를 다시 품에 안는다는 뉴스가 보도되었다. 한때는 외판원으로 샐러리맨의 성공신화를 썼다가 방만한 경영으로 부도를 맞고 6년 만에 다시 코웨이를 안게 된 배경에는 웅진씽크빅의 『웅진북클럽』이 있었다. 웅진씽크빅의 『웅진북클럽』은 태블릿PC를 활용해서 1만 여개의 콘텐츠를 기반으로 독서와 학습을 융합한 비즈니스 모델로 웅진 부활의 기초가 되었다. 비록 급변하는 기업 환경으로 1년도 되지 않은 시점에서 다시금 웅진코웨이를 매물로 내놓기는 했지만 사람이 중심이 된 『웅진북클럽』은 콘텐츠에 있어서 중요한 사례가 될 것이다.

전자책 플랫폼 『카카오페이지』 역시 '사람'이 '콘텐츠'로 진화하는 데 일정한 역할을 하고 있다. 초창기 수익을 내는 100만 명의 파트너를 육성하는 콘텐츠 마켓으로서의 비즈니스 모델(BM)에서 웹툰(Webtoon)과 전자책 플랫폼으로 변화하였지만 2018년 기준으로 볼 때, 누적 가입자 수는 800만 명을 넘어 유료 콘텐츠 유통 플랫폼의 대표적인 성공 모델로 자리 잡게 되었다. 다양한 베스트셀러작품들과 콜라보레이션 프로모션을 추진하여 침체된 단행본 출판 시장을 살리고 새로운 모바일 독서 생태계를 구축하고자 심혈을 기울이는『카카오페이지』와 함께 유시민작가의『역사의 역사』는 독자의 수가 29만명을 돌파할 정도로 성장하였다.

『카카오페이지』가 2013년부터 웹툰과 웹소설을 중심으로 유료 서비스를 해온 지 5년 만에 가입자 수 2000만 명에 유료 결제액 2000억 원를 돌파한 데는 무엇보다 소비자들이 궁금하면 지갑을 열었고, 그 만큼 '사람' 중심의 양질의 콘텐츠가 소비자의 마음을 움직였기 때문이다. 흔히들 미국, 유럽, 일본과 같은 선진 콘텐츠 시장과 달리 한국에서는 콘텐츠의 유료화가 안된다 라는 고정관념이 많았으나 뉴스, 동영상, 오디오와 같은 영역에서 유료화 사례가 속속 등장하였다. 국내 최대 팟캐스트(디지털 오디오 방송) 서비스『팟빵』은 2018년 8월에 콘텐츠 유료화를 도입해서 월 유료 결제액이 3억 5000만 원을 넘어섰다. '한 달에 책 한 권 값으로 매주 새로운 콘텐츠를 만나라'는 콘셉트로 2545세대 직장인들에게 유료 지식 콘텐츠를 제공하고 있는 콘텐츠 스타트업 '퍼블리(Publy)'는 척박한 한국의 콘텐츠 유료화 시장에 새로운 장을 열기도 했다.

기존에는 하나의 지식과 경험, 즉 해외 특정 도시에 대한 심층적인 여행 경험이나 성공한 투자회사의 주주총회에 다녀온 지식을 영상, 보고서로 만들어 투자자와 공유하는 것이 크라우드 펀딩의 대상이 되었으나,

투자가 아닌 월 2만 1900원짜리 유료 멤버십을 통해 유료 지식 콘텐츠를 제공하여 2018년 12월 기준으로 4200여 명의 회원을 가입시키는 방식은 새로운 방법이었다.

소셜네크워크(SNS)를 활용한 스타 마케팅(Star Marketing)이 주도할 때만 해도 유명인과 개인이 같은 시공에 위치해서 함께 이야기를 나누고 있다는 느낌을 받는 것만으로도 만족하던 시기에서 개인을 위한 콘텐츠가 제작되고, 개인의 창의성을 바탕으로 한 1인 미디어가 주목을 받을 것이라고 미처 몰랐다. 최고령 유튜버(YouTuber) 박막례할머니의 뷰티와 여행에 관한 소소한 일상 이야기가 남녀노소 모두에게 엄청난 인기를 가져올 줄 누가 알았을 것이며, 아이의 일상을 4분짜리 동영상 '3세 서은이야기'로 유튜브에 올려 구독자 16만 명을 확보하는, 최연소 유튜버가 될지 어찌 알았을까? 결과적으로 동영상 제작의 동기는 단순했지만 양방향으로 소통할 수 있었기에 콘텐츠로서의 가치를 지니게 되었다.

얼마 전, '매경빅데이터&인공지능최고위과정' 원우회 출범식에서 초대(?)가수로 열창하는 사이 원우 중 한 분이 사진을 단톡에 올려주었는데 모처럼 사진이 아주 잘 나왔다. 잘 나온 한 장의 사진을 보면서 이것으로 나는 무엇을 할까 고민하다가 그동안 연락이 뜸했던 친구나 지인에게 사진을 보냈다.

순간을 관찰한 후 역사를 바꿀 수 있는 한 장의 사진을 찍고자 고심하는 다큐멘터리 사진작가들과 달리 일상에 젖어있는 보통 사람들에게 한 장의 사진은, 역사의 변환과는 멀지만 일상의 작은 발견이자 흥분으로 남아서 지인들에게 뜻깊은 선물(?)이 되기도 하고, 안부를 전하는 메신저로서의 역할을 충분히 해주게 된다.

사내 커플에서 부부의 연을 맺고, 7년 간 다니던 회사를 동반 퇴사한 후 세계일주 여행을 떠난 배준호 부부는 여행 중에 무수히 만났던 아름답고 뜻깊은 찰나의 순간을 놓치기 싫어서 사진을 찍었으나 사진 속의 이야기를 기록하는 데 너무 많은 시간을 쓰게 되었다. 꼭 무엇을 남기겠다는 목적은 아니어도 그래도 매 순간을 소셜 미디어에 기록하겠다는 결심이 쉽지않다는 것을 깨닫기도 했다. 아름다워야 할 사진이 무거운 배낭처럼 등 뒤에 매달려 부담이 되고, 세계 여행까지 포기하려고 할 때 아내가 해결책을 마련해주었다. 한 장의 사진에 너무 많은 이야기를 담으려하지 말고 딱 세 줄만 적어보라고……. 결과적으로 여행을 통해 사람을 만나고 사물과 대화를 하고 순간을 기록한 사진에 생명력을 불어넣는 방법으로 세줄 짜리 소감은, 여행을 통해 많은 것을 배운 소소한 감정을 옮기는 데 가장 좋은 방법이 되어 나중에 『세줄일기』라는 앱(App)이 되어 비즈니스의 터전이 되었다.

세줄일기

세 줄의 글과 한 장의 사진으로 남기는 일기

일상에서 찍은 한 장의 사진은 지인들에게 자신을 기억하게 해줄 수 있는 일종의 메신저로 역할을 하지만 『세줄일기』와 같은 킬러콘텐츠를 발굴하면 플랫폼을 활성화하는 데 중요한 키워드가 될 수 있고, 나아가 한 편의 영상이 개인의 콘텐츠를 비즈니스 수단으로 작용할 수 있게 만드는 현실이 되었다.

대량맞춤(Mass Customization) 시대에 콘텐츠는 시청자들의 습관이나 취향에 기초하는 개인화(Personalization, 個人化)에 바탕을 두고 제작한다. 즉, 개인 맞춤형 추천을 통해 보고 싶은 것에 집중하게 되는 데 이러한 트렌드는 기계학습과 딥러닝과 같은 인공지능(AI) 기술로 사용자의 지속적인 구매 패턴이나 정보를 바탕으로 제공하기에 효과적이다.

10년 전만 하더라도 "사람이 콘텐츠일까?", 막연하게 "정말 사람이 콘텐츠가 될 수 있을까?" 라고 생각했는데….1인 크리에이티브가 주도하는 콘텐츠의 세계를 바라 보면서 정말 사람이 중요한 시기가 왔구나 하는 생각이 들고, 콘텐츠는 상상력으로 무장된 창의적인 사람을 길러낼 수 있다는 점에서 "사람이 콘텐츠다" 라고 말할 수 있게 되었다. 결과적으로 '사람'이 유튜브, 아프리카TV, 블로그, SNS, MCN과 같은 플랫폼을 토대로 '콘텐츠'로 존재하는, 사람 중심의 콘텐츠를 생성하는 시대가 도래했다.

[지적재산권(IP intellectual property, 知識財産權)]

1. 지적재산권

발명, 상표, 디자인 등의 산업재산권과 문학·음악·미술 작품 등에 관한 저작권의 총칭으로 지적소유권이라고도 한다.

* 지적소유권에 관한 문제를 담당하는 국제연합의 전문기구인 세계지적 재산권 기구(WIPO)에 따르면 '문학 ·예술 및 과학작품, 연출, 예술가의 공연·음반 및 방송, 발명, 과학적 발견, 공업의장·등록상표·상호 등에 대한 보호권리와 공업· 과학·문학 또는 예술분야의 지적 활동에서 발생하는 기타 모든 권리를 포함한다'고 정의하고 있다.

2. 지적재산권의 종류와 유형

지적재산권(IP)은 인간의 지적 창작물을 보호하는 무체(無體)의 재산권으로서 산업재산권과 저작권으로 크게 분류된다.

1) 산업재산권

산업상 이용가치를 갖게 되는 발명 등에 관한 권리로, 산업영역에의 기여에 대한 보호를 본질로 하게 된다. 이러한 산업재산권의 종류는 특허권, 실용 실안권, 디자인권, 상표권 및 서비스표권으로 이루어져 있다.

산업재산권은 특허청의 심사를 거쳐 등록을 하여야만 보호되고, 특허법에 따라 선출원주의가 적용되게 그 보호기간은 산업재산권이 10~20년이다.

2) 저작권

인간의 사상이나 감정을 표현한 창작물인 저작물에 대한 배타적이고 독점적인 권리로, 저작권 종류로는 소설, 시, 논문, 강연, 연술, 각본, 음악, 연극, 무용, 회화, 서예, 도안, 조각, 공예, 건축물, 사진, 영상, 도형, 컴퓨터 프로그램 등이 있다.

이 외에도 원 저작물을 번역하거나 편곡, 변형, 각색, 영상제작 등의 방법으로 작성한 2차적 저작물인 창작물과 편집물로서 그 소재의 선택 또는 배열이 창작성이 있는 것도 독자적 저작물로 인정되게 된다.

저작권은 출판과 동시에 보호되며 그 보호기간은 저작자의 사후 30~50년 까지 이며 문화체육관광부 소관이다.

3) 신지식 재산권

특허권이나 저작권 등의 전통적 지식재산권 범주로는 보호하기 어려운 컴퓨터 프로그램, 유전자조작동식물, 반도체 설계, 인터넷, 캐릭터산업 등과 관련된 지적재산권을 신지식재산권이라 한다. 사실상 인간의 지적연구활동의 소산을 보호하는 지식재산권은 크게 보아 산업재산권과 저작권 둘로 분류하게 되는데 정보기술 등 첨단기술의 급속한 발달로 인해 전통적인 지식재산권. 즉 산업재산권과 저작권으로 보호가 어렵거나 상당한 논란을 유발하는 신기술이 등장하게 되면서 이러한 새로운 분야의 지식재산들을 신지식 재산권이라고 한다. 관련법으로는 컴퓨터 프로그램 보호법이 있다.

3. 지적재산권(IP)과 콘텐츠 비즈니스 모델(BM)

지적재산권(IP)를 활용하여 새로운 비즈니스 모델을 추구하는 가장 앞선 콘텐츠가 게임과 캐릭터콘텐츠다. 게임콘텐츠의 경우, 각종 온라인게임에 따른 부작용에 따라 규제가 늘고, 스마트폰의 등장과 함께 모바일 게임으로의 소비자가 전이되고, 게임의 양적팽창에 따른 소재고갈로 존립에 심각한 도전을 받고 있기에 우수한 스토리텔링을 기반으로 한 다양한 신화 및 설화, 영웅 서사시 등의 IP(Intellectual Property) 확보가 필요하다.

초창기 온라인 게임은 프로그램 용량이 작고 구조도 단순하다. 덕분에 모일 기기용으로 개조하기가 쉽고 PC보다 성능이 떨어지는 스마트폰에서도 별 무리 없이 잘 돌아간다. 대표적인 초기 온라인 게임 가운데 하나인 뮤의 전성기는 2003년이었는데 중국 시장 진출 후 인기 1위에서 해커들에 의해 사실상 파국을 맞았고, 2014년 6월 웹젠이 중국 게임사 37WAN과 손잡고 IP를 활용한 웹게임으로 재출시되면서 IP 비즈니스 모델로 반전의 계기를 만들었다. 2016년 12월 출시 첫 달 누적 매출 2천억을 돌파해 화제가 된 〈리니지2 레볼루션〉은 엔씨소프트의 온라인 게임 리니지 IP를 기반으로 넷마블이 개발한 게임이다.

또한 넥슨, 엔씨소프트, 넷마블 등 게임사들은 기존 인기 캐릭터를 재활용해 신규 게임을 출시하거나 캐릭터를 활용한 라이선스 비즈니스 즉, IP 비즈니스를 활발히 펼치고 있다. 넥슨은 블록 장난감 '레고'의 IP를 확보한 TT 게임즈와 제휴해 레고가 등장하는 모바일게임을 2016년까지 직접 개발했다.

최근 모바일 게임 레이븐, 세븐나이츠 등을 잇따라 성공시킨 넷마블게임즈는 헐크, 아이언맨 등 어벤저스 캐릭터를 주인공으로 총 36종의 영웅을 내세운 초대형 모바일 게임 프로젝트 '마블 퓨처파이트'를 선보였다.

게임업계가 게임 캐릭터나 온라인 게임의 웹게임 혹은 모바일 게임 전환을 새로운 비즈니스 모델을 앞세우는 것은 부진한 실적을 신규 게임이나 캐릭터로 극복하는 것보다 지적재산권(IP) 활용하는 것이 리스크가 작기 때문이다.

국내뿐만 아니라 해외에서도 인기 캐릭터를 활용한 IP 비즈니스가 활발히 이뤄지고 있고, 기존 IP를 재생산하고 활용하는 것이 게임콘텐츠 업계에서는 앞으로도 지속되는 비즈니스 모델로 유용하게 활용될 전망이다.

12.
1인 크리에이터, MCN을 만나다

1인 크리에이터들은
MCN(다중 채널 네트워크)를 통하여
기획이나 프로모션, 저작권 관리 등을 체계적으로 지원받고 있다.
한마디로 인터넷 스타들을 위한 기획사가 MCN인 것이다.

SM, YG, JYP 등과 같은 대형 기획사가
소속 뮤지션을 발굴해 육성하고 방송 활동을 지원하듯
MCN은 인터넷 스타들의 콘텐츠를 유통하고, 저작권을 관리해 주고,
광고를 유치하는 일을 대신해 준다.
MCN(다중 채널 네트워크)은 '콘텐츠' 창작자들의 매니저 역할을
맡아 주고 있다.

한마디로 1인 크리에이터들의 창의성을 인정하고
디지털 세상에서 영향을 미치는 '인플루언서(Influencer)'들과
파트너쉽을 맺고 브랜드화한 것이
MCN(Multi Channel Network)이다.

2 Part

1인 크리에이터, MCN을 만나다

최근 들어 콘텐츠를 기반으로 크리에이터(Creator)가 주목받고 있다. 초등학생들에게 장래 희망이 뭐냐고 물었더니 의사와 요리사에 이어 유튜버(Youtuber)가 5번째로 등장하였다. 전통적으로 강세인 교사가 운동선수에게 1위를 내주고 대중적인 미디어에 노출이 많은 가수와 프로게이머, 제과제빵사가 10위권에 안에 포함된 것을 보면 1인 콘텐츠 시대가 성큼 다가온 것을 느낄 수 있다.

개인적으로 크리에이터(Creator)를 기반으로 하는 1인 미디어가 이렇게 많은 인기를 끌고 주목을 받으리라고는 생각하지 못했는데 어느 순간에 대세가 되었다. 미국 경제매체 포브스가 유튜브 장난감 소개 채널 '라이언 토이스 리뷰(Ryan Toysreview)'를 운영하는 7살의 일본계 미국인 소년 라이언이 1년 간 2200만 달러(한화 약 224억 원)을 벌어들이고, 페이지 뷰가 260억 리뷰를 기록함과 동시에 팔로워가 1731만 명이 된다고 할 때 벌어진 입을 다물 수가 없었다. 특히 유튜브 조회 수 31억 뷰를 기록한 싸이의 '강남스타일'을 8배 넘게 7살 소년이 기록했다는 점에서 직업으로서 유튜버(Youtuber)의 인기가 초등학생들에게 1위를 차지하지 않은 것이 이상할 정도였다.

얼마 전, '공공 빅데이터 우수사례 경진대회' 시상식에 가서 시상을 할 기회가 있었다. 행정안전부 주최로 개최되는 행사에 사)한국빅데이터학회가 후원을 하게 되었고, 학회장이 바쁜 일정 때문에 참석을 하지 못해서 상임이사로 대신 시상을 하기로 했는데 그 날따라 서두른다고 했음에도 불구하고 정부종합청사 별관을 찾지 못해 헤매다 보니 시상식 시작 10분 전에 겨우 도착하게 되었다. 다행인지 심사가 늦게 끝나는 바람에 시상식이 20분 정도 늦추어질 것이라는 담당자의 말에 안도의 숨을 내쉬었다. 커피 한잔을 손에 들고 오늘 행사의 주최 측인 행안부 국장과도 인사를 하고, 내친 김에 주관사인 한국지능정보사회진흥원(NIA) 부원장과도 명함을 주고받을 정도로 여유가 있었다. 엉거주춤 자리에 앉아 커피를 한 모금 마신 후 옆자리에 앉은 부원장에게 뻘쭘하지 않으려고 인사 차 한마디 던졌는데 전혀 예상치 않는 질문이 날아왔다.

"데이터 사회가 뭔가요?" 하는 부원장의 질문을 받고 제일 먼저 들은 생각은 데이터 사회보다 이 사람이 나에게 왜, 이런 질문을 하지? 보통 "이번에 부원장으로 새로 오셨죠?" 하고 물어보면 "그렇습니다" 혹은 "잘 부탁드립니다" 라고 하는 것이 통상적인 답변인데 나의 질문에는 아무런 답도 없이 "데이터 사회가 뭐냐고?" 묻다니……. 순간 너무 황당했다. 그리고 이 난처한 상황을 어떻게 벗어날 수 있을까 고민을 하기 보다는 은근히 언짢은 기분을 감출 수가 없었다. 그래도 무슨 의도로 질문을 하는지 아직은 모르기에 내색하지 않고 나름 데이터 사회에 대하여 몇 마디 하려는데 그제야 부원장이 "데이터 사회란, 신뢰를 회복할 수 있게 하는 가장 기본적인 가치가 아닐까요?" 하면서 거들어주었다. 짧지만 둘이서 내린 결론은, 정부나 기업 나아가 개인에게 데이터를 근거로 가치 판단이 형성된다면 그 사회는 신뢰가 형성되고 궁극적으로는 데이터 경제로 가는 데 많은 도움이 될 수 있다는 것이었다. 그렇게 한숨을 돌리고 있는데 부원장 왈, "자 그럼 저하고 같이 TV에 출연해보지 않으시렵니까" 한다. 갑자기 질문을 하고 그 다음에는 TV에 출연을 하자고 하다니…….

주위를 둘러봐도 카메라는 보이지도 않는 데 무슨 TV에 출연을 하자고 하는 것일까 했는데 바로 직원을 불러서 스마트 폰으로 동영상을 찍자는 것이다. 이 상황에서, 연습까지 했는데 싫다고 할 수도 없기에 좋다고 했지만 이것이 잘 하는 것인지, 어디까지 가는지 한번 계속 해보자 라는 생각에 정면의 카메라, 아니 스마트폰을 바라보았다. 큐 싸인이 떨어지고 (시작 싸인도 감독이나 스마트폰으로 찍고 있는 직원이 하는 것도 아니고 부원장이 직접 큰소리로) 시작 멘트가 나왔다.

"안녕하십니까! 김장주TV의 김장주입니다. 오늘은 한국빅데이터학회 김세을 상임이사님을 모시고 데이터 사회란 무엇인가에 대하여 알아보도록 하겠습니다. 자, 이사님! 데이터 사회란 무엇인가요?" 그나마 사전에 리허설(?)을 한 덕에 정면의 스마트폰을 응시하면서 몇 마디 던지고, 그 다음에는 고개를 돌려서 부원장을 바라보며 질문에 답을 하면서 촬영을 마쳤지만 뭔가 허전한 기분은 떨쳐버릴 수 없었다.

그 날 저녁 강의 시작 전에 인사말로 오후에 벌어진 이야기를 하면서 진짜 1인 미디어, 크리에이터, 유튜버의 세계가 정말 성큼 다가왔음을 실감할 수 있었다.

혼자서 책을 읽거나 가족과 함께 TV를 시청하고 가끔 사랑하는 사람과 영화를 보는 일련의 행위가 3,40년 전만 해도 생활이었다. 사람이 책이나 TV 그리고 영화 라는 매체를 통하여 울고 웃고, 정보를 습득했을 뿐인데 지금은 디지털화(化)를 통하여 이전과는 사뭇 다른 변화를 가져왔다. 과거에는 사람들이 콘텐츠를 소비하면서 다양한 정보를 얻는 데 그쳤으나 현재는 정보통신 기술을 만나서 새로운 가치를 형성하게 되었다.

즉, 단순하게 책과 영화라는 '콘텐츠'를 소비하는 행위에서 벗어나 '콘텐츠'에서 가치를 발견하고 '콘텐츠'를 통해 비즈니스를 실현할 수 있게 되었다.

10여 년 전만 해도 생소한 직업이었던 프로게이머(Progamer)가 억대 연봉을 받게 되어 프로게이머(Progamer)만 전문으로 양성하는 학원이 생기고, 각종 먹방(쿡방)을 통하여 요리하는 법을 배우기도 하고, 나아가 스스로 만든 '콘텐츠'를 통해 나 이외의 새로운 사람들과 소통할 수 있는 장(場)으로 인기도 얻고 수익까지 올리니 누구에게나 선망의 대상이 될 수밖에 없는 것 같다.

흔히들 "지상파에 유재석이 있다면 인터넷방송엔 대도서관이 있다"고 한다. MCN 대표주자로 불리는 대도서관(본명 나동현, 39)은 군 제대 이후까지는 평범한 20대의 삶을 보냈으나 우연하게 채팅사이트 라디오방송을 진행하면서 기획자로서 세상을 보는 눈이 바뀌게 되었다. 처음에는 대의명분이나 고객만족을 중시하는 기획자 본연의 자세에 얽매여 사업을 해보고 싶었지만 고졸 학력이 전부인 그로서는 번번이 막혔고, 그 난관을 돌파하고자 자신의 경험을 되살려 자신을 브랜딩 하는 인터넷 방송을 시작하였다. 대도서관은 게임에 깊이 빠져 소위 '그들만의 리그'로 전락할 수 있는 콘텐츠 대신 게임에 얽힌 다양한 이야기나 에피소드 혹은 심플한 게임을 주제로 인터넷 방송을 진행함으로써 인기 크리에이터의 반열에 올라섰다. 즉, 대도서관은 게임을 접하지 않은 사람들도 편안하게 이해할 수 있도록 다양한 사람들이 쉽게 다가올 수 있는 게임을 선택했고, 본인이 가교 역할을 한다는 생각으로 색다른 이벤트나 실수 등을 여과 없이 방송을 했다.

어찌 보면 1인 방송진행자는 "개인화된 사회에서 외로움을 겪는 대중에게 함께 한다는 동질감을 느끼게 하고 기호를 충족시켜주는 역할을 할 때, 비로소 존재한다"는 기본을 지킬 때 성공할 수 있음을 보여주었다.

게임, 음악, 뷰티 등 다양한 분야에서 1인 크리에이터가 활동을 하고 있지만 성공할 확률은 희박하다. 비록 유튜브에 적용된 구글 애드센스 시스템이나 기업들의 크리에이터 광고지원 등 수익 인프라를 통해 크리에이터들의 생존기반이 일정 부문 마련되었다고는 하지만 보편적인 것은 아니다. 구글의 애드센스 시스템은 광고가 많이 노출된다고 수익이 증가하는 구조가 아니라 광고가 클릭되어야 수익이 나고, 광고 클릭수는 방문자의 관심사에 비례하기에 1인 크리에이터 누구에게나 쉽게 수익을 보장하지는 않는다. 그런 측면에서 1인 크리에이터들의 창의성을 인정하고, 디지털 세상에서 영향을 미치는 '인플루언서(Influencer)'들과 파트너쉽을 맺고 브랜드화한 것이 MCN이다. 결과적으로 1인 크리에이터들은 MCN를 통하여 프로그램의 기획이나 프로모션, 저작권 관리 등을 체계적으로 지원받고 있다.

MCN(Multi Channel Network)은 CJ ENM의 '다이아TV'가 다양한 분야의 1인 크리에이터를 지원하고자 2013년 7월, '크리에이터그룹'을 만들면서 시작되었다. 그 뒤로 모든 디지털 콘텐츠에 '다이아TV(Digital Influencer & Artist TV)'를 담아 아시아를 넘어 글로벌 Top 10을 목표로 2015년 5월 출발하였다. '다이아TV'는 1인 크리에이터들이 가진 재능을 발휘할 수 있도록 스튜디오를 지원하고, 촬영 및 편집 그리고 음원 저작권과 유통, 수익화 방안 등 1인 크리에이터들이 혼자 할 수 없는 분야들을 도와 콘텐츠를 제작한다. 특히 '다이아TV'는 포스트 한류로 1인 창작자를 지목하고, 이들이 국내뿐만 아니라 글로벌로 진출할 수 있도록 연결고리를 만들고자 한다. PD가 기획하고, 작가가 만들어내는 단순한 콘텐츠가 아니라 쌍방향, 시청자들과 소통할 수 있는 콘텐츠를 제작하는 데 목표를 두고 있다.

한마디로 인터넷 스타들을 위한 기획사가 MCN인 것이다. SM, YG, JYP 등과 같은 대형 기획사가 소속 뮤지션을 발굴해 육성하고 방송 활동을 지원하듯 MCN은 인터넷 스타들의 콘텐츠를 유통하고, 저작권을 관리해 주고, 광고를 유치하는 일을 대신해 준다. 그 대신 이들 MCN 소속 창작자(크리에이터)는 유튜브나 아프리카TV, 다이아TV, 트레져헌터, 샌드박스 같은 인터넷방송 플랫폼에 출연한다. SM, YG, JYP 등과 같은 기획사가 연예인들의 활동을 세밀히 관리하듯, MCN(다중 채널 네트워크)은 '콘텐츠' 창작자들의 매니저 역할을 맡아 주고 있다.

1인 크리에이터들의 또 다른 비즈니스 기반은 출판이다. 처음에는 개인적으로 출발한 뒤 MCN(다중 채널 네트워크)를 통하여 대중적으로 인지도를 확보하고, 그 다음에는 일련의 과정을 생생하게 표현한 책을 통하여 서점가를 점령하게 된다. 『나는 유튜브로 1년 17억을 번다』라는 카피(Copy)와 함께 출판된 책으로 일약 스타가 된 대도서관이나, 인생 역전의 아이콘이자 신나는 인생 이야기를 바탕으로 인기몰이를 하고 있는 71세 유튜버 박막례 할머니도 『박막례, 이대로 죽을 순 없다』라는 책을 출간 하여 대중들과 소통을 하고 있다. 특히 『올리버 쌤의 영어꿀팁』이나 『영알남의 영어의 진실 : 영단어』 같은 외국어 학습 유튜버들은 인기 강의 내용으로 갈무리해서 콘텐츠 비즈니스의 영역을 확장하고 있다.

13.
콘텐츠에서
플랫폼이 주목받는 이유

플랫폼(Platform)은
생산자(Producers), 소유자(Owner), 제공업자(Provider), 소비자(Consumers) 간
네트워크 효과를 최대한으로 이끌어내는 구조로 이루어져있다.
무엇보다도 다양해지는 고객의 요구와 무한 경쟁 시대에서
생존의 수단이 되면서 동시에 한번 구축되면 무너지지 않는,
'승자 독식(Winner takes all)'의 구조를 가지고 있는
매력적인 플랫폼이 과연 콘텐츠에 있어서
어떤 성공의 키워드를 제공할 수 있을까?

파이프 라인 (Pipeline) 비즈니스 모델에서
플랫폼(Platform) 비즈니스로 바뀌면서
기업의 혁신적인 가치를 창출하게 되는 원동력으로
시대(時代)를 관통하는 플랫폼의 가치는,
콘텐츠(Contents)에서도
콘텐츠 비즈니스의 장(場)으로서 존재하기 때문에 매력적이다.

2 Part

콘텐츠에서 플랫폼이 주목받는 이유

전통 시장이나 승강장 같은 오프라인으로서의 플랫폼(Platform)은 시간적이나 공간적으로 한계를 가지고 있다. 이러한 수용인원의 한계와 공간 게재의 한계를 극복한 것이 온라인상에서의 플랫폼이고, 하루가 다르게 변하는 정보통신의 기술로 인하여 오프라인이 갖는 진열의 제약이나 유통의 장애를 극복한다는 점에서 온라인 플랫폼이 강조되는데, 구체적으로 콘텐츠에서 플랫폼이 주목 받게 되는 이유는 무엇일까?

플랫폼(Platform)이 주목받는 이유

무엇보다 플랫폼(Platform)은 시대를 관통하는 기업의 핵심 경쟁력이 되기 때문이다. 최근 10년은 모바일 시대에서 데이터 테크놀로지(Data Technology) 시대로 그리고 4차 산업혁명의 꽃인 5G 시대를 맞이하여 변화하고 있는 추세이지만 그것은 파도처럼 겉으로 나타나는 트렌드이고, 바다 속은 거대한 조류에 따라 생존을 위해 움직이는 디지털 전환으로의 적응이 핵심인 것이다. 기업들은 겉으로 드러나지 않는, 끊임없이 변화하는 환경에 적응하여 경쟁력을 확보하고자 최신의 디지털 기술을 활용하여 비즈니스 모델을 변화시키고, 산업에 새로운 방향을 정립하고자 디지털 트랜스포메이션(Digital Transformation)을 추구하는 데 구체적으로 나타나는 프레임이 플랫폼(Platform)인 것이다.

구글의 에릭 슈밋 회장은 2010년 2월 모바일월드콩그레스(MWC)에서 "새 시대, 새로운 규칙은 모바일 퍼스트(모바일 우선)"라고 외친 이후 금융, 미디어, 자동차 등 전 산업 분야에서 모바일이 비즈니스의 중심이 되는 시대가 열렸고, 그로부터 4년 10개월 만에 이제는 PC 없이 앞으로는 모바일로만 생활을 하고, 모바일에서만 비즈니스가 만들어지는 시대가 온다고 했다. 이러한 모바일 Only 시대에 기업 경쟁력은, 제품의 제조에서 판매를 거쳐 소비자에 이르는 파이프라인(Pipeline) 비즈니스 모델에서 플랫폼(Platform) 비즈니스로 바뀌면서 혁신적인 가치를 창출하게 된다. 즉, 전통적인 파이프라인 비즈니스 모델은 제품의 제조에서 판매를 거쳐 소비자에게 이르는 단계를 거치면서 가치를 창출하는 선형적(Linear Value Chain) 구조를 보이는 반면 플랫폼(Platform) 비즈니스 모델에서는 생산자와 소비자, 소유자와 제공자 간의 복잡한 관계를 통하여 가치를 창출하는 구조를 보인다. 예를 들자면 파이프라인 비즈니스 모델에서의 모든 자원은 통제(Control)로 이루어지지만 플랫폼 비즈니스 모델에서는 다양한 자원을 조율(Orchestration)하고, 내부 자원의 최적화(Internal Optimization) 보다는 외부와의 상호 작용을 통한 네트워크(Network) 효과를 중요시하게 되며, 고객의 가치 중심에서 생태계 가치(Ecosystem Value)로 확장시키는 특징을 보이게 된다.

2015년 GE 제프리 이멜트 회장은 앞으로 GE의 비전을 '2020년 전 세계 10대 SW 기업으로의 등극'을 천명하며 "어제는 제조 기업이었으나, 앞으로 GE의 미래를 데이터 분석에 달려있다"고 강조한 바 있다. 수력 및 풍력 발전소에 들어가는 터빈, 항공기 엔진, 철도운송 수단에 들어가는 파워 제너레이터 등을 제조, 생산하는 GE가 '데이터 수집과 분석'이 그들의 미래이며, 2020년 디지털 트랜스포메이션(Digital Transformation)을 통해 10대 SW기업으로 진입하겠다는 목표 역시 발상의 전환으로 볼 수 있다. 비록 GE가 끝없는 도전으로 자기 혁신의 아이콘으로 자리 잡았음에도 불구하고, 다우지수에 첫 안착한 1907년 이후 111년 만인 2018년 6월 26일 다우지수에 퇴출되었다. 그렇지만 GE의 프레딕스(Predix) 플랫폼은 자사의 500개 공장에 2년 동안 시범적으로 적용하면서 약 6조 원의 비용절감 효과를 얻었다. 게다가 P&G와 볼보에서는 GE의 프레딕스 플랫폼을 활용한 '생각하는 공장(Brilliant Factory)'을 각 사의 제조 현장에 도입해서 연간 20% 이상의 비용 효율을 달성했다는 점에서 GE의 변신은 중요한 교훈이 되고 있다.

파이프라인 비즈니스에서는 고객의 생애가치(Lifetime Value)를 높이기 위한 수단이 제한적인 반면 플랫폼 비즈니스에서는 제조사들의 '제품 플랫폼'을 확보할 수 있게 되어 고객의 생애가치를 높이는 다양한 수단과 경로를 마련 할 수 있게 된다. 다시 말해서 파이프라인 비즈니스에서는 고객의 생애가치에 영향을 주는 고객획득비용의 대부분이 마케팅 및 영업비용인데, 이 비용은 제품을 한 단위 생산해내는데 투입되는 한계비용에 영향을 끼치는 반면, 플랫폼 비즈니스에서는 이 비용이 네트워크 효과가 늘어남으로써 생태계의 가치를 점점 더 체감하게 만든다. 특히 주목해야할 점은 GE가 파이프라인 비즈니스에서 플랫폼 비즈니스로 전환할 수 있는 극적인 계기를 마련해 준 것이 사물인터넷(IoT), 빅데이터(Big Data), 클라우드(Cloud) 기술이었다는 점이다.

『플랫폼 혁명』의 저자인 상지트 폴 초우더리(Sangeet Paul Choudary)

는 4차 산업혁명은 파이프라인(가스 수송관처럼 선형적 공급망) 형태의 비즈니스가 대부분이었던 1,2,3차 혁명과는 완전히 다르기에 4차 산업혁명을 이끌 주인공은 플랫폼을 구축하거나 활용하는 기업이 될 것 이라고 강조한 이유도 플랫폼이 기업의 핵심 경쟁력이 되기 때문이다. 노키아(NOKIA)는 세계 최대 휴대전화 제조업체였지만 전형적인 파이프라인 형태의 비즈니스모델을 구사했고, 애플(Apple)은 개발자들을 참가시키는 '앱스토어'라는 생태계를 구축해서 플랫폼 비즈니스 모델을 만들었기에 결과적으로 노키아는 망했고 애플은 뉴욕 증시 최초로 2억달러의 시가총액을 달성하는 등 승승장구할 수 있었다.

2016년 알리바바 그룹의 개발자대회인 윈치대회에서 마윈 회장은 "이제 정보기술(IT) 시대는 저물고, 데이터 테크놀로지(DT) 시대가 올 것"이라고 말했을 때 데이터는, 21세기 원유로서 기업 경쟁력을 좌우하는 요소이며 전통 굴뚝 기업과 디지털 기업을 가르는 기준으로 작용하게 된다고 보았다. 다만 기업 경쟁력을 좌우하는 데이터 테크놀로지(DT) 시대에도 분명 한 것은 양질의 비즈니스 데이터는 플랫폼(Platform)을 통해서 만들어진다는 것이다.

넷플릭스(Netflix)가 1997년 설립 이래 지속적으로 경쟁자들을 따돌리고 성공할 수 있었던 이면에는 고객 데이터를 기반으로 취향에 맞는 영화를 추천하는 '시네매치(cinematch)' 알고리즘이 가입자들을 끌어 모아서 경쟁에서 우위를 점할 수 있었기 때문이다.

5세대 이동통신(5G)이 2019년 4월 3일 세계최초로 본격적인 서비스를 시작하였다. 이론상으로 기존 4세대 이동통신인 LTE보다 20배 이상 빠른 속도를 구현, 인간의 삶과 경험에 새로운 변화를 초래하게 된다.

초고속을 바탕으로 한 초(超)연결을 통해 수만 대의 차량의 경로를 조정해서 교통체증을 예방하고, 자율주행의 환경을 제공하며 동시에 전 세계에 흩어져있는 공장을 실시간으로 제어 및 운영하는 데 도움이 되는 5G 시대의 출현은, 궁극적으로 지구촌을 더욱 더 좁은 세상으로 만들어 더 빠르고, 더 가깝게 만들어 줄 것이다. 특히 현실과 구별하기 어려울 만큼 정교한 극현실 콘텐츠를 클라우드 기반에서 소비자들이 더 쉽고 빠르게 즐길 수 있도록 제공함으로써 콘텐츠 시장의 새로운 성장을 기대할 수 있게 되었다.

이러한 초고속, 초저지연, 초연결이라는 기술적 패러다임이 가져올 경험의 세계는 플랫폼(Platform)을 기반으로 다양한 변화가 예측되는 데 그 동안 통신 속도가 따라가지 못해 성장의 한계를 가져온 콘텐츠 시장에도 활력을 불어넣을 수 있는 계기가 될 것이다. 초 당 1기가비트(Gbps)의 속도가 제공되는 5G시대가 정착하면 200GB 3D VR콘텐츠를 불과 26분 40초에 내려 받을 수 있고 스트리밍 서비스도 가능하게 된다. 그렇게 되면 가장 주목받게 되는 콘텐츠 플랫폼은 누가 될까?

현재로서는 넷플릭스(Netflix)가 5G 시대의 후광을 제일 많이 받을 수 있을 것으로 보인다.

넷플릭스(Netflix)는 '블록버스터'의 몰락과 함께 등장하였다. 2013년 영업장 폐쇄를 결정한 블록버스터(Blockbuster) 10여 년 전만 해도 대단한 위세였다. 미국의 주요 도시마다 길목 좋은 곳에는 구멍가게 수준의 국내 비디오 대여점과는 전혀 다른, 말 그대로 블록버스터급 비디오

렙터숍이 미국 전역에 9000개 있었고, 회원수도 4500만 명에 50억 달러의 기업 가치를 보유했다. 2000년대 초반 인터넷을 기반으로 한 디지털 콘텐츠 구매 서비스가 일반화되면서 블록버스터의 영업이익은 급감하였고 결국 2010년 기업회생절차에 들어감으로써 시대의 흐름과 혁신에서 뒤처져 몰락의 길을 걸었던 코닥이나 노키아처럼 사라지고 말았다. 반면 1997년부터 영업을 시작한 넷플릭스(Netflix)는 월정액 회원이 온라인으로 보고 싶은 영상을 클릭하면 DVD를 우편으로 보내주는 방식으로 미국의 소비자를 단숨에 사로잡았다. 창업 10년 만인 2007년 DVD렌탈 사업을 서서히 뒤로 물리고 서버에서 콘텐츠를 직접 전송하는 인터넷 스트리밍 서비스 등에 사업 역량을 집중하면서 전 세계 190여 개국 9300만 명의 가입자를 보유한 세계 최대 온라인 동영상 스트리밍 업체가 되었다. 특히 특정 기술이나 플랫폼은 계속 변화하지만 콘텐츠(Story)를 통한 위대한 경험은 변하지 않는다고 보고, 자체 오리지널 콘텐츠 제작에 매진한 결과 2012년 『하우스 오브 카드』가 크게 히트하면서 뉴미디어의 전형을 만들어내었다.

넷플릭스(Netflix) 콘텐츠의 제일 큰 특징은 페이스북이나 유튜브와 다르게 프로페셔널 콘텐츠를 제공한다는 점이다. 생산자(Producers), 소유자(Owner), 제공업자 (Provider), 소비자(Consumers)에게 장(場)을 제공해주고, 네트워크 효과를 통해 규모의 경제를 확보하면서 동시에 추구하는 가치와 수익가치를 분리하는 전형적 플랫폼 구조를 지닌 유튜브(Youtube)와 다르게 넷플릭스는 플랫폼 운영자이면서 동시에 공급자이기에 콘텐츠 역시 UGC(User Generated Contents)이기보다는 프리미엄 스타일을 지니게 된다.

두 번째 특징은 넷플릭스 콘텐츠는 개인화(Personalization)에 바탕을 둔다는 점이다. 대량맞춤(Mass Customization) 시대에 있어서 콘텐츠 제작은 향유자들의 습관이나 취향에 기초하는, 즉 모든 콘텐츠를 동일하게 보기보다 콘텐츠를 정교하게 분류하여 개인 맞춤형 추천을 통해 보고 싶은 것에 집중해서 만들게 된다. 카드회사나 백화점에서 개별 고객의 고객가치를 분석하고 판단하거나 개인 사용자의 과거 검색기록을 분석해서 새로운 검색결과의 순위를 결정하는 것 등이 대표적인 개인화에 바탕을 둔 것이다.

세 번째 특징은 소비자가 넷플릭스의 콘텐츠를 몰아보기할 수 있다는 것이다. 예를 들어 콘텐츠 제작 시 시즌 당 13부작 정도를 사전에 제작함으로써 TV 드라마 제작에 새로운 방향을 제시함은 물론『하우스 오브 카드』의 경우, 시즌 1에서 5까지 각 13부작 시리즈를 (시즌6는 8부작) 시청자가 언제든 원하는 시간에 나누어볼 수 도 있고, 동시에 볼 수도 있게 하였다.

마지막으로 넷플릭스 콘텐츠는 동시 론칭 방식을 구사하고 있다. 보통 영화의 경우, 영화관에서 6개월 상영하다 다른 채널로 옮겨오는데 넷플릭스 콘텐츠는 모든 배급시스템을 동원해서 동시에 개방하는 디 커플(De-Couple) 방식을 취하고 있다. 이는 영화를 극장에 가서 집중해서 보고 싶은 사람은 영화관에 가서 보고, 집에서 보고 싶은 사람은 집에 보게 할 수 있어야 한다는 넷플릭스 콘텐츠만의 차별화 전략이기도 하다. 570억 원을 투자해서 봉준호 감독이 제작한 영화 『옥자 Okja, 2017』의 경우도, 영화를 제작한 뒤 극장에서 1,2주를 상영하고 바로 넷플릭스 동영상 서비스로 『옥자』를 유도한 이면에는 극장에서 만원으로 영화 1편을 보기보다는 월 9500원으로 넷플릭스에 가입하여 영화 『옥자』를 포함한 수천편의 해외 영화와 드라마를 동시에 볼 수 있게 만드는 가격 비교 효과를 겨냥한 것이다.

콘텐츠 소비자(향유자) 입장에서 보면 5G 시대의 개막은 분명 새로운 경험을 제공하는 신 패러다임의 기술로서 플랫폼을 기반으로 하는 스트리밍 서비스가 활성화될 것이고, 동시에 통신사와 콘텐츠 사업자가 제휴를 맺고 특정 서비스 사용 시 데이터 사용료를 할인해주거나 면제해주는 '제로레이팅(Zero-Rating)'서비스 역시 주목받게 될 것이다.

미국의 AT&T는 자체 IPTV 서비스인 U-버스TV와 계열사 위성방송인 디렉TV에 적용을 하고, 버라이즌도 프리비 데이터 360을 선보였으며 독일의 T-모바일은 구글 유튜브와 넷플릭스, 아마존비디오, HDB, 다이렉TV 등 100여개 CP와 협력하는 '제로레이팅(Zero-Rating)' 서비스를 출시했고, 일본의 소프트뱅크도 유튜브, 훌루, 라인 등의 데이터를 무료로 제공하고 있다.

국내에서도 SK텔레콤은 지상파 3사와 협력하여 온라인동영상서비스(OTT) '웨이브(WAVVE)'에, KT와 LG유플러스는 모바일 게임이나 증강현실(AR) 서비스에 데이터를 무료로 제공하며 게임, 내비게이션, 음악스트리밍 등에서 제로레이팅 서비스를 확대해 나가고 있다.

최근 넷플릭스 K드라마 '오징어 게임'이 전 세계 83개 국 모두에서 1위를 차지함으로써 역대 넷플릭스 흥행작 1위인 '브리저튼 Bridgerton 2020'의 기록도 깰 기세로 흥행가도를 달리고 있다. 456억 원의 상금이 걸린 의문의 서바이벌에 참가한 사람들이 최후의 승자가 되기 위해 목숨을 걸고 극한의 게임에 도전하는 이야기를 담은 '오징어 게임'은 어떻게 전세계적으로 열풍을 일으키게 되었을까?

서양의 생존게임(데스게임)이라는 보편적 장르에 달고나, 줄다리기와 같은 한국적 색채를 가미함으로써 기괴하면서도 신기한 이미지를 구축, 성공할 수 있었고 나아가 코로나 19 이후 주식, 부동산, 코인 등 자산가격의 급격한 상승에서 오는 양극화와 빚에 몰려 어쩔 수 없이 생존게임에 참가하게 되는 불평등 현상이 극의 몰입도를 높여주었다. 특히 주제와는 다르게 눈길을 사로잡는 형형색색 의상과 한국적 게임 요소는 소셜미디어 내에서 패러디로 이어져 하나의 문화현상(Cultural Phenomena)이 되어가고 있다.

드라마는 영화나 음악보다 대중적인 장르이기에 작품의 가치나 배우의 호감도 외에도 정서적으로 공감이 되어야 성공할 수 있는데 이번 K드라마 '오징어 게임'은 그동안 "겨울연가"나 '별에서 온 그대'에서 보여주었던 로맨스 장르와는 색다른 '가학성'을 다루었으면서도 해외 시청자를 사로잡았다.

넷플릭스 '오징어게임'의 성공은 플랫폼(Platform)의 중요성을 다시 한 번 더 강조하게 되었고, 나아가 디지털 격차(Digital Divide)을 줄여주었다. 많은 7080 세대들은 '오징어게임'이 넷플릭스 플랫폼을 통해서만 볼 수밖에 없는 현실에 당황하게 되었다. 천만 영화는 봤는데 넷플릭스 때문에 전 세계 1억4천만 명이 시청했다는 '오징어게임'을 볼 수 없게 된 실버세대들의 고민인 '넷플릭스 디바이드(Netflix Divide)'를 줄여줌으로써 결과적으로는 디지털 격차를 해소하는 역할을 해주었다. 어떻게 보는지 몰랐던 실버 세대 뿐만 아니라 그동안 넷플릭스 플랫폼 가입을 주저하던 장년층을 IPTV에서 넷플릭스로 끌어 들였고, 스마트폰으로 시청할 수 있게 만들었다. 특히 콘텐츠(Contents)를 통해 시대적 혹은 문화적으로 통용되는 개념을 이해하고, 변화하는 사회에서의 적응 및 대처하는 능력인 콘텐츠 리터러시(Contents Literacy)를 끌어올리는 데 큰 역할을 하였다. 저자(著者)는 세계를 휩쓴 K드라마-오징어 게임이 넷플릭스 플랫폼으로 날개를 달고 비상하게 된 점에 대하여 미리 예견하여 콘텐츠, 플랫폼(Platform)으로 날다 라고 표현함으로써 닭이 먼저냐 달걀이 먼저냐 하는 콘텐츠와 플랫폼의 상관관계를 명확하게 규명할 수 있었다.

글로벌 온라인 동영상 서비스(OTT) 넷플릭스를 통해 K콘텐츠의 무한한 가능성이 입증되면서 디즈니, 애플과 같은 세계적인 콘텐츠 플랫폼 기업들의 질좋은 콘텐츠 확보 경쟁은 더 치열해지게 되었다. 특히 2021년 11월12일부터 국내 서비스를 시작하는 디즈니 플러스의 경우, 자체적으로 축적한 지식재산권(IP) 기반 콘텐츠와 함께 한국에서 제작한 독점적인 콘텐츠를 통해 국내는 물론 해외 시장에 K콘텐츠 확산 의지를 내비치고 있으며, 11월4일 국내에 선보이는 '애플TV플러스' 역시 윤여정,

이민호 등이 출연하는 '파친코'도 제작하여 K콘텐츠를 잡기위한 글로벌 동영상 플랫폼(OTT)의 경쟁이 뜨거워지고 있다. 반면 '오징어 게임' 성공으로 인한 제작사에 대한 보상이 전무하다는 점에서 향후 국내 제작사에 대한 성공에 대한 보상 환경이 시급하게 마련되어야 하는 과제를 갖게 되었다.

콘텐츠에서 플랫폼(Platform)이 주목받는 이유

이처럼 플랫폼(Platform)은 생산자(Producers), 소유자(Owner), 제공업자 (Provider), 소비자(Consumers)간 네트워크 효과를 최대한으로 이끌어내는 구조를 바탕으로 이루어져 있다. 무엇보다도 다양해지는 고객의 요구와 무한 경쟁 시대에서 생존의 수단이 되면서 동시에 한번 구축되면 무너지지 않는, 승자 독식(Winner takes all)의 구조를 가지고 있는 매력적인 플랫폼이 과연 콘텐츠에 있어서 어떤 성공의 키워드(Keyword)를 제공할 수 있을까?

파이프라인(Pipeline) 비즈니스에서 플랫폼(Platform) 비즈니스로 바뀌면서 기업의 혁신적인 가치를 창출하게 되는 원동력으로 시대(時代)를 관통하는 플랫폼의 가치는, 콘텐츠(Contents)에서도 콘텐츠 비즈니스의 장(場)으로서 존재하기 때문에 매력적이다.

디지털 기술의 발전은 소비자에게 더 많은 선택권을 주고, 틈새 제품이나 틈새시장의 활성화를 유도하여 소수의 핵심 고객이 아닌 사소한 다수의 고객에게서 매출의 80%를 얻게 되는 데, 이는 검색 엔진과 소셜 네트워크의 영향으로 소외된 상품이 소비가 촉진된다는 '롱테일 법칙'이 존재하기 때문에 가능한 일이 되었다. 전통적으로 80대20 법칙으로 알려진 '파레토의 법칙'이 통했던 시장 경제가 스마트기기와 소셜네크워크(SNS) 등이 대중화 되면서 '롱테일 법칙'으로 전환되어 20% 소수가 80% 가치를 창출하던 과거와는 다르게 사소한 80%의 다수가 20%의 핵심 소수보다 뛰어난 가치를 창출하는 시대가 도래하게 되었는데 이는 콘텐츠에서도 매력적인 플랫폼이 존재했기에 가능하게 되었다.

미국 인터넷 비즈니스 잡지 와이어드(Wired) 편집장인 크리스 앤더슨(Chris Anderson)은 자신이 집필한 『롱테일 경제학(The Long Tail)』이란 책에서 사소한 다수 80%가 핵심적인 소수 20%보다 더 큰 가치를 창출한다고 강조함으로써 수익이 선택과 집중이란 전략을 통해서가 아니라 다양성을 통해서도 창출될 수 있다는 역발상에 두고 '롱테일 법칙(Longtail Theory)'을 발표하였다. 20%의 상품이 총매출의 80%를 창출하고, 20%의 충성스러운 고객들이 총매출의 80%를 차지한다는 전통적인 파레토 법칙과 반대되는 이론으로 콘텐츠 비즈니스에서 플랫폼의 역할이 상대적으로 중요한 시대가 도래했음을 제시하였다. 결과적으로 아마존 매출의 25%, 넷플릭스 매출의 21%를 차지하는 틈새 상품은 실물 시장보다는 콘텐츠 시장에서 파급력이 더 크고, 롱테일 법칙을 통한 플랫폼이 존재하면서 이루어진다.

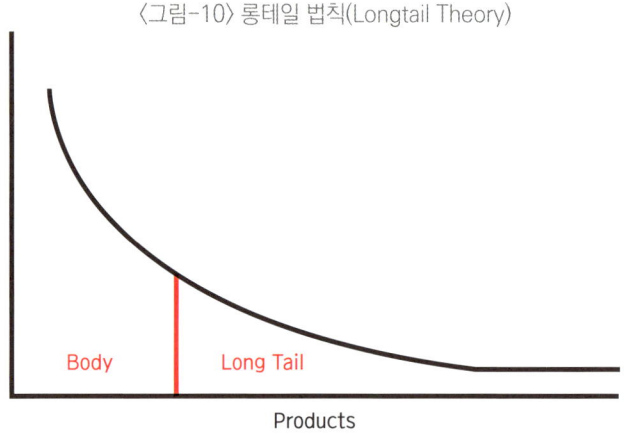

〈그림-10〉 롱테일 법칙(Longtail Theory)

　롱테일 법칙(Longtail Theory)은 틈새 시장을 정확하게 파악함으로써 어느 기업도 개척하지 않은 시장을 공략해야만 고객으로부터 막대한 가치를 창출할 수 있다는 가능성을 제시했을 뿐만 아니라 고객의 다양성과 함께 충성도(Loyality) 높은 고객을 확보하는 데 적용된다. 즉, 롱테일 법칙 하에서는 소수의 제품이 시장을 장악하는 현상이 어려워진다. 마치 애플의 아이폰이 스마트폰 시장을 지배할 것이라는 초기 예상과는 달리 많은 기업들이 각각 안드로이드폰을 개발하면서 스마트폰 시장이 훨씬 다양해진 것 처럼 충성도가 높은 몇몇 고객을 잘 확보해 놓으면 제품의 수명이 더 늘어나고 기업의 꼬리가 길어질 수 있게 된다. 아울러 환경이 급변하는 시대에서 어느 기업이 히트 상품 하나로 시장을 점령하는 것은 위험하다. 꼬리가 길어지면 이 같은 히트 상품의 수요가 위축되어도 다른 제품으로 수요가 분포될 수 있다는 점에서 기업은 의미 없는 소수 고객까지 챙겨 꾸준한 매출을 창출하는 능력을 키워야 한다는 점에서 롱테일 법칙은 의미가 있다.

크리스 앤더슨(Chris Anderson)은 인터넷 세상의 무한한 가능성을 제시하는 롱테일 이론 이외에도 '프리코노믹스'라는 개념을 제시하면서 또다시 세간의 주목을 받았다. '프리코노믹스(Freeconomics 공짜경제학)'는 가격이 싸지다 못해서 공짜로 나눠 주고 다른데서 이득을 취하는 경제 활동들을 총칭하는 용어인데 4가지 유형으로 구별된다. 특정 제품을 저가 또는 공짜에 주고, 그 대신 관련 제품이나 서비스의 신규 소비를 유도해 수익을 창출하는 사업 재정의형 방식과 상품을 사용자에게 주는 대신 다른 후원자로부터 수익을 창출하는 후원자형 방식, 그리고 전략적 목표(시장 지배적 기업의 고객 기반 붕괴, 다른 거대 시장의 가치를 탈취)를 달성하기 위해 애초부터 손실을 감수하고 공짜 사업을 진행하는 가치이전형 방식, 끝으로 앨빈 토플러가 말했던 프로슈머(Prosumer : Producer + Consumer) 같이 개인들의 자발적인 선물, 공유, 협업 활동을 기업이 지원, 모방, 활용하는 CSR이나 CSV 방식이 있는데, 한마디로 기업 활동에 관계된 공짜 제품이나 서비스는 모두 이와 관계있다고 볼 수 있다.

콘텐츠 기업에 있어서도 '프리코노믹스'는 '커브(Curve)전략'을 통해서 이루어지고 있다. 돈을 낼 용의가 없는 다수에게는 공짜로 물건을 뿌리고, 돈을 낼 용의가 있는 소수에게는 매우 높은 가격을 받음으로써 기업의 수익이 보장된다는 '커브전략'은 소비자들의 지불 의사에 따라 각각 다른 가격을 책정하는 것이며 공짜는 수익을 해치는 게 아니라 공급자들의 수익을 늘려준다는 측면에서 실행되는 데 문제는, 돈을 낼 용의가 있는 끈적끈적한 열성팬들을 어떻게 창조해낼 것인가? 하는 것이 중요하다.

콘텐츠 제공자는 가급적이면 자기의 창작물을 제값 받고 팔길 원할 것이다. 그렇지만 IT 기술의 발달로 제품을 한 개 더 생산할 때 추가로 들어가는 비용이 거의 제로에 가깝게 된다. 그런 이유로 콘텐츠 시장에서도 공짜 트렌드를 무시할 수 없게 되는 데, 음반 시장에서 먼저 '커브전략'은 진행되었다. 과거에는 제품에 단일한 가격만 매겼다. 아무리 열렬한 팬이라도 자기가 좋아하는 뮤지션의 음반(CD)은 1만 원만 주면 살 수 있었다. 뮤지션 입장에선 더 많은 돈을 낼 고객을 놓친 것이다. 그러나 '커브(Curve)전략'을 활용한다면 고객들에게 다른 가격을 매길 수 있다. 만약 우리가 거의 공짜로 음악을 뿌린다고 가정해보자. 그러면 과거엔 불법복제로 음악을 듣던 사람들도 이제 합법적으로 음악을 다운로드해 간다. 이를 통해 음반 기획사는 이들에 대한 정보를 얻는 식으로 네트워크를 확장할 수 있다. 그리고 고객은 음악을 계속 들으면서 충성도가 점점 높아지게 되니 결과적으로 음반 제작비용은, 당신의 고객 중 돈을 쓸 준비가 돼 있는 고객들에게 받으면 된다. 이전 가격보다 10배, 20배 되는 가격을 청구해도 기꺼이 지갑을 열 만한 고객들에게 공짜 서비스를 제공해서 발생하는 적자를 해결할 수 있게 된다.

〈그림-11〉 새로운 수익을 만들어내는 커브(Curve)전략

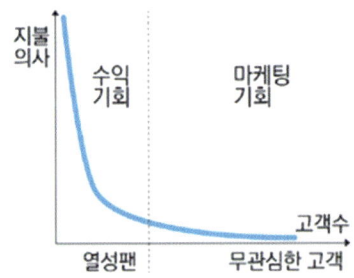

팝스타 레이디 가가(Lady GaGa)는 내놓는 곡마다 대박을 치지만 그녀의 수입 중 음반 판매 비중은 24% 정도에 불과하다. 사람들이 유튜브나 SNS를 통해 그녀의 음악을 공짜로 즐기기 때문이다. 하지만 레이디 가

가는 이를 문제 삼지 않는다. 오히려 좋아한다. 그래야만 더 큰 돈을 벌 수 있다는 것을 잘 알기 때문이다. 실제로 레이디 가가는 자신의 음악을 무료로 전파하고 이를 통해 열혈 팬을 만들어낸다. 6300만 명에 이르는 페이스북 팬 중 상당수는 그녀의 음악을 무료로 듣는 과정을 거쳐 열혈 팬으로 진화한다. 그래서 회원 100만 명의 열혈팬클럽 사이트 '리틀 몬스터 닷컴'으로 옮겨간다. '리틀 몬스터 닷컴' 회원들은 레이디 가가의 비싼 콘서트 티켓이나 기념품을 아낌없이 구매함으로써 레이디 가가는 자신의 공연을 비싸게 팔 수 있기에 연간 1억 달러에 달하는 그녀의 수입 중 70%가 순회공연과 특별 상품 판매에서 나오게 만들고 있다.

예술성을 갖춘 블록버스터 급 영화를 '아트 버스터(Art Buster)'라고 하는데 2014년에 개봉한 존 카니 감독의 『비긴 어게인 Begin Again, 2013』은 국내에서 340만 명을 동원, 성공한 음악 영화로 자리 잡았다. 영화 『비긴 어게인』은 남자 친구이자 음악적 파트너에게 실연을 당한 싱어송라이터인 그레타가 한물간 음반 프로듀서인 댄을 우연히 만나서 거리 밴드를 결성, 음반을 만드는 과정을 아름다운 음악과 함께 담담하게 그리고 있다. 영화의 제목이 암시 하듯이 그레타의 새 출발과 댄의 재기 그리고 댄 가족의 재결합이 영화의 주요 내용이지만 이 영화에서는 일종의 "커브전략"의 사례를 보여 주고 있다. 즉, 그레타는 음반사의 몫이 음반 가격 10달러의 90%라는 사실을 알고는 유명 음반사를 통한 음반 판매를 포기하고, 온라인에서 단돈 1달러에 음반을 파는 길을 선택한다. 기존 미디어 산업의 틀에서 벗어나 길거리에서 직접 음반을 만들고, 온라인에서 파격적인 가격으로 음반을 팔고 소셜미디어를 통해 홍보를 하는 새로운 방식을 시작한 것이다.

　온라인 및 모바일 플랫폼을 통한 VOD(주문형 비디오) 콘텐츠 시장도 '롱테일 (Long tail) 법칙'이 통하는 '롱테일 콘텐츠(Long tail Contents)'가 활성화되었다. 주문형 비디오(VOD) 서비스 업체인 곰TV에 따르면 2014년 한 해 동안 서비스한 영화 VOD 중 상위 10개(관상, 광해, 왕이 된 남자, 은밀하게 위대하게, 감시자들, 더 테러라이브 등) 작품의 매출 비중은 17%에 불과했다.

반면 순위에 오르지 못한 작품들의 매출 비중은 83%에 달했다. 히트작과 대작 위주의 매출 구조를 벗어나 VOD 시장에서도 다양한 콘텐츠들이 제 각 각 살아남는 '상생과 공존'의 생태계가 형성되고, 소수의 틈새 인기 상품들이 저마다 시장 점유율을 높여가는 현상을 알 수 있다.

영국 게임회사 '킹(King)'은 2003년 이미 레드오션이 된 게임시장에 뛰어들어 웹 기반 캐주얼 게임 개발 및 유통회사로 출발했다. 다른 사람들이 한 가지 아이템을 정해 매진하기만 할 때 리카르도 자코니, 킹(King) 창업자 겸 CEO는 시장(市場)을 봤다. 일반적으로 게임은 개발도 중요하지만 유통채널을 잘 확보하는 게 성공의 핵심임을 일찌감치 간파하여, 한 가지 유통채널에 대한 집착보다는 변화하는 유통채널에 맞춰 게임회사 킹(King)을 변화시켰다.

『캔디크러시 사가 Candy Crush SAGA』는 처음엔 웹 기반 게임으로 개발됐다. 하지만 웹게임 방식으로는 많은 사람을 끌어들이는 데 한계가 있었다. 완전히 새로운 게임을 개발할 수도 있었지만 킹(King)은 연구개발을 통해 다른 플랫폼으로 이동하는 전략을 썼다. 2009년, 페이스북 영향력이 커질 것으로 판단하고, 곧바로 페이스북용 게임 개발에 착수한 뒤 2011년 첫 번째 페이스북용 게임을 론칭했고, 이때 노하우를 활용해 폭발하는 모바일 시장을 겨냥해 최적화된 스마트폰용 게임을 개발하였다. 게임시장의 레드오션 속에서도 유연하게 처음엔 웹 ⇨ 다음은 페이스북 ⇨ 그 다음은 모바일로 유통 채널, 즉 플랫폼을 바꾸어서 스스로를 변화시키는 트랜스포머(Transformer) 전략을 통해 킹(King)은 『캔디크러시 사가 Candy Crush SAGA』라는 게임으로 세계적 히트를 쳤고, 2014년 기업공개(IPO)에선 단숨에 5억 달러를 공모함으로써 기업가치가 70억 달러 넘게 만들었다.

결과적으로 게임회사 킹(King)의 핵심 경쟁력은, 새롭게 탄생하는, 끊임없이 변화하는 트랜스포머 전략을 활용하되 주력상품을 바꾸는 것이 아니라 트렌드에 맞게 플랫폼(Platform)을 넘나들며 적응하는 능력을 갖추었다는 점에서 플랫폼의 매력이자 콘텐츠 비즈니스의 장(場)으로서 플랫폼을 주목받게 만들었다.

[블록버스터(Blockbuster) 전략]

'블록버스터'란 단어는 원래 2차 세계대전 중에 쓰이던 폭탄의 이름이다.

2차대전 때 영국 공군은 4,5톤짜리 폭탄을 독일 폭격에 썼는데, 이 폭탄은 한 구역을 (block) 송두리째 날려버릴(bust) 위력을 지녔다 해서 이 폭탄의 이름을 블록버스터라고 명명하였다. 이 단어가 영화계로 흘러 들어오면서 뜻이 모호해졌다. 흥행에서 단기간에 대 성공을 한 영화 혹은 단기간에 큰 흥행을 올리기 위해 엄청나게 돈을 들여 만든 대작이란 의미로 사용하게 되었다. 블록버스터의 원조로는 일반적으로 스필버그의 〈죠스〉인데 한국형 블록버스터는 99년에 개봉한 영화 〈쉬리〉로 제작비 24억이었다.

이러한 블록버스터라는 용어가 가지는 의미와 다르게 블록버스터 전략은, 제품이나 콘텐츠 생산자들이 자원과 예산 중 상당수를 포트폴리오 상 몇 개의 소규모 그룹에 집중적으로 투자하는 것이다. 미국의 워너브러더스 같은 영화사는 매년 20개 정도 영화를 내놓지만 그 중 텐트기둥(사업 근간과 기둥이 되는 것) 몇 개 만을 골라 집중적으로 투자한다. 단순하게 '제품이나 콘텐츠 수를 적게 하는 것'으로 블록버스터 전략을 이해하기 보다는 20개든, 30개든 자기 역량에 맞춰 제품이나 콘텐츠를 양산하되 포트폴리오상에서 상위 그룹에 위치할 몇 개를 골라내라는 것이 핵심이고, 그 몇 개에 집중적으로 투자하는 것이다. 워너브러더스가 3~5개 정도 영화에 집중 투자하긴 하지만 나머지 15~17개 영화도 분명히 존재하는 데 그 이유는 블록버스터 법칙에 의거해 상위그룹엔 아낌없이 투자하고, 나머지 콘텐츠에는 작게 베팅하면서 차기 블록버스터를 만드는 준비 작업으로 활용할 수도 있고, 새로운 아이디어를 실험할 수 있는 시험대로 활용하기 때문이다.

※ 롱테일 법칙과 블록버스터 전략

디지털 기술 발전은 콘텐츠나 제품 소비자에게 더 많은 선택권을 줬고, 더 쉽게 이를 즐길 수 있게 했지만, 이것이 틈새 제품이나 콘텐츠 활성화보다 오히려 인기 '블록버스터'에 대한 소비를 늘리는 결과를 낳고 있다. 애니타 엘버스 하버드대 경영대학원 교수가 주장하는 블록버스터 전략은 학계와 업계에서도 상당한 논란 대상이 되고 있다. 일각에서는 콘텐츠와 제품 유통경로가 다양해지면서 블록버스터 전략이 더 이상 통하지 않을 것이라는 주장을 내놓는다. 이에 대해 애니타 엘버스 교수는 "롱테일 법칙에 따르면 틈새시장 제품으로 소비자들이 옮겨감으로써 블록버스터 전략은 힘을 잃게 될 것이지만 실제 나타난 결과는 그렇지 않다"면서 디지털 음반 다운로드 현황을 예로 들었다. 2011년 기준, 디지털로 1개라도 판매된 음악은 총 800만 곡이였고, 이들을 다운로드한 횟수는 12억 7100만 건에 달했지만, 800만 개 곡 중 상위 1500개 곡이 다운로드 횟수에서 차지하는 비중은 무려 40%로 소비 트렌드를 보면 상위에 랭크된 몇몇 히트 제품에 대한 주목도는 더 커지고 있다는 사실이다. 결과적으로 될 만한 제품에 집중 배팅하는 '블록버스터 전략'이 디지털 시대에도 기업에 여전히 유효할 것으로 볼 수 있다.

14.
콘텐츠 플랫폼(Contents Platform)

플랫폼(Platform)은
콘텐츠를 통하여 관심(Interest)을 유발하고,
지속적인 방문을 유도할 수 있는 킬러 콘텐츠의 존재를 바탕으로
커뮤니티(Community)가 형성될 때 비즈니스가 유발된다.
즉, 콘텐츠 ⇨ 커뮤니티 ⇨ 커머스 라는 순환적인 구조에서
커뮤니티(Community)를 형성하는 근간인
플랫폼(Platform)이 활성화되려면
커뮤니티 차원에서 초기에 관심(Interest)를 끌어야 하고,
이를 바탕으로 '와서 머물 수 있게' 킬러 콘텐츠와 같은
해결책(Solution)을 제공할 때
자연스럽게 커머스(비즈니스)가 이루어지게 된다.

그렇기에
스타트 업 플랫폼은
초기에 관심(Interest)을 유발하지 못하면 실패할 수 있다.

콘텐츠 플랫폼(Contents Platform)

사람은 나이를 먹으면 나이에 맞는 자기를 찾아야 한다. 짧지만 놀이켜 보니 25년이 흘렀다. 처음에는 황소장을 통해서 인사를 나누었기에 황소장의 처남일까 생각하다가 15년 만에 진지하게 얘기를 해서 황소장의 처남도 아니고 그냥 알고 지내는 사이라는 것을 알았다. 그리고 가끔 연락만 하던 유기자와 5년 만에 만났다. 간만에 걸려온 전화를 반갑게는 받았지만 같이 라운딩한지도 오래되었는데 무슨 일인가 싶었다. 그냥 저녁이나 하자고 해서 광화문 교보생명 빌딩 앞에서 만났다. 교보생명 로비에서 만난 뒤 유기자를 따라 청진동 후미진 골목을 한참 지나다보니 광화문이 참 많이 변했구나 하는 생각이 들었다. 김치찌개 잘하는 집에서 식사를 한 뒤 커피 한 잔을 하면서 유기자는 임금피크제(Salary peak)가 다가와서 고민이 많고 그래서 뭔가를 해야 하는 상황에 처했다고 말했다. 언론사에 다니면서 데스크를 차지하지 못하고 엔터테인먼트 전문기자로 근 15년 넘게 있었다는 점을 잘 알기에 과연 어떤 선택을 할까 내심 궁금했다.

유기자는 엔터테인먼트 중에서도 영화음악 쪽을 많이 취재한 덕에 그쪽 분야에 대하여서는 나름 존재감을 피력할 수 있기에 앞으로 4,5년 남은 기간 동안 자신의 역할을 SNS를 통해서 드러내고 싶다고 했다. 그러자면 유튜브(YouTube)에 영상을 올릴 수 있는 기술을 배워 유튜버(YouTuber)가 되어야 하는데 그 기술을 아주 쉽고 저렴하게 SNS로 배우고 있다고 했다. 그러면서 우리가 미처 알지 못했던 재야의 숨은 고수들을 원하는 시간에 원하는 장소에서 저렴한 비용에 만날 수 있는 숨고 (Soomgo : 숨은 고수) 플랫폼에 대하여 설명해주었다. 본인도 숨고를 통해 대학 재학생과 연락이 되어 광화문 근처 커피전문점에서 1주일에 2시간 정도 유튜브에 영상을 올리는 기술에 대하여 교육을 받고 있는 데 아주 도움이 된다고 했다.

전문가 매칭 서비스 플랫폼 - 숨고(Soomgo)

 전문가 매칭 서비스 '숨고(Soomgo)' 플랫폼은 인테리어, 청소업체, 디자인, 과외와 레슨 등과 같은 카테고리를 통해서 24시간, 언제 어디서나 필요한 서비스를 신청할 수 있고, 편하게 견적서를 받아볼 수 있는 플랫폼이다.

 더 이상 발품 팔지 말고 견적서를 먼저 받은 뒤 결정할 수 있다는 장점 때문에 그 뒤에 나도 이용을 해보았다. 10여 년을 사용한 집을 대대적으로 보수할 수는 없고 부분 보수를 생각하다가 화장실 공사를 숨고(Soomgo) 플랫폼에 의뢰를 했다. 의뢰하고 30분도 안되어서 문자와 전자 우편으로 견적이 10건 이상 들어왔지만 오히려 견적이 더 혼란을 야기하게 만들었다. 만약 인테리어에 대한 어느 정도 감을 갖고 있지 않다면 100만원에서 300만원까지 차이나는 공사 가격에 판단이 안설 것 같았다. 나이가 경험을 가져다준다고나 할까? 귀동냥으로 살아온 세월 탓에 나름 판단의 기준을 가질 수 있었다. 10여개의 견적 중에서 일단 내가 살고 있는 지역에 위치한 업체를 선정하고, 그 뒤로 화장실 공사에 있어서 중요한 타일공사를 전문적으로 하는 업체인지 아니면 화장실 변기나 세면기 분야에 경험이 많은 업체인지 압축을 해보니 3개 정도로 줄일 수 있었다. 결과적으로 화장실 변기와 세면기 전문 업체를 선정한 것이 도움이 안 되었다. 그 작은 공사비에 타일도 외주 주고, 천장과 변기, 세면기, 용품 등을 모두 전문가에게 의존해서 처리하다보니 공사의 질도 떨어져서 도움이 안 되었다.

어찌 보면 숨고(Soomgo) 플랫폼은 재능, 기술을 가진 소상공인이나 프리랜서를 소비자와 연결해 주는 O2O 오픈마켓 형태의 플랫폼이지만 재능보다는 기술에 더 치중함으로써 숨은 고수(기술자)에 대한 사전 신뢰가 바탕이 되지 않는다면 비즈니스 모델로 성공하는 데 일정한 부담을 갖게 되는 구조이다. 특히 플랫폼이 추구하는 가치가 법적 구속력을 갖지 못하는 상태에서 서비스 제공에 따르는 각종 하자 문제를 적극적으로 개입해서 처리할 수 없기 때문에 문제 발생 시 플랫폼이 할 수 있는 역할이 없어 보였다.

일대일 재능 코칭 플랫폼 - 크레버(CREVER)와 크몽(Kmong)

한 대표를 알게 된 것은 25년 전이었다. 대학을 갓 졸업한, 상큼한 이미지를 지닌 채 우리 회사에 들어와 동료로서 기획 업무를 같이 맡았다.

90년 대 중반에 한국의 영화 산업은 스크린 쿼터제를 기반으로 자국영화 점유율을 꾸준히 올리던 시기였다. 그 시기 '삼성영상사업단'은 한국영화 발전의 보루였고 영화와는 전혀 무관했던 우리 회사도 어느 날 갑자기 찾아온 서울예전 출신 젊은 감독으로 인해 영화를 제작하게 되었다. 그 때 한 대표가 영화제작을 위한 제안서를 담당했다. 당시만 해도 깔끔한 제안서를 만들려면 많은 정성을 들여야 했다. 매킨토시를 이용해 표지 및 내지에 그래픽을 깔고, 손으로 그린 스토리보드를 스캔 받아 컬러로 출력을 한 뒤 제본을 거쳐 30권정도 만들어서 '삼성영상사업단'과 '대우영상사업단'에 제안을 하였는데 그 역할을 한 대표가 다 했다.

우여곡절 끝에 '대우영상사업단'과 영화제작을 하기로 했으나 중간에 영화배우 박중훈의 대마초 사건으로 계약금만 쓰고 실제로 제작은 이루어지지 않아서 결국 제작권이 '씨네2000'으로 넘어가게 되었다. 영화배우 박중훈의 인간적 재기를 위해 오리리화장품과 모델 계약도 주선을 하고 나름 최선을 다했지만 영화에 대한 제작은 그게 다였다.

앞에서 영화를 사랑하는 방식 4가지를 얘기하면서 영화를 직접 제작하는 방법이 있다고 했다. 당시의 영화 제작비는 10억대이지만 지금은 최소 100억 대 영화가 1년에 서너 편 씩 나오는 현실임을 감안해 볼 때 영화 제작은 지난한 작업임이 틀림없지만 그래도 영화 제작의 턱이 마냥 높은 것은 아니다. DSLR 카메라에 지향성 마이크와 스탠드만 있다면 나만의 영화를 제작할 수 있는 여건이 얼마든지 조성될 수 있기에 25년 전을 생각하면 아쉬움이 참 많았다. 그래도 정감독은 살아남아서 호주에서 촬영을 했는데 그 작품이 정흥순 감독, 박중훈 주연의 『현상수배 Wanted, 1997』였다. 비록 그 많은 박중훈의 흥행작 중에 하나가 되지 않고, 실패작이 되어 우리들을 뿔뿔이 흩어지게 만든 원인이 되었지만 그래도 한 대표를 오랜 만에 만나게 되었으니 그 추억이 아련했다.

25년 전을 생각하면 나에게 있어서 영화란, 아쉬움 그 자체였다. 나에게 가장 아픈 기억을 가져다 준 존재였고, 지금은 아름다운 추억이 되어 준 영화. 영화제작을 위해서 정흥순감독과 맞보증을 서고, 그 보증의 굴레를 털기 위해서 정흥순 감독을 찾아다니다 지친 적도 많았다. 비록 정감독이 『가문의 영광 Marrying The Mafia, 2002』으로 흥행에 성공함으로써 맞보증도 해결이 되었지만.

지금 돌이켜 생각해보니 정감독과 우리들은 한국영화의 태동기에 만나서 한국 영화의 흥행기에 하나의 불쏘시개가 되었던 것 같았다. 1999년 영화 『쉬리 Swiri, 1998』에 이어서 2000년 영화 『공동경비구역 JSA Joint Security Area, 2000』 그리고 2001년 영화 『친구 Friend, 2001』가 800만명을 돌파한 뒤 정흥순감독이 2002년 영화 『가문의 영광』으로 500만명의 흥행 기록을 수립함으로써 영화 『실미도 Silmido, 2003』와 『태극기 휘날리며 TaeGukGi : Brotherhood Of War, 2003』가 천만 영화의 고지에 오르게 되었으니 우리들의 작업이 밑거름이 되지 않았을까 싶다.

일산의 당구장에서 정말 오랜만에 정흥순감독을 만나게 되었는데, 세월은 인생을 항상 승자로 만들지 않는지 정감독은 집사람 눈치를 보면서 당구비를 결제하는 처지가 되었다. 그 와중에서도 유모 감각을 아직도 살았는지 "만약 니랑 나랑 채권자와 채무자로 당구장에서 우연히 만났으면 어쩔 뻔했냐고" 해서 그냥 웃고 말았다.

기획실 대리와 실장으로 지내다 오랜만에 만난 한 대표가 나에게 제시한 사업계획서가 일대일 재능 코치 플랫폼인 '크레버(CREVER)'였다.

플랫폼(Platform)은 사업자가 공급자와의 제휴관계를 통해 소비자에게 판매하는 형태의 싱글 플랫폼과 2개의 그룹(공급자와 사용자 혹은 개발자와 사용자)을 연결해서 거래를 중개하는 양면 플랫폼 그리고 다양한 이해관계를 갖고 있는 여러 그룹들을 연결해서 중개해주는 형태의 다면 플랫폼으로 유형을 구별할 수 있다. 은퇴자들의 재능(才能)을 필요로 하는 소비자들에게 일대일로 연결해주는 크레버 플랫폼은 일종의 양면 플랫폼으로 비즈니스 측면에서 봤을 때 중개자형(Match Makers) 플랫폼이다.

재능을 매칭하여 재능 보유자에게 최소한의 소득을 보장하면서 사라지지 않게 재능을 전수하고자 하는 플랫폼의 지향가치는 선진국 사례에서 충분히 입증되었다. 고령화 시대의 젊은이와 크로스 제너레이션(CROSS-GENERATION)이 활성화된 일본과 사회적 기업 더 어메이징스(The Amazings)를 통해 시니어의 지식과 재능을 비즈니스로 연결하여 성공을 거두고 있는 영국에서 이미 자리 잡은 비즈니스 플랫폼이란 점에서 시작은 좋았다. 성남산업진흥재단의 지원을 받아서 플랫폼을 구축한 뒤 멘토들을 위한 사업 설명회도 개최하고, 매년 30여만 명의 은퇴자들이 발생하는 사회구조적 문제점을 보완하고자 출발했지만 아쉽게도 시장 선점에 실패하였다.

반면 사람과 사람을 연결해 새로운 부가가치를 창출하는 '크몽(Kmong)'은 2019년 현재 총 누적 거래금액이 717억 원이고, 이용자도 63만 명이며 미래에셋과 알토스벤처스, IMM인베스트먼트 등으로부터 110억 원 규모 투자도 유치함으로써 수수료를 기반으로 사람과 사람을 연결하는 O2O(Offline to Online) 플랫폼으로 성장 가능성도 입증했다.

2012년 창업 초기에 크몽은 '누군가의 사소한 재능을 5000원에 산다'는 재능마켓으로 입소문을 모았지만 소속에 얽매이지 않고 일하고 싶을 때 일하는 '긱 이코노미(Gig economy)' 중심의 플랫폼으로 인식이 확산되면서 전문가와 연결하는 전문 프리랜서 마켓 플랫폼으로 자리를 잡았다. 특히 직장을 갖고도 플랫폼 노동으로 수익을 얻는 '투잡'이 일정한 수를 차지하고, 먹고 살기 위해 억지로 일하는 것이 아니라 삶을 위해서 일은 언제든지 찾을 수 있다는 MZ세대 사고방식이 플랫폼 안착에 많은 영향을 끼쳤다.

코로나 팬더믹은 '크몽(Kmong)'에게는 기회가 되었다. 재택근무로 인하여 디자인, 프로그래밍, 마케팅 분야에서 투잡 혹은 쓰리잡을 하려는 'N잡러'가 팬더믹 이후 15만개나 늘게 되면서 최근에는 산업은행 등으로부터 총 312억원 규모의 투자를 유치하게 되었고 다양한 전문가를 모아, 필요할 때마다 고객들에게 제공하는 '휴먼 클라우드' 서비스 기업으로 자리잡게 되었다.

숨은 고수를 찾아주는 숨고(Soomgo) 플랫폼이나 전문가가 필요한 순간 11개 분야별로 전문가를 찾아주는 크몽(Kmong) 플랫폼 역시 초기에는 재능(才能)이라는 킬러 콘텐츠를 비즈니스 모델로 삼았다. 그러나 기부 성격이 강한 재능(才能)은 사회복지 정책의 일부분으로 사회 안전망 역할을 하지만 정보통신 기술의 발달로 소호(SOHO ; Small Office Home Office)가 활성화되면서 1인 창조기업과 같은 전문가 혹은 소상공인들을 위한 중개자형 플랫폼이 자연스럽게 필요하게 되었다.

그런 차원에서 숨고(Soomgo)와 크몽(Kmong)은 재능(才能)으로 모은 1차적 커뮤니티를 전문가를 위한 플랫폼으로 변화시킴으로써 2차적으로 커뮤니티를 확산, 재생산할 수 있었다. 반면 크레버(CREVER)는 재능(才能)에 치중하다가 개념적으로 재능기부와 혼동을 일으켜서 관심(Interest)을 끌지 못한 채 재능 보유자의 놀이터에 그치게 되었다.

플랫폼(Platform)은 콘텐츠를 통하여 관심(Interest)을 유발하고 지속적인 방문을 유도할 수 있는 킬러 콘텐츠의 존재를 통하여 커뮤니티(Community)가 형성될 때 비즈니스가 유발된다. 즉, 콘텐츠 ⇨ 커뮤니티 ⇨ 카머스 라는 순환적인 구조에서 커뮤니티(Community)를 형성하는 근간인 플랫폼이 활성화되려면 커뮤니티 차원에서 초기에 관심(Interest)을 끌어야 하고, 이를 바탕으로 '와서 머물 수 있게' 킬러콘텐츠와 같은 해결책(Solution)을 제공할 때 자연스럽게 커머스(Commerce)=비즈니스가 이루어지는 데 크레버(CREVER) 플랫폼은 초기에 관심(Interest)을 유발하지 못해서 활성화되지 않았다.

반려인 소셜 플랫폼 - 우동반

2012년 산학협력 차원에서 콘텐츠 인력 양성을 목표로 숭실대 경영대학원에 콘텐츠 경영학과를 설립하였다. 2000년 초반 최대 흥행 영화인 『살인의 추억 Memories of Murder, 2003』이 중형 승용차 2천 8백대를 생산해 창출한 경제적 부가가치와 같은 수준으로 추산되면서 2001년 한국문화콘텐츠진흥원(Korea Culture & Contents)이 탄생하였고, 문화콘텐츠 용어가 제도적으로 사용되었던 시기였기에 산학협력의 필요성은 충분했다.

단지 기존의 문화 콘텐츠 인력을 양성하기 보다는 차세대 콘텐츠 경영자 양성을 목표로 MBA 석사과정을 만들었다.

SM엔터테인먼트 이수만회장의 경우 아티스트로 출발하여 경영자 위치 오른 입지전적인 인물이기에 1세대 콘텐츠 경영자라 볼 수 있다. 반면 SM엔터테인먼트를 실질적으로 이끌고 있는 김영민사장의 경우 콘텐츠 경영자 2세대에 해당된다고 할 수 있다. 그런 차원에서 글로벌 콘텐츠 5대 강국으로의 위상을 확보하기 위해서는 무엇보다도 차세대 콘텐츠 경영자 양성이 시급하다고 판단되어 콘텐츠 경영 개론과 콘텐츠 마케팅, 콘텐츠 플랫폼, 콘텐츠 저작권, 콘텐츠 테크놀로지(CT)와 같은 전공과목으로 MBA 석사과정을 개설하였다.

드디어 2014년 3월, 숭실대 경영대학원 콘텐츠경영학과 석사과정 제1기가 입학하였다. 처음 개설되었기에 많은 면에서 부족했지만 7명의 원우들과 많은 이야기를 나누면서 한 학기를 보냈는데 그 때 만난 원우가 윤대표였다.

항상 처음은 신선하면서도 부담이 많았다. 무엇부터 가르쳐야 할 지 막막할 때가 많았지만 그래도 콘텐츠경영학과 1기생 원우들은 타 과생들과 같이 전공과목을 들으면서도 부족한 부분에 대한 불만보다는 미래에 대하여 많은 이야기를 같이 나누었다. 우리들은 매 학기 종강파티를 영화관에서 영화를 보고, 그 다음에 치맥을 하면서 토론을 하였다. 그 당시 윤 대표는 누구보다 반려동물에 대한 관심이 많아서 졸업 후 반려동물을 위한 오프라인 카페를 만들겠다고 카페 CI를 제작한 후 원우들에게 설문도 받고, 원우들과 스터디도 하면서 사업계획도 작성했다. 졸업을 앞두고 논문 쓰랴, 온라인상으로 반려동물을 위한 소셜 플랫폼-우동반(우리동네 반려인의 줄임말) 구축하랴 동분서주했던 모습이 아직도 눈에 선하다.

졸업 논문으로 『반려동물 양육 동기가 반려인의 자아 존중감과 사회성에 미치는 영향』에 대하여 연구함으로써 행복한 사람이 행복한 반려동물을 만들고, 사람이 행복하려면 사랑을 해야 한다는 감수성을 모토로 우동반 플랫폼을 구축한다고 했을 때 조금도 걱정이 안들었다.

하림펫푸드 조사에 따르면 국내 반려동물 시장의 경우 불황 속에서도 꾸준히 성장해서 2020년 5조 8천억 규모로 확대될 정도로 시장은 성숙되었다. 2016년 7월, 국내 최초로 위치 기반 반려인 소셜 데이팅 서비스를 바탕으로 구축된 '우동반' 플랫폼은 시장 상황에 비하여 커뮤니티 조성에 많은 시간을 소모했다. 플랫폼이 구축되고 확산을 위해서는 킬러 콘텐츠를 바탕으로 한 커뮤니티 형성이 중요한 데 좀처럼 회원 수가 늘어나지 못했다. 당시만 해도 소셜 데이팅 서비스는 킬러콘텐츠로서 역할을 충분히 해주었기에 위치와 성별을 토대로 펫팸족 간에 차별화된 소모임과 1:1 데이트 및 비밀 쪽지 기능을 지원했음에도 커뮤니티 형성의 최소 단위인 1만 명 회원 돌파가 어려웠다.

스타트업은 좋은 아이디어를 토대로 1차적으로 정부 지원금에 의존하여 플랫폼을 구축하게 되는 경우가 많지만 우동반은 대학과의 산학협력과 개인 자금으로 모든 것을 해결하려고 하니 시간이 너무 많이 걸렸다. 나름 플랫폼을 활성화해보려고, 내 반려동물의 사진을 찍어서 올리기만 하면 같은 종, 같은 모색의 반려동물을 키우는 사람을 반경 4km 내에서 매일 2명씩 추천해 주는 '반려 동물 친구 큐레이션 서비스'와 펫팸족들의 최대 고민인 미아발생 방지를 위한 '반려동물 Missing 공유 서비스'를 실시해 보았지만 참신한 이벤트 성 아이디어만으로는 한계가 있었다.

2018년 11월 28일, 코오롱 그룹의 이웅렬 회장이 기자회견을 갖고 전격 사퇴를 선언했다. "2019년 1월 1일자로 코오롱 회장에서 물러나고 그동안 쌓은 경험과 지식을 코오롱 밖에서 청년 이웅렬로 돌아가 새롭게 창업의 길을 가겠다"라고 했을 때 많은 이들은 새로운 창업의 길이 어떤 분야인지 궁금해 했으며 그것이 플랫폼 사업이라고 예측할 때 누구도 성공을 의심하지 않았다. 그만큼 창업에 있어 자금력이 뒷받침된다면 커뮤니티를 활성화시킬 수 있고 손쉽게 플랫폼이 안착할 수 있음을 알기 때문이다. 그러나 글로벌 경제를 이끄는 페이스북이나 구글 같은 플랫폼들은 자금력에 의존하지 않고 기술이나 추구하는 가치로 자신을 중심으로 하는 생태계를 조성하면서 시대를 주도하고 있다. 특히 아마존의 경우는 '상품간 유사성(Item-to-Item Similarity)'에 기반을 둔 일대일 고객 맞춤형 추천 서비스 기술을 통하여 그 영향력을 확대하고 있다.

어려운 상황 속에서도 윤대표는 대학과 산학 협력을 통하여 '머신러닝을 기반으로 한 반려동물 사료 추천 시스템'을 개발하였다. 병원마다 권하는 사료가 다르고, 구체적으로 관절에 좋은 사료는 어떤 것인지 알고 싶고, 다른 사람들은 어떤 사료를 먹이지 하는 의문에서 출발, 가족 같은 반려동물에게 좋은 것만 주고 싶은 마음을 간파한 사료추천시스템 기술-마이 펫 푸드 티쳐(My Pet Food Teacher)는 펫팸족들의 고민을 일시에 해결해주는 킬러 콘텐츠가 될 것으로 생각하였다.

특히 전체 반려산업 시장의 60% 이상을 차지하는 사료시장을 간파하고 많은 시간을 할애하여 방대한 양의 빅데이터를 분석, 개발하였다는 점은 높게 평가해주고 싶었다.

반려인 소셜 플랫폼 '우동반'이 사료추천시스템 기술-마이 펫 푸드 티쳐와 연계되어 커뮤니티가 활성화될 수 있다면, "행복한 사람이 행복한 반려동물을 만들어 나가는" 플랫폼의 추구하는 가치와 분리되어 비즈니스 모델로 자리 잡게 될 것으로 판단하였지만 최근 중고거래앱 '당근마켓'의 성장과 비교해 볼 때 차이가 컸다.

'당신 근처의 마켓'의 줄임말인 '당근마켓'은 2016년에 출시된 이후 기록적인 성장을 이루어내고 있다. 모바일로 동네를 인증해야 가입이 가능하고 동시에 GPS 기반으로 2~6km 내에 있는 이웃끼리만 상품을 거래할 수 있게 하는 차별화를 통해 고객들의 신뢰감을 형성할 수 있는 장점이 매력적인 플랫폼을 만들게 하는 원동력이 되었다. 특히 '당근마켓'은 불필요한 물품을 쉽게 처리할 수 있다는 편리성에다가 같은 동네 이웃끼리 교류할 수 있는 커뮤니티 성격을 지녀서 네트워크 효과를 극대화시켰다. 젊은 세대들이 중고 물품 거래를 통하여 자연스럽게 만날 수 있는 장(場)을 개설해줌으로써 파급력이 컸다. 즉 물건만 사고파는 것이 아니다. 예전에는 남이 쓰던 물건을 싸게 사려는 뚜렷한 목표가 있었지만 이제는 심심해서 사고 팔고, 이를 위해 하루에도 5번 이상 중고거래 플랫폼에 들어가 물건도 구경하고 사람도 만나고 최신 뉴스도 접하게 된다. 실제로 중고 거래 앱 '당근마켓'에 따르면 이용자들은 월평균 64회 앱에 접속, 2시간 정도를 머문다. 국내 3대 중고거래 플랫폼인 중고나라, 당근마켓, 번개장터 회원사가 각각 2450만명과 2200만명, 1644만명인 것을 감안하면 중복을 빼더라도 국민 절반 이상이 '중고'를 매개로 생활하고 있다는 것이다. 이로 인한 문제점도 있다. 중고거래 플랫폼에 중고가 없고 신상품, 재테크를 위한 한정판 리셀(Resell)이나 기업 임직원들의 복지 차원의 물건이 중고 플랫폼에 올라옴으로써 문제를 야기하는 경우가 많다.

반면 국내 최초로 위치 기반 반려인 소셜 데이팅 서비스를 바탕으로 구축된 '우동반' 플랫폼은 어떻게 매력적인 플랫폼으로 성장할 수 없게 되었을까? 무엇보다 '동네' 상권을 기반으로 한다는 점에서 '우동반'과 '당근마켓'은 공통점을 지니고 있으나 '중고물품'에 비해서 '반려인' 혹은 '반

려동물'은 생명체로서 거래될 수 없기에 확산에 일정한 한계를 가지게 된다. 어느 가정에서나 쓰고 남은 물건은 넘치기에 이를 매개로 하는 거래 플랫폼은 시장성이 크지만 '반려동물'은 여전히 '반려인'으로서의 존재하기에 '반려인'들 간의 커뮤니티 동력을 찾아준다면 매력적인 플랫폼으로 성장할 수 있는 내재적 가치는 충분하다고 볼 수 있다. 따라서 '우동반' 플랫폼은 새로운 킬러콘텐츠를 통하여 커뮤니티 확산의 계기를 마련한다면 충분히 제2의 '당근마켓'이 될 수 있을 것으로 판단된다.

음원(音源) 플랫폼

TV조선의 미스트롯과 미스터트롯이 성공하면서 지상파, 종편 모두 '트롯'에 빠져들고 있다. 너무 많아서 헤아릴 수는 없지만 세대(世代)가 공감하고, 소통하는 수단(手段)이 되어서 기쁘면서도 코로나가 만들어준 실상이 아닐까 생각하니 웃프다.

12월17일, '트롯원조' TV조선이 방영한 미스트롯 2 첫 방송이 예능 사상 최고 시청률 30.2%에 전국 시청률 28.7%를 기록하였다. '도전자'에서 '마스터'로 성공한 '미스터트롯' 톱스타 6명이 출연해서 그런지 관심이 더 깊어졌다. 개인적으로 '마스터' 중에 박선주교수가 있어서 실시간으로 소통하면서 프로그램을 시청했고, 세상이 즐거움을 주지 않기에 더 깊게 빠져드는 것 같다.

문화평론가 하재근씨는 많은 사람들이 오디션(Audition)에 기대하는 이유로 첫째는, 묻혀있던 진주의 발굴과 둘째는, 계층 사다리가 무너진

시대에 희망과 위로를 주는 마지막 탈출구이기에 끝으로, 불공정과 불평 등에 분노한 사람들이 오디션 스타를 통해서 대리만족하고, 이는 곧 우리 삶의 위로와 희망이 되기 때문이라고 했다.

오디션(Audition) 프로를 시청하면서 예민한 사람(?)이 아니어도 화면 하단을 보면 멜론(Melon)이나 지니(Genie) 그리고 플로((FLO), 바이브(Vibe) 등에서 오디션 가수들의 음원이 제공된다는 자막을 쉽게 만나게 된다. 그렇다면 언제부터 우리들은 음원(音源)에 빠지게 되었을까?

한국 대중음악계는 1) 1970년대까지는 음반사와 혹은 기획사의 '전속가수'가 되지 않으면 대중에게 자신을 알리기 힘들었고 2) 1980년대에 넘어오면서 '음악 그 자체'에 중심을 둔 싱어송라이터 계열 뮤지션(언더그라운드 뮤지션)이 등장하면서 반전의 기틀을 잡았으며 3) 한국 대중음악의 황금기라고 할 수 있는 1990년대는 자체 프로듀싱이 가능한 뮤지션의 등장과 음반 기획사가 공존하면서 양적으로 100만장 이상 발매된 앨범을 손쉽게 찾을 수 있었다. LP에서 카셋테이프 그리고 CD로 넘어가던 음악 시장은 2000년대 들어서면서 애플의 아이팟(ipod)의 등장과 함께 요동을 치게 되었다. 기존의 MP3 플레이어는 플래시 메모리에 음악 파일을 저장하였으나 아이팟은 하드디스크를 사용, 훨씬 많은 음악파일을 저장할 수 있었다. 특히 아이팟은 '아이튠즈 스토어(iTunes Store)'를 통해 기존 MP3 플레이어가 가졌던 불법 다운로드의 오명을 벗겨주었다. 아날로그가 디지털에 자리를 내어줄 때 MP3 플레이어는 태풍 속의 찻잔이 되어 우리들에게 많은 기억을 남겨주었다. 고속통신망이 급격하게 확산되면서 P2P라고 불리우는 파일(File) 공유 기술의 존재는 '냅스터(Napster)'와 '소리바다'를 통해서 잠시 각인되었지만 MP3의 드라마틱한 여정에 막을 내리게 만들기도 했다. '저작권(Copyright)' 갈등을 야기한 MP3는 기존 음악시장에 있어 '저작권'의 중요성을 심어주었고, 나아가 음악의 유통구조 개선에 많이 기여했다.

디지털의 발달에 따라 음악을 소비하는 형태가 음반에서 플랫폼을 통한 스트리밍 방식의 음원으로 전환되면서 동시에 스마트폰이 보편화되면서 음원은 시장(市場)에서 산업(産業)이 되었다. 2000년대 초반만 해도 시장을 장악하던 음반은 축소되고, 음원 스트리밍 시장의 규모는 전 세계적으로 166억 달러에 이를 정도로 확대되었다. 특히 정보기술(ICT)의 발달로 인하여 음원(音源)은 단순한 유통의 역할을 넘어서 SNS 소통 창구이자 빅데이터 분석을 통한 큐레이션(추천) 서비스까지 진화하면서 지속적인 음원 콘텐츠 소비를 이끌어 내었다.

그런데 어째서 가수들은 앨범(Allbum)을 발매하는 것일까? 음반이 음악이 담긴 일종의 디스크(CD) 형태라면 앨범은 싱글, EP를 다 포함하기에 용어 사용에 있어서 혼용되고 있지만 디지털 음원 시장이 활성화되었는데 어찌해서 가수들은 아직도 앨범을 출시할까? 한마디로 팬덤(Fandom)의 영향력을 무시할 수 없기 때문이다. 사랑하는 사람이 생기면 좋아하는 감정을 표현하고 함께하고 싶은 것처럼 팬덤(Fandom)은 가수와 떼려야 뗄 수 없으며 덕후, 덕질 문화의 근간으로 자리잡게 된다. 좋아하는 것에 대한 순수한 덕후의 모습이 자신만의 콘텐츠로 표현되고, 나아가 돈과 결합할 때 덕질이 되는 것처럼 강력한 호감은 강력한 팬덤을 형성하고 시장의 선순환을 이루게 된다.

최근 소문만 무성했던 스웨덴의 음악 스트리밍업체 '스포티파이(Sportify)'가 국내 진출을 공식화했다. 세계 사용자 2억 9900만명에 유료 구독자 수가 1억 3800만명인, 글로벌 최대 음원 스트리밍 서비스를 추구하는 '스포티파이(Sportify)'의 등장은 멜론, 지니, 플로, 바이브 등 기존 국내 업체들이 주도권을 쥐고 있던 국내 음원 시장에 어떤 변동을 일으킬 수 있을까? 넷플릭스(Netflix)처럼 단기간에 국내 OTT 시장을 점유하게 될 것인지 주목받고 있다.

음악 저작권 플랫폼

K팝과 함께 한국 드라마와 영화의 인기로 OST(Original Sound Track)가 주목받고 있다. 드라마 '이태원 클라쓰'에 수록된 방탄소년단(BTS) 뷔(김태형)의 자작곡 '스위트 나이트(Sweet Night)'가 음원 서비스 '스포티파이(Sportify)'를 통해서 1억6900만 스트리밍 서비스를 돌파하면서 한국 OST 사상 최고의 기록을 갱신, 음악 저작권의 가치에 대한 시각을 새롭게 해주었다.

음악 저작권(音樂著作權)이란, 저작권법이 인정하는 음악 저작물의 사용을 허락하거나 금지할 수 있는 권리로 일정 기간 동안 음악 저작자(작곡가, 작사가, 음악 제작자)가 창작한 음악을 독점으로 사용할 수 있도록 하는 권리를 말하며, 음악 저작물이 이용되는 형태에 따라 실연권, 공연권, 복제권 등 다양한 권리가 보호되며 동시에 실연자, 음반 제작자, 방송국의 저작인접권에 대한 권리도 함께 인정된다. 이러한 음악 저작권이 인수, 합병(M&A) 시장의 키워드로 떠오르고 있다. 무엇보다 한국의 영화와 드라마가 세계적으로 인기를 얻게 되면서 K팝과 함께 활용도 측면에서 다양성을 갖게 되면서 '조각 투자'가 음악 저작권에도 적용되었기 때문이다.

MZ세대들은 색다른 측면의 투자 방식을 선호하고 있다. 부동산 가격 폭등으로 인한 불평등과 해체된 계층 사다리로 인한 불합리에 반발해서 본업 이외에 다른 부업들을 찾는 'N잡러'가 유행하고 있으며 많은 시간을 들이지 않더라도 짭짤한 수익을 내는 돈벌이를 찾아 헤맨다. 특히 취미 또는 팬덤(Fandom)을 수익으로 연결시킬 수 있는 '조각 투자'는 적은 자본으로 투자하여 고수익을 올릴 수 있다는 점에서 매력적이다. 사실 고가의 예술품이나 건물은 주식 투자에 비해 상대적으로 돈을 벌 수 있는 확률이 높지만 투자할 만한 '종잣돈'이 없는 MZ세대들에게는 그림의 떡이다. 따라서 개별적으로 구매하기 어려운 고가의 예술품이나 빌딩을 여러 사람들이 부분적으로 투자해 사들인 뒤 가치가 오르면 주식처럼 소유 지분을 거래할 수 있도록 해 수익을 내는 방식인 '조각 투자'는 그들에게 아주 최적의 방법으로 주목받게 되었다. 대표적인 조각투자 플랫폼으로는 예술품의 경우, 아트앤가이드(ARTNGUIDE)가 있고, 건물 재테크로는 카사(Kasa)를 꼽을 수 있다. 아트앤가이드는 국내외 유명 작가들의 작품을 공동 매입한 뒤 여기서 발생하는 차익을 투자자들에게 배분해 수익을 낼 수 있도록 하고 있고, 카사는 주식처럼 건물을 자유롭게 원하는 금액만큼 투자해서 수익을 창출 하는 방식을 취하고 있다.

뮤직카우(Music Cow)는 음악 저작권 플랫폼으로 작곡가와 작사가에게 저작권을 인수한 뒤 플랫폼에 상장시켜 주식처럼 거래를 통해 차익을 실현하는 매력을 지녔는데 2021년 10월 기준으로 누적 가입자 수가 70

만명이 넘고 거래액도 1년 만에 7배 이상 증가한 2500억원을 기록함으로써 향후 조(兆) 단위의 가치를 지닐 것으로 판단된다. 이처럼 음악 저작권 플랫폼의 등장은 음악 저작권을 보유한 회사까지 가치를 상승시켜 M&A 시장에서 치열한 경쟁을 일으키고 있는 데 음악 저작권과 저작 인접권 시장이 커지는 이유는 뭘까? 과거에는 창작자나 음악 기획사는 음원을 통해 현금을 만들면서도 이를 활용해 자금을 마련할 방법이 마땅치 않았으나 저작권의 가치를 5년간 저작권 수입의 평균치를 산정한 뒤 5~10배 정도의 수준으로 가치를 인정해줌으로써 물꼬를 터주었다.

'조각 투자'의 근간에는 블록체인(Blockchain) 기술이 자리잡고 있다. 특히 뮤직카우(Music Cow) 플랫폼의 경우, 실질적으로 음악 저작권에 투자하는 게 아니라 '저작권료 참여 청구권'을 거래하는 것으로 볼 때 블록체인 기술이 뒷받침해주지 않으면 문제가 많기 때문이다.

얼마 전 간송미술관이 보관하고 있는 국보 훈민정음 해례본의 NFT(Non Fungible Token) 제작은, 표면적으로는 문화재를 대중화한다는 것이지만 이면에는 간송미술관의 만성 재정난을 해결하고자 고안한 방안으로 NFT 판매 수익금은 미술관 운영 및 문화재 연구 기금 등에 활용하는 데 있기에 블록체인 기술을 통하여 복제를 방지하는 데 큰 역할을 하게 된다.

15.
콘텐츠, 메타버스(Metaverse)를 타다!

지난 2년은
한번도 경험해보지 못한 변화로
과거는,
현재와 유사하다는 생각을 바꾸어놓았고
'낯선나라'가 되어 있었다.

내 책을 비롯해 많은 책들은
분서(焚書)할 정도로....

날자 날자 날자
자연스레 커머스(Commerce)가 이루어지게
메타버스(Metaverse) 타고
한번 더 날자

2 Part

왜, 여성은 마카롱을 좋아할까?

마카롱(Macaron)은 작고 동그란 모양의 머랭 크러스트 사이에 가나슈나 버터크림 같은 필링(filling)을 채워 만든 프랑스 쿠키인데 지금처럼 보편화된 것은 1930년 라뒤레(LADUREE)의 손자 피에르 데퐁텡이 기존의 한겹인 마카롱을 두 겹으로 개발한 이후였다. 특히 당시만 해도 카페는 남성들의 전유물이었는데 페이스트리 숍 안에 티룸(Tea Room)을 마련, 가정에서 벗어나 마카롱과 함께 차 한 잔의 여유를 즐기려는 여성들을 위한 공간을 조성함으로써 오늘 날의 브런치(Brunch)처럼 마카롱이 확산되었고, 그래서 여성들이 마카롱(Macaron)을 좋아하게 되었다.

이처럼 아이디어(idea)는, 발명(發明)과 함께 오랫동안 우리 비즈니스의 산파역을 맡았다. 어떤 일에 대한 구상에서 영감까지 나아가 기발한 생각이나 아이템인 아이디어(idea)는 10년 전부터 UCC(User Created Contents)로 바뀌면서 많은 기관과 기업에서 UCC 공모전을 진행하였고, 누구나 한번 쯤은 응모한 경험을 갖게 되었다. 시간이 흘러 아이디어

(idea)가 UCC로 바뀌고, 소셜미디어와 함께 동영상 소비가 증가하면서 지금은 롱폼, 숏폼과 같은 동영상 길이 전쟁이 벌어지게 되었다. 잘 알다시피 5분 이내의 짧은 동영상 플랫폼인 '숏폼(Shotform)'은 뉴미디어의 전형이 되어서 MZ세대들의 눈과 귀를 사로잡게 되었는데 그 이유는, 채널(Chanel)보다는 콘텐츠(Contents)를 중시하기 때문이다. 그들은 지상파, 유튜브, 넷플릭스, 틱톡, 퀴비(Quibi)보다는 오직 좋아하는 프로그램과 좋아하는 스타(Fandom)를 선택하게 된다. 따라서 콘텐츠의 트렌드를 이해하기 위해서는 밀레니얼 세대이자 Z세대인 MZ세대의 특징을 먼저 이해하여야 한다.

콘텐츠 트렌드(Contents Trend)

MZ세대들은 게임(Game)을 많이 한다. 그리고 네이버나 다음에 들어가서 웹툰(Webtoon)을 보기도 하고, 필요할 때 넷플릭스와 같은 OTT 서비스를 찾아 취향에 맞는 영화나 드라마를 몰아보기도 한다. 흔히 주머(Zoomer)라고 불리우는 그들은 하루 평균 2시간 30분 이상 온라인 동영상을 시청하고, 4명 중 3명이 1인 크리에이터 영상을 보면서 일상(日常)을 영상으로 기록했다가 편집해서 유튜브에 공유하는 '브이로그(V-log)' 생활에 익숙해져 있다.

더 나아가 MZ세대들은 디지털 코인(Coin)과 토큰(Token)을 찍어내면서 화폐로 인정해달라고 국가의 핵심 권력인 조폐권을 위협하고, 한정판 운동화를 몇 배씩 튀겨서 파는 리셀러(Reseller) 시장을 좌우하고 있다.

이처럼 MZ세대들은 채널(Chanel)보다는 콘텐츠(Contents)를 중시하는데 그 이면에는 창의성(Creativity)이 존재하고 있다. 과거에는 콘텐츠의 근간이 되는 창의적인 아이디어와 숫자와 분석을 위한 빅데이터는 서로 분리되어 취급되었지만(BigData ≠ Creative Idea) 데이터 시대를 열어야 하는 많은 기관과 기업은 크리에이티브와 빅데이터를 연결하는 Bigdata driven Creativity가 절실하게 필요하게 되었다.

Bigdata driven Creativity

여러분들도 잘 아다시피 빅데이터(Bigdata)는 생활을 바꾸고, 경영을 바꾸며, 공공 정보의 개방을 통해 일자리를 창출하고 미래 사회를 예측할 수 있는 합리적 의사결정의 기반이 되고 있다. 지난 10년 간, 다양한 기술로 인하여 생태계를 조성하다보니 모바일 시대, 데이터 테크놀로지 시대, 4차 산업혁명 시대 등 너무 많은 시대가 우리들 앞에 펼쳐져서 용어의 개념이나 정의가 헷갈렸지만 분명한 것은 포스트 코로나 시대에는 5G를 기반으로 사물인터넷, 빅데이터, 인공지능, 클라우드, 블록체인 같은 기술이 융합되어 작게는 기업의 경영을 뒷받침하고 크게는 국가의 경쟁력을 향상시키게 될 것이다. 결과적으로 디지털 세대인 MZ세대가 콘텐츠의 소비를 좌우하고, 크리에이티브와 빅데이터를 연결하는, 창의성이 주도가 될 때 빅데이터는 자산으로서 가치를 지니게 될 것이다.

이외에도 콘텐츠 트렌드에서 주목받고 있는 것이 메타버스(Metaverse)이다. 가상 현실 속에서 벌어지는 상황을 묘사한 닐 스티븐슨의 과학소설 '스노우 크래시(Snow Crash)'에서 1992년 처음으로 메타버스가 언급된 이후 크게 부각되지 않다가 팬더믹 상황과 함께 시장이 활성화되면서 서비스와 투자가 이루어지고 있는 데 태어날 때부터 디지털을 접하게 되는 '메타버스 네이티브' 세대와 성장하면서 디지털 기기에 익숙해진 '디지털 네이티브' 세대들이 가상 공간에서 각 자의 '아바타(Avatar)'를 이용해 체험하게 됨으로써 수요가 팽창하였다.

메타버스(Metaverse)는 가공, 추상을 의미하는 '메타(meta)'와 현실세계를 의미하는 '유니버 스(universe)'의 합성어로 현실과 가상 간의 경계가 없는 3차원의 가상세계를 뜻하는 데 크게 3가지 측면에서 주목받게 된다. 먼저 디지털 자산의 호환 측면과 또 하나는 콘텐츠 영역의 확대 측면 그리고 메타버스 참여에 따른 신선한 데이터 생산 측면이다.

최근 2,30대 많은 젊은이들이 가상화폐에 대한 무분별한 투자로 인하여 사회문제가 대두되 고 있지만 메타버스 상의 결제 수단으로 활용되는 측면도 있기에 결코 가상화폐가 나쁜 것만은 아니다. 따라서 가상화폐와 메타버스는 분리해서 생각할 수 없기에 무엇보다 제도적 보완이 시급하고, 코인 경제를 바라보는 MZ세대들의 시각을 올바르게 자리잡게 하는 것이 선행되어야 할 것이다.

미국 게임플랫폼 '로블록스(Roblox)'는 이용자가 게임을 프로그래밍하고 다른 이용자가 만든 게임을 즐길 수 있는 온라인 게임 플랫폼인데 이용자들은 이곳에서 친구들과 콘서트를 관람하고, 테마파크를 방문하며 다른 이용자가 제작한 게임 플레이 등을 통해서 다양한 메타버스 공간을 체험하게 된다. 특히 '로블록스' 메타버스 플랫폼은 다른 플랫폼과 차별화 전략으로 메타버스 상에서 '로벅스'라는 가상화폐 발행하여 이모티콘, 아바타, 게임 등을 사고 파는 경제 활동을 실현하는 비즈니스 모델을 구축하고 있다. 따라서 가상화폐를 메타버스와 분리해서 생각할 수 없게 되었으며 메타버스는 현실과 가상세계를 넘나드는 지속성과 함께 현실 세계와 동일한 소비활동을 한다는 점에서 중요하다.

게임 안에서 가상화폐를 본격적으로 도입한 경우가 있다. 위메이드가 2021년 8월에 출시한 무협 MMORPG(다중접속역할수행게임) '미르4'는 게임 안에서 가상화폐를 벌 수 있도록 해서 한국 게임사의 흔들리는 위상을 재정립할 수 있는 방향을 제시해주었다. 넥슨, 엔씨소프트, 넷마블로 이루어지는 한국의 3N 게임사들은 돈을 써야만 게임을 이길 수 있는 확률형 아이템에서 벗어나지 못함으로써 시장에서 외면받고 있다. 반면 메타버스 게임 플랫폼 '로블록스'는 누구나 게임을 만들 수 있도록 제작도구를 무료로 제공함으로써 전 세계 크리에이터와 게임사들이 참여할 수 있는 생태계를 조성하였고, 중국 게임사 미호요(miHoYo)의 '원신'은 비록 확률형 아이템이 있지만 돈을 쓰지 않아도 게임을 계속 즐길 수 있도록 설계되어 글로벌 게임 시장에서 호평을 받고 있다. 이제 MZ세대들은 '게임하며 돈을 번다'는 방식에 대하여 낯설지 않다. '미르4'에서는 이용자가 광산에서 흑철이라는 광물을 캐면 환전 과정을 거쳐 가상화폐인 '위믹스'를 박고 이를 현금화할 수 있어서 무협장르가 생소한 동남아, 남미 등에서 인기가 많다. 그러나 우리나라 게임법은 아직도 게임 안에서 취득한 재화를 이용자가 돈으로 교환할 수 없도록 막고 있기에 블록체인 기술이 뛰어남에도 불구하고 규제로 인하여 세계 게임 시장에서의 한국 게임 위상이 흔들리고 있다.

코로나19 확산으로 현실과 가상 간의 경계가 없는 3차원의 가상세계인 메타버스가 주목받게 되면서 메타버스는 콘텐츠의 새로운 영역으로 자리잡게 되었다. 특히 게임 시장에서는 메타버스 기반의 서비스가 구체적으로 선보이고 있는데 에픽게임즈의 '포트나이트 FORTNITE'는 전 세계 3억5천만명의 이용자들이 각자의 아바타를 이용해 친구들과 채팅도 하고 콘서트도 즐길 수 있게 만들었다. 유명 래퍼 '스캇' 의 3차원 콘서트도 열었고, '마블'의 캐릭터 상품도 판매하며 '방탄소년단(BTS)'의 신곡 다이너마이트 뮤직비디오의 성공 원인이 되기도 했다.

SK텔레콤은 메타버스 플랫폼 '이프랜드(ifland)'를 단순한 가상세계 체험 공간에 그치지 않고 참여형 메타버스 웹드라마 '만약의 땅' 시즌을 공개할 정도로 메타버스 콘텐츠가 게임에서 웹드라마로 확장되어 가고 있다. 언제든 마음대로 자신의 아바타를 손쉽게 꾸미고 바꿀 수 있는 특성을 살려서 "만약 내 남자 친구의 아바타가 매일 바뀐다면?"이라는 설정을 전제로 한 로맨틱 코메디 '만약의 땅'이 성공한다면 지금껏 볼 수 없었던 새로운 방식의 콘텐츠 제작으로 콘텐츠 산업의 다양성에 기여하게 될 것이다.

메타버스는 현실과 가상세계를 넘나드는 지속성과 현실세계와 동일한 소비활동을 한다는 점에서 메타버스 상에서의 새로운 콘텐츠 개발은 콘텐츠 시장의 확대라는 점에서 중요하다. 다만 게임을 비롯해 현실세계의 콘텐츠는 지적재산권(IP)을 바탕으로 매력적인 콘텐츠를 생산하고 업데이트함으로써 재미와 함께 지속성을 유지하는 데 비해 메타버스 상의 콘텐츠는 가상현실을 반복해서 사용할만한 콘텐츠 부족 현상이 극복해야 할 과제가 될 것으로 예상된다.

많은 기업들이 메타버스에 승차하려고 줄을 서고 있다. 잘나가는 제페토, 로블록스, 마인크래프트, 게더타운 등은 만원이다. 메타버스 플랫폼을 새로 구축한다는 것은 많은 초기 비용을 필요로 하기에 구축보다는 활용 전략을 선택해야 하기에 더 그렇다. KB국민은행은 다른 은행과 다르게 미국 스타트업 '게더'가 만든 '게더타운(Gather.town)'을 선택하였다. 이유는 '화상회의' 서비스에서 실시간으로 대화를 나눌 수 있다는 점인데 예를 들면 메타버스 상에서 다른 사람들과 대화를 하려면 직접 아바타를 이동해 그 사람 근처로 가야 하는 데 이 때 자동으로 카메라가 켜지면서 대화가 가능하고, 대화를 마치면 다시 아바타를 멀리 이동해 마치 다른 곳으로 가는 것처럼 움직이면서 카메라는 자동으로 끊어지게 된다.

이러한 장점은 가상 은행 영업점에서 고객이 창구 직원 앞으로 가면 고객과 직원은 자동으로 얼굴을 보면 상담할 수 있는 기능을 구현할 수 있기 때문이다.

전 세계 가입자가 2억명이 넘은 메타버스 앱 '제페토(ZEPETO)'는 네이버 제트가 운영하는 서비스로 얼굴인식, 증강현실(AR), 3D기술을 활용해서 만든 아바타로 소셜활동을 할 수 있게 만든 플랫폼인데 국내 엔터테인먼트 3개 사가 모두 참여함으로써 국내 대표적인 메타버스 플랫폼으로 자리잡았지만 개설하기가 어렵다. '제페토'에 대문을 열게 된 신한카드의 경우, 국내 최대의 카드 회원을 보유하고 있다는 점 때문에 개설하는 데 유리하였다. 너무 잘나가는 메타버스 플랫폼에 승차하려는 기업이 세계적으로 너무 많기에 메타버스 플랫폼 입장에서는 디지털 자산의 호환과 데이터 생산 측면을 무시할 수가 없게 된다.

2021년 초부터 불어오는 메타버스(Metaverse)의 바람이 심상치가 않다. 과연 메타버스가 새로운 물결인지? 아니면 일시적인 현상인지? 구글의 에릭 슈미트(Eric Schmidt) 회장이 2010년 3월 스페인 바르셀로나에서 열린 '모바일월드콩그레스(MWC)' 기조연설에서 "3년 내 스마트폰 판매량이 PC 판매량을 능가하는 등 모바일 시대가 도래한다"라고 전망하면서 내세운 모바일 퍼스트(Mobile First) 전략처럼 새로운 시대가 도래하는 것인가?

  2021년 10월 29일, 페이스북의 CEO 마크 저커버그는 "지금의 브랜드는 제품에 너무 강하게 연결돼 있습니다. 그래서 브랜드를 쓰면 우리의 미래를 설명할 수가 없어요. 저는 사람들이 앞으로는 우리를 메타버스 기업으로 인식해주었으면 합니다. 그리고 우리의 브랜드 정체성도 그러한 우리의 미래와 연결시키고 싶어요." 라고 '메타(Meta)'라는 브랜드로 변경한 이유에 대하여 발표를 했다. 한마디로 미래지향적인 기업의 정체성을 찾고자 이름을 바꾸었다는 것인데 그동안 '하우겐'이라는 내부고발자의 페이스북 내부보고서 유출사건으로 언론의 비판을 받았다는 점에서 볼 때 석연치 않지만 페이스북 커넥트라는 이벤트를 열고 다양한 발표를 했기에 어느 정도 변경의 타당성은 찾을 수 있게 되었다.

  인터넷에서 모바일로 그리고 플랫폼 기반의 경제로 이어져가는 와중에 메타버스(Metaverse)라는 가상 세계 플랫폼이 미래를 주도하게 된다는 흐름을 거부하지는 않지만 전 세계에서 오큘러스에서 플레이 될 수 있는 콘텐츠를 만드는 개발자가 60만 명이라는 '메타(Meta)'의 발표 내용을 볼 때 예측이 틀릴 것 같지 않다. 개발자들을 위해 SDK를 공개하고, 메타버스 교육을 위해 1800억 펀드를 만든다고 할 때, 마치 아이폰이 발표되고

난 이후 모바일 앱 개발자들이 증가하는 것과 유사하게 메타버스가 성장하고 있음을 피부로 느낄 수 있었다. 특히 전설적 게임 'GTA 산 안드레아스'를 메타버스 버전으로 출시하겠다는 것과 사진 같은 화질의 3차원 아바타를 개발 중이라는 점 그리고 완전히 신 개념의 가상현실 디바이스를 개발 중이라고 발표하는 자신감 속에는 언론의 비판 때문은 아닐 것이라는 생각이 들게 한다.

최근 디지털 콘텐츠에 고유한 인식값을 부여하여 콘텐츠 당 단 하나의 NFT(대체불가능한 토큰, NonFungibleToken)만 존재하게 함으로써 블록체인 기반의 새로운 유통 수단으로 NFT가 주목받고 있다. 2016년 이세돌과 알파고가 벌인, 인간이 알파고에 거둔 최초이자 마지막 승리를 거둔 4번 째 대국을 세기의 대국이자 신의 한수라고 하는데 이것을 NFT로 발행, 경매에 부쳐져 2억5천만원에 낙찰되었다. 특히 14년 전 유튜브에서 인기를 끈 영국 남자아이들의 영상이 NFT로 만들어져 76만999달러(약 8억4508만원)에 팔림으로써 대체불가 토큰(NFT)에 돈이 몰리게 되었다. 예술작품에 있어서도 지금은 작가가 그림 한 점을 판매하면 그 소유권은 구매자에게 넘어가고 그 뒤로 작품의 흐름을 파악하기 어려우나 대체불가토큰으로 만들어지는 예술작품은 계약에 따라 누가 소유하고 있는 지 추적할 수 있으며 소유권을 꼭 넘기지 않고도 작품이 판매될 때마다 원작자가 일정한 수준의 로열티를 받는 것도 가능하게 되었다. 아쉽다면 비트코인 등 가상화폐의 가격은 같지만 이더리움 네트워크 상에서 구현되는 대체불가토큰(NFT)은 자산 가치가 다르기 때문에 토큰마다 가격이 다르고, 평가 기준이 애매하다는 점에서 한계를 갖고 있지만 콘텐츠의 새로운 트렌드가 된다는 점에서 의미가 있다.

코로나 이후 포스트 코로나 시기에 콘텐츠(Contents)는 크게 3가지 측면에서 변화하고 있다. 먼저, 채널(Channel)보다는 콘텐츠를 중시하고, 디지털 환경에 잘 적응하고 있는, MZ세대가 콘텐츠 소비를 주도하고 있다는 점이다. 그리고 과거에는 숫자와 분석을 위한 빅데이터는 콘텐츠의 근간이 되는 창의적인 아이디어와 분리되어 취급되어 왔지만 앞으로는 창의성과 빅데이터를 연결하는 콘텐츠가 주목받게 될 것이다. 끝으로, 현실과 가상 간의 경계가 없는 3차원의 메타버스(Metaverse)가 디지털 자산의 호환이나 이용자 중심의 콘텐츠 영역 확대, 메타버스에서 생산되는 양질의 데이터 측면에서 주목받게 될 것이다.

뉴노멀 시대, 콘텐츠의 변화와 대응

코로나 팬더믹 상황 이후 콘텐츠는 많은 변화를 맞이하고 있다. 콘텐츠 소비 세대의 교체에 따른 변화에서부터 상상력이 주도가 되는 데이터 가치 창출이 필요하고, 현실과 가상 간의 경계가 없는 3차원의 가상세계인 메타버스의 등장까지 새로운 기준이 되는 뉴노멀 시대에 콘텐츠는 어떠한 방향으로 나아가야 하는 가 묻게된다.

무엇보다 플랫폼(Platform)을 알아야 한다.

세상이 인터넷에서 모바일로 바뀌고 나아가 플랫폼으로 바뀌어가면서 플랫폼을 지배하는 기업에게 미래가 있다고 할 때 플랫폼은 가치교환이 이루어지는 가상 공간를 의미한다.

로마는 돈을 벌면 길을 닦았는데 중국은 돈을 벌면 이민족의 침입이 두려워서 성을 쌓았다. 로마는 무려 8만 키로의 길을 만들었는데 기원 전에 8만키로의 도로를 만들었다는 것은 정말 대단한 것이었다. 흔히 우리나라가 삼천리 금수강산이라고 하는 데 10리가 4키로인 것을 감안하면 우리는 적어도 1200키로의 도로를 가졌을 것으로 추측되고, 아무리 작은 길까지 포함해도 1만키로 정도 밖에 못가졌을 때 로마는 8만키로의 도로를 가졌다는 것은 정말 대단한 것이다.

로마가 만든 그 길에서 그리스인이 다니고 게르만인이 다니면서 자연스럽게 만남의 장이 생기고, 만나서 뭐할까? 당연히 거래가 생기게 되고 가치 교환이 이루어지게 된다.

길을 통해 로마제국이 이루어졌듯이 현재의 플랫폼(Platform)은 비즈니스를 제공해주기에 기업의 성패와 미래를 좌우한다고 해도 과언이 아닐 것이다. 그래서 우리들은 플랫폼의 눈으로 세상을 보라고 했고, 플랫폼 레볼루션(Revolution)이라고 강조하게 된다.

※ 장벽의 문명사 (데이비드 프라이/김지혜/민음사)

이 책에서는 만리장성의 단점 뿐만 아니라 진시황 이후 한무제가 장벽을 이용해서 중국과 서양을 잇는 안전한 육로, 실크로드의 탄생을 밝혔고, 나아가 2세기 로마 하드리아누스 황제가 쌓은 하드리아누스의 성벽은 고립의 대명사가 되었고 멸망으로 가는 길이 되어 후에 조롱거리가 되었다는 점을 밝힌 책인데 하드리아누스 황제 이전에 로마의 길은 완성되었기에 팍스 로마와는 좀 거리가 멀다는 점을 밝힌다.

매력적인 플랫폼(Platform)은 커뮤니티(Community)가 형성되어야 한다. 그렇기 위해서 플랫폼은 와서 머물수 있어야 한다. 와서 흥미(Interest)을 느끼고 계속 머물 수 있도록 해결책(Solution)을 제공해주면 플랫폼은 매력적이게 되는 데 그것이 플랫폼의 핵심적 속성(순환구조)이라고 할 수 있다.

〈그림-12〉 플랫폼(Platform)의 속성

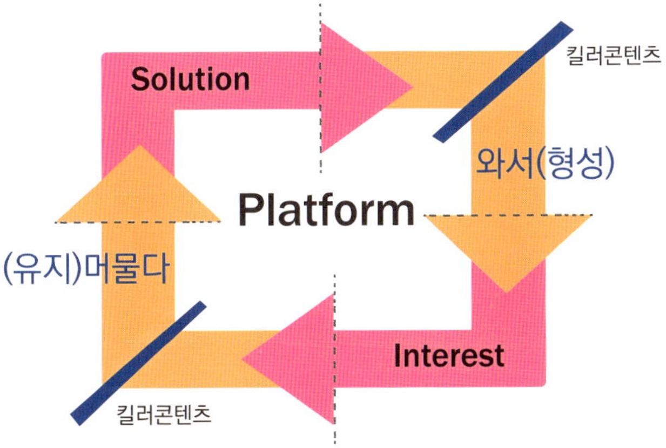

```
         Solution                킬러콘텐츠

                  Platform          와서(형성)

   (유지)머물다
                                  Interest
   킬러콘텐츠
```

　한국의 넷플릭스를 추구하는 '왓챠(Watcha)' 플랫폼은, 그 동안 어떤 감독이 영화를 잘 찍고, 어떤 배우가 호감도가 높고, 어떤 작가가 흥행에 성공하는지 하는 의사 결정이 대부분 감으로 이루어져 온 영화 제작에 새로운 방향을 가져다 주었다.

　어떤 영화를 좋아하는 지 철저하게 개인화된(Personalized) 데이터를 분석해서 향유자들이 어떤 감독과 배우와 작가를 선호하는지 추천할 수 있게 만들어줌으로써 1000만 다운로드를 바탕으로 6억여 건에 이르는 영화 별점 리뷰 빅데이터가 콘텐츠 산업에 있어서 혁신의 마중물 역할을 해주었고, 한국적 OTT기업에서 빅데이터 기업으로 영역을 넓혀가고 있다.

이처럼 플랫폼(Platform)은 와서 머물수 있게 만들어주어야 한다. 왔는 데 흥미(Interest)을 느끼지 못한다면 그 플랫폼은 망할 수밖에 없다. 따라서 플랫폼(Platform)은 와서 흥미(Interest)을 느끼게 해주면서 동시에 계속 머물 수 있도록 솔루션(Solution)을 제공해줄 때 매력적인 (Attractive) 플랫폼이 되기에 플랫폼의 핵심적 속성이라고 할 수 있다.

전통 시장이나 승강장 같은 오프라인으로서의 플랫폼은 시간적이나 공간적으로 한계를 지니고 있다. 이러한 수용인원의 한계와 공간 게재의 한계를 극복한 것이 온라인 상에서의 플랫폼이고 하루가 다르게 변하는 정보통신의 기술로 인하여 오프라인이 갖는 진열의 제약이나 유통의 장애를 극복한다는 점에서 온라인 플랫폼이 강조되고, 플랫폼(Platform)이 주목 받게 되는데, 크게 3가지 측면에서 강조되고 있다.

플랫폼은 기존의 파이프 라인(Pipeline)비즈니스에서 플랫폼 (Platform) 비즈니스로 변화하면서 혁신적인 가치를 창출하고, 4차 산업 혁명 시대 기업의 핵심 경쟁력이 된다는 점에서, 그리고 플랫폼은 콘텐츠 비즈니스의 장(場)으로서 역할을 한다는 점에서 주목받게 된다. 사소한 다수에게서 매출의 80%를 창출하는 롱테일 법칙처럼 플랫폼은 콘텐츠에 있어서 롱테일 콘텐츠(Longtail Contents)를 만들어내기에 다분히 매력적인 장(場)이라고 할 수 있겠다.

특히 플랫폼은 AI-X를 도구로 플랫폼에서 플랫폼X로 확장이 되는데, 기존의 공학적 측면을 뛰어넘어 금융, 유통, 헬스케어, 콘텐츠까지 확대되어 메타버스 상에서 플랫폼X로 연결되어 다양성을 지니게 된다. 여기서 플랫폼X는 빅데이터를 한군데 모으고, 그것을 기반으로 AI-X를 도구로 수익을 극대화하는 피라미드 구조를 형성하여 현실과 가상세계까지 연결해줌으로써 플랫폼의 중요성을 강조하게 된다.

콘텐츠 가치 창출

콘텐츠(Contents)는 콘텐츠 → 커뮤니티 → 커머스와 같은 순환적 구조를 가지고 가치(value)를 창출하고 있다. 즉, 콘텐츠(Contents)는 왕성한 커뮤니티(Community)를 바탕으로 킬러 콘텐츠(Killercontents)를 유발할 때 자연스럽게 커머스(Commerce)가 이루어지게 된다.

그렇기에 콘텐츠 가치 창출 구조에서 플랫폼(Platform)의 역할을 강조하게 된다. 만약 한번 만들어진 플랫폼(Platform)에서 커뮤니티(Community)가 형성되지 않는다면 결과적으로 콘텐츠의 가치 창출은 요원하다고 볼 수 있기 때문이다.

최근 스트리밍용 '콘텐츠' 확보는 미디어 시장에 중요한 이슈가 되고 있다. 넷플릭스가 쏟아올린 OTT 시장 역시 출범 1년 여 만에 1억명의 가입자를 확보한 디즈니 플러스 때문에 더 가열되고 있는 실정이다. 국내에서도 넷플릭스의 OTT 시장 잠식을 염려에 두고 합종 연횡을 통하여 생존 전략을 추구하고 있지만 과연 K콘텐츠의 가치를 추구할 것인지 아니면 플랫폼의 영향력을 감안하여 한국형 플랫폼을 키워야 할지 정책(政策)은 고민 중에 있다. 닭이 먼저냐 아니면 달걀이 먼저냐? 어디에서 생명이 시작되었는지에 대해서도 의견의 일치가 이루어지지 않고 있는 것처럼 콘텐츠냐 플랫폼이냐 하는 고민은 항상 진행형이 될 것이다.

콘텐츠 기업과 플랫폼 사이는 항상 좋을 수는 없다. 둘은 소비자가 지불한 이용료를 나누어 가져야 하는 입장인데도 불구하고 갈등을 빚고 있다. 결론적으로 음악, 방송, 영화, 게임, 웹툰 등 콘텐츠 산업을 이끄는 콘텐츠사와 플랫폼 기업은 전체 산업의 파이를 키운다는 입장에서 합리적인 수익 구조 배분 비율을 가져야 할 것이다. 특히 플랫폼 기업은 콘텐츠 비용을 투자로 보는 인식의 전환이 필요하다.

AT&T의 콘텐츠 자회사 '워너미디어'와 케이블 TV 채널 '디스커버리'의 합병이나 아마존이 'MGM'를 품고 OTT 시장에 진격하려고 하는 것 역시 IP(지식재산 · Intellectual Property)를 바탕으로 한 콘텐츠 파워(Contents Power)가 그 어느 때보다도 중요하기 때문이다.

결과적으로 콘텐츠(Contents)는 플랫폼(Platform)을 만나야 한다. IP 콘텐츠의 중요성이 강조될수록 양질의 플랫폼을 만나야 꽃을 피울 수 있게 된다. 사물인터넷(IoT)과 같은 엄청난 센서 데이터와 SNS와 같은 빅데이터는 인공지능(AI)의 먹이가 되고, 제조, 금융, 유통, 공유, 콘텐츠 분야별로 이(e) 모든 데이터(Data)를 구름(Cloud) 위에 띄워서 분석하고 활용하여 인사이트(Insight)를 얻고, 가치(Value)를 창출할 때 플랫폼(Platform)은 비로서 그 역할을 다한다고 할 수 있다. 특히 콘텐츠(Contents)는 왕성한 커뮤니티(Community)를 바탕으로 자연스럽게 커머스(Commerce)가 이루어지기에 콘텐츠 가치 창출에 있어서 플랫폼은 중요한 역할을 하게 되며 콘텐츠는 플랫폼을 만나야 콘텐츠 파워(Contents Power)를 확산시킬 수 있다.

〈그림-13〉 콘텐츠와 플랫폼의 선순환 구조

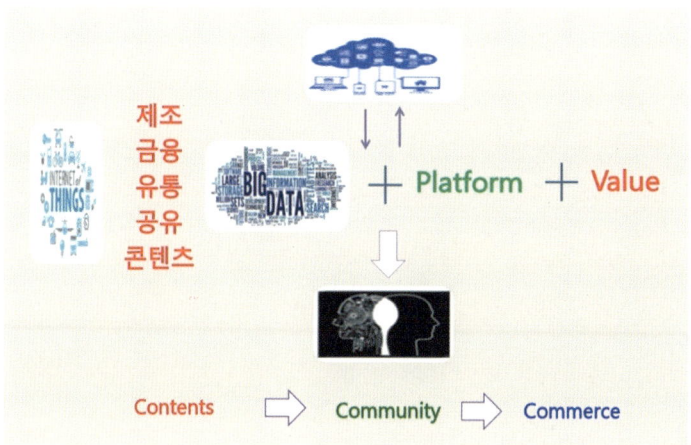

 생각에 날개를 달면 노래가 되듯이 콘텐츠에 날개를 달아 줄 플랫폼(Platform)은 콘텐츠 파워(Contents Power)를 확산시킬 수 있는 전초기지 역할을 하면서 다가올 메타버스(Metaverse) 시대에도 절실하게 필요하게 될 것이다.

16.
콘텐츠 파워(Contents Power)의 확산과 과제

K-pop에서 시작된
K콘텐츠는
독특한 한국적 정서를 바탕으로
글로벌 위상을 확보함으로써
세계가 주목하게 되었고,
K드라마-오징어 게임의 성공은
'코리안 인베이전'(The Korean Invasion)이라 부를 수 있을 만큼
영향력이 큰 문화현상이 되었다.

이러한 결과에 만족하지 않고
지속 가능한 콘텐츠 제작 능력을 갖춘다면
글로벌 콘텐츠 강국으로서의 위상을
충분히 확보할 수 있기에
소프트 파워보다는
매력적이고 한국적인
콘텐츠 파워(Contents Power)를
선택할 수 밖에 없다.

2 Part

왜, 콘텐츠 파워(Contents Power)인가?

하버드대 케네디 스쿨의 조지프 나이(Joseph S. Nye, Jr.) 교수는 90년대 미국 쇠퇴론에 반하여 국제 정치를 이끌어갈, 새로운 미국을 창조하기 위해 소프트 파워(Soft Power)란 개념을 처음 사용하였다. 군사력이나 경제제재 등의 물리적 힘으로 표현되는 '하드 파워(Hard power)'에 대응하는 개념의 소프트 파워(Soft Power)는 21세기에 들어서면서 부국강병을 토대로 한 하드 파워, 곧 경성(硬性)국가의 시대로부터 문화를 토대로 한 소프트 파워, 곧 연성(軟性)국가로 변하게 되었다. 특히 2000년대 들어서 소프트 파워가 중국으로 넘어가 문화(공자)와 결합하면서 국력의 한 축으로 작용하였다. 여기서 문화란, 인간의 이성적 및 감성적 능력의 창조적 산물과 연관된 모든 분야을 의미하는 데 IT 기술의 발달과 함께 창의적인 아이디어를 기술, 제품과 융합해 비즈니스를 구현하는 능력으로 구체화되면서 소프트 파워는 4차 산업혁명과 함께 부각되었다.

2010년 경 한국에서 소프트 파워는 C.P.N.D의 한 축인 네트워크를 기반으로 정보통신 강국으로 글로벌 위상을 확보했지만 상대적으로 세계적

인 소프트웨어가 부재함으로써 많은 이들이 소프트웨어 경쟁력을 강조되었고 이로 인해 소프트웨어가 소프트 파워로 잘못인식하는 경우가 많았다. 반면 콘텐츠 산업은 국내 정보기술 산업처럼 데스트 베드(Test-bed)로서 성장 잠재력이 기대되었지만 당시로서는 문화 산업과 콘텐츠 산업이 구별되지도 않았고 일부에서 글로벌 콘텐츠 5대 강국을 주장할 뿐이었다.

코로나19는 모든 것을 바꾸어놓았다. 지난 2년은 정말 한번도 경험해보지 못한 변화로 과거는 현재와 유사하다는 생각을 바꾸어놓았다. 한마디로 과거는 현재와 다른 방식으로 존재하는 '낯선 나라'가 되어있었다. 코로나 사태는 우리들의 생각과 일상 나아가 비즈니스에 100년 만에 최대 충격을 안겨주었고, 사람들 간의 접촉을 최소화하는 언택트(untact) 상황은 경제의 중심 축을 급격하게 온라인으로 이동시켰다.

이러한 시기에 반한류 및 폄한류를 거쳐 한한령(限韓令)까지 수많은 위기를 거듭하면서 자생력을 갖춘 우리 콘텐츠 산업은 K-Pop를 시작으로 영화, 드라마, 게임, 웹툰에 이르기까지 독특한 한국적 정서를 바탕으로 글로벌 위상을 확보함으로써 세계가 주목하게 되었다. 특히 영화『기생충』과『미나리』가 아카데미상을 점령하였고 K-드라마『오징어게임』과『지옥』이 성공함으로써 '코리안 인베이젼'(The Korean Invasion)이라 부를 수 있을 만큼 영향력이 큰 문화 현상이 되었다.

그렇다고 세계가 주목하는 문화 현상에 만족해서는 안될 것이다. 과연 지속 가능한 성장 동력으로서 우리 콘텐츠 산업이 존재하려면 어떻게 하여야 할까?

중국이 소프트 파워에 공자 문화를 입혀서 일대일로(一帶一路, One belt, One road) 정책을 일관되게 추진하듯이 우리도 한국적 정서를 바탕으로 한 K콘텐츠를 통해서 연성(軟性)국가로 전환할 필요가 있고, 소프트 파워와는 차별화된 콘텐츠 파워(Contents Power)를 확산시켜야 할 것이다.

미래의 쌀이라고 하는 반도체 수출액이 연간 1000억 달러 수준인데 비해 2021년도 기준 콘텐츠 산업의 수출액은 125억달러로 8분의 1 수준이지만 최근 요소수 사태에서 알 수 있듯이 자원 의존도가 심한 우리로서는 자원 강국인 중국의 영향력을 벗어날 수 없기에 지금이라도 한국적 정서를 바탕으로 한 콘텐츠 제작 강국으로서 글로벌 위상을 확보하려면 콘텐츠 파워(Contents Power)를 확산시켜야 할 것이다. 모빌리티의 부상으로 미래의 차를 움직이는 동력으로 배터리(2차 전지)가 중요하고, 배터리를 지배하는 자가 세상을 지배한다는 현실에서 K-밧데리 수출이 460억 달러라면 K콘텐츠 수출도 국가적으로 지원한다면 얼마든지 시장 점유율을 높일 수 있게 된다. 따라서 디지털 전환 시기에 콘텐츠가 국가를 개혁하고, 국력을 향상시키는 성장동력이란 점을 인식하고 생태계를 모색하면서 다양한 콘텐츠 전략과 방향이 제시되어야 할 것이다.

어떻게, 콘텐츠 파워(Contents Power)를 확산시킬 것인가?

모든 산업이 그렇지만 디지털 전환(DX)이란 측면에서 볼 때, 콘텐츠 산업도 예외가 아니다. 과거에는 우리의 콘텐츠 산업이 성장하려면 무엇보다 연 매출액 10억 원 미만 기업이 90% 이상을 차지하는 영세한 산업구조에 변화를 주고, 콘텐츠 산업의 허리를 차지하는 기업의 육성에 정책의 초점을 맞추었지만 이제부터는 콘텐츠 기업의 디지털 전환으로 자생력을 갖추도록 자금과 정책이 집중되어야 한다.

K-드라마『오징어게임』과『지옥』의 성공으로, 검은 고양이든 흰고양이든 쥐만 잘 잡으면 된다는 중국 덩샤오핑[鄧小平]이 취한 경제정책처럼 플랫폼(Platform)을 토대로 얼마든지 K콘텐츠가 성장할 수 있기에 넷플릭스든 디즈니플러스든 애플TV+든 플랫폼의 국적에 상관없이 콘텐츠가 중요한 시기가 되었다. 비록 자본을 앞세운 플랫폼 기업의 영향으로 적은 자본에 콘텐츠를 제작하여야 하지만 그것은 얼마든지 콘텐츠가 콘텐츠 파워를 지니게 되면 극복되기에 한국적 콘텐츠 제작 능력을 높이면 된다.

그렇다면 어떻게 콘텐츠가 콘텐츠 파워를 갖게 할 것인가?

결론적으로 본다면, 콘텐츠에 디지털 전환의 교두보이자 전초기지인 플랫폼을 만나게 하고, 플랫폼을 기반으로 창의성(Creativity)이 주도하는 (빅)데이터와 이를 분석할 수 있는 인공지능(AI) 그리고 블록체인(Block Chain) 나아가 가상현실(VR), 증강현실(AR), 확장현실(XR) 같은 기술이 융합된다면 자연스럽게 콘텐츠는 콘텐츠 파워(Contents Power)를 갖게 될 것이다. 여러분들이 잘 알고 있는 게임 메타버스 플랫폼 로블록스의 가상화폐 '로벅스'나 게임을 하면서 돈을 버는 P2E 게임 '미르4', 블록체인 기술을 활용해 디지털 자산에 고유의 인식값을 부여함으로써 복제가 불가능하게 한 NFT(대체 불가능한 토큰 Non-Fungible Token), 사이버 가수 아담과 같은 디지털 휴먼, 그리고 AI 싱어, AI 작곡가 등이 콘텐츠를 콘텐츠 파워로 만들어주는 디지털 전환이라고 볼 수 있다.

디지털 기술의 발전은 산업 간, 권역 간 경계가 무너지는 빅블러(Big Blur) 현상이 일상화되면서 빅블러 시대를 대비한 새로운 상생과 생존의 방법을 모색하게 된다. 콘텐츠, 특히 음악이나 음원에서도 '모두가 듣던 음악'에서 '내가 좋아하는 음악'으로 소비 구조가 바뀌고, 인공지능(AI)를 활용한 새로운 음악(음원, 음색)으로의 변화가 심화되고 있다. 음원 데이터 학습으로 AI가 노래를 부르고, AI가 작곡을 하게 되는 세상이 도래했다. AI 작곡 플랫폼인 '엠퍼 뮤직(Amper Music)은 팝, 재즈와 같은 장르의 곡을 3분 이내로 작곡이 가능하며, 아마존 웹서비스(AWS)의 '딥컴포저'는 키보드로 한 소절의 멜로디를 입력하고 장르를 정하면 몇 초만에 곡을 완성해주고 있다. 국내에서도 2016년 광주과학기술원(GIST) AI대학원 안창욱교수팀이 국내 최초로 한국음악저작권협회에 등록된 AI 작곡가 '이봄(EvoM)'을 탄생시켰고, '수퍼톤'은 혼성그룹 '거북이'의 '터틀맨(임성훈)'과 가수 '김현식'의 목소리를 복원하여 AI로 실현하였다. 한국의 사이버 가수 1호인 아담이 '제네시스(Genesis)' 앨범을 내면서 AI보컬은 물론 딥신경망의 음성합성(SVS), 가창합성을 활용해 실제 가수처럼 호흡과 바이브레이션까지 담아 인간과 유사한 생생한 목소리를 생성하고, 나아가 정밀한 음색의 노래를 지도할 수 있게 되었다. 이처럼 디지털 전환(DX)에 필요한 기술은 콘텐츠로 하여금 콘텐츠 파워를 갖게 하는 원동력이 되었다. 향후 메타버스 상에서 AI가 작곡하고, AI가수가 노래를 부르듯이 나의 아바타가 AI에게 나만의 감성을 표현할 수 있도록 작곡을 의뢰한 뒤 나의 아바타가 노래를 하고 옆에서 AI 보컬이 교정을 해주는 시대가 가까워지고 있다.

〈 메타빌드의 AI 가수 비비젠〉

  핀테크(FinTech)에서 시작된 기술적 우위 현상은 전통적이고 고정적인 부동산마저 프롭테크(proptech)로 변화시켰고, 정과 성을 기본으로 하는 음식도 푸드테크(Foodtech)로 새로운 세상을 체험하게 만들어주었다. 이처럼 기술(Technology) 우위 현상은 콘텐츠에서도 예외없이 적용되어 3D나 가상과 현실의 경계를 허무는 가상현실(VR Virtual reality) 기술로 아바타를 만들고, 메타버스(Metaverse)와 같은 디지털 세상을 창조하였다.

  1992년 소설 '스노우 크래시(Snow crash)'에서 처음 등장한 메타버스(Metaverse)는 현실과 연동되는 가상세계로 기술의 부재로 오랫동안 공상 과학 영역에 머무르다 4차 산업혁명과 함께 꽃을 피웠다. 초기에 로블록스, 마인크래프트처럼 게임 성격이 강한 메타버스가 주도하다가 코로나 팬더믹으로 비대면 사회가 일상화되면서 가상세계에 대한 관심과 기술 위주의 빅테크 기업의 참여로 인터넷의 다음 단계 혹은 현실 경제보다 더 큰 새로운 경제로 부각되고 있다. 특히 메타버스는 단순하게 현실과 가상 간의 경계가 없는 3차원의 가상세계을 의미하기 보다는 가상화폐를 발행하여 이모티콘, 아바타, 게임 등을 사고 파는 경제 활동을 실현하는 비즈니스 모델을 구축하면서 현실 세계와 동일한 소비활동을 한다는 점에서 중요하고, 현실에서 상당한 부(富)를 창출한다는 측면에서 많은 기업들이 메타버스에 탑승하고자 줄을 서고 있다. 아직은 현실 세계와 별개로 자신의 분신인 아바타(Avata)로 디지털 세상을 체험하지만 디바이스(장치)의 진화는 사용자들로 하여금 현실과 디지털 세상에서 공간의 격차 없는 경험을 느낄 수 있도록 만들어주고, 나아가 서비스 로봇, 자율주행 모빌리티, 증강현실(AR), 가상현실(VR), 스마트빌딩, 스마트시티 등 같은 기술력으로 인프라와 연결하여 체험을 극대화시키고자 한다.

　자본집약적 장치산업 보다는 무형자산(소프트웨어) 기반의 기업이 시장에서 높은 평가를 받는다는 측면에서 볼 때 삼성전자가 소프트웨어 시장을 점유하고자 기울인 좌충우돌의 소프트웨어 개발 과정을 메타버스에서도 반복한다면 어떻게 될까? 삼성전자가 AI, IoT, OS에 대응하는 빅스비, SmartThings, 타이젠으로 플랫폼과 생태계를 구축한 것처럼 네이버가 메타버스 상에서 적당한 기술로 만족한다면 우리의 콘텐츠 파워는 요원하게 될 것이다.

　회사명까지 '메타(Meta Platforms Inc)'로 바꾼 페이스북이 창조하고자 하는 메타버스는 소통과 연결의 공간을 만드는데 초점을 맞추고 있고, 네이버 Z의 제페토(ZEPETO)와 또 다른 네이버 랩스의 아크버스(ARCVERSE)가 존재하는 글로벌 격전지에서 콘텐츠가 어떻게 하면 콘텐츠 파워를 갖게 될까 하는 문제는 더 이상 문제가 될 수 없다. 중요한 것은 글로벌 테크 기업들의 장치 및 기술과 경쟁할 것인가? 아니면 한국적 정서를 바탕으로 한 메타버스 콘텐츠를 창조하여 차세대 성장동력으로 삼을 것인가? 에 있다.

Epilogue

넥스트(Next) 콘텐츠, 플랫폼(Platform)에서 길을 찾다.

Epilogue

넥스트(Next) 콘텐츠, 플랫폼(Platform)에서 길을 찾다

만약 당신에게 '한 장의 사진(寫眞)'이 있다면
그 사진을 가지고 무엇을 할 것인가 망설이지 말자.
단 세 줄 짜리 소감을 적어서 친구나 지인에 퍼 나르면,
분명 당신의 사진은 배준호부부의 『세줄일기』처럼 앱(App)이 되어
또 다른 비즈니스의 세상으로 안내할 것이다.

'한 편의 영상(映像)'이 생기면 무엇을 할까 고민하지 말자.
스토리(Story)가 있으면 감동을 줄 수 있기에
제일 먼저 자신에게 맞는 옷을 찾아 발품을 팔 듯이
자신에게 어울리는 플랫폼(Platform)을 찾아보도록 하자.

꼭 동영상이 아니어도
디지털로 자신의 생각과 경험을 이야기할 때가 왔다.

넥스트(Next) 콘텐츠, 플랫폼에서 길을 찾다

서두에서 저자는 콘텐츠 산업의 생태계 조성을 위한 몇 가지 제언과 함께 콘텐츠 비즈니스의 성공을 위해서는 커뮤니티 활성화가 중요한 과제이며 이를 위해서는 콘텐츠도 플랫폼(Platform) 화(化)가 되어야 한다고 강조했다.

2005년, 삼성전자가 놓친 안드로이드를 구글(Google)이 5천만 달러에 인수함으로써 모바일 기반의 플랫폼 생태계에 커다란 변화를 가져왔지만 2006년 10월, 16억 1천만 달러의 거액을 들여 동영상 사이트 유튜브(YouTube)를 인수할 때만 해도 지금처럼 콘텐츠로 세상을 지배할 지 예측할 수 없었다.

넷플릭스(Netflix)의 프로페셔널한 콘텐츠와 달리 유튜브는 사용자 기반(UGC, User Generated Contents)의 어눌한(?) 콘텐츠로 시작하였다. 그만큼 개방형을 지향할 수 있었고, 수많은 아마추어 콘텐츠 생산자들의 콘텐츠가 게재될 수 있도록 API가 공개되면서 상대적으로 소비자가 모여들어 사용량이 폭발적으로 증가하였다. 단지 장(場)을 제공해주었을 뿐인데 블랙홀처럼 모든 영상콘텐츠를 빨아들였다.

2012년, 싸이의 뮤직 비디오 '강남스타일'은 유튜브 조회 수 10억 뷰를 돌파하는 기록을 달성함으로써 우리나라에 유튜브의 존재를 널리 알려주었으며, 『나는 유튜브로 1년 17억을 번다』라는 카피(Copy)와 함께 출판된 '대도서관'의 책은 베스트셀러가 되었고 약 190만 명의 유튜브 구독자를 보유하게 되었다.

특히 71살에 병원에 갔다가 치매 위험군으로 진단받고, 손녀와 함께 둘이서 호주로 여행가서 할머니의 살아온 이야기를 유튜브에 올려 구독자 88만 명을 가진 '박막례할머니 Korea Grandma' 채널은 초등학생까지 유튜버(YouTuber)가 되는 꿈을 가지게 되는 유튜브 세상을 만들었다.

플랫폼이 성공하기 위해서는 플랫폼은 플랫폼에 참여하는 모든 이들에게 매력적이어야 하며 참여자들과 함께 새로운 가치를 창출할 수 있어야 하는데 유튜브는, '규모의 경제'와 '네트워크 효과'라는 플랫폼의 가치 창출의 두 축을 완벽하게 실현했고, 구글의 '애드센스'가 제공하는 맞춤형 영상광고를 통해 추구하는 가치와 수익을 분리함으로써 플랫폼의 기본적인 비즈니스 원칙에도 충실했다.

많은 사람들은 유튜버(YouTuber)가 되려고 노력한다. 스스로 말하는 습관이나 목소리, 자세 등을 객관적으로 보고 고치려고 하고, 그 다음에는 주위에서 만나는 이벤트에 관심을 갖고 영상화하려고 한다. 페이스북을 하면서 느끼는 것을 페북의 친구들에게 게시물을 올리기보다는 개인 방송을 통해 영상물을 올리는 경우가 부쩍 많아지고 있다는 것을 알 수 있다.

만약 당신에게 '한 장의 사진(寫眞)'이 있다면 그 사진을 가지고 무엇을 할 것인가 망설이지 말자.

단 세줄 짜리 소감을 적어서 친구나 지인에 퍼 나르면, 분명 당신의 사진은 배준호부부의 『세줄일기』처럼 앱(App)이 되어 또 다른 비즈니스의 세상으로 안내할 것이다. 여행을 통해 사람을 만나고 사물과 대화를 하고 순간을 기록한 사진에 생명력을 불어넣는 방법으로 세줄 짜리 소감은, 플랫폼(Platform)을 만나는 순간 새로운 비즈니스 모델이 되어서 삶에 소중한 선물이자 터전으로 전환될 것이다.

'한 편의 영상(映像)'이 생기면 무엇을 할까 고민하지 말자.

스토리(Story)가 있으면 감동을 줄 수 있기에 제일 먼저 자신에게 맞는 옷을 찾아 발품을 팔듯이 자신에게 어울리는 플랫폼(Platform)을 찾아보도록 하자. 새로운 플랫폼을 만들기에는 너무 많은 비용이 들기에 기존에 만들어진 플랫폼에 참여하는, 플랫폼 활용 전략을 생각하면 된다.

자기를 적극적으로 홍보하는 삶이 많으면 많을수록 국가적으로 콘텐츠 파워(Contents Power)는 강해질 수밖에 없기에 자의든 타의든 한 편의 동영상(動映

像)이 생기면 '유튜브'나 '틱톡' 혹은 '네이버TV'나 '아프리카TV'를 활용하자. 나아가 게임을 좋아하면 '로블록스 스튜디오'에 들어가서 게임을 만들어 보고, '제페토(ZEPETO)'에서 나만의 아바타에 색다른 아이템을 입혀보자.

현재 국내 동영상 서비스 시장에서 '유튜브'와 '틱톡(TikTok)'의 시장 점유율이 85% 이상을 차지하고 있다. 수많은 아마추어 콘텐츠 생산자들이 유튜브와 틱톡이라는 소통의 장(場)에서 이용자들과 만나고 있다. 처음에는 어눌하고 투박한 콘텐츠들이 모여들었지만 이를 보고 싶어하는 이용자들의 관심이 높아질수록 기존에 전문적으로 콘텐츠를 제작하던 프로들까지 가세하여 커뮤니티(Community)를 형성하게 되었다. 이러한 왕성한 커뮤니티의 이면에는 관심 동영상 추천 '포유(ForYou)' 기능 같은 서비스, 즉 킬러 콘텐츠가 존재함으로써 일반 이용자들이 좀 더 쉽게 동영상을 만날 수 있는 환경을 조성하는 역할을 하게 된다. 방대한 영상 콘텐츠 데이터를 분석해서 패턴을 읽어내고 이를 토대로 이용자들의 관심에 맞게 동영상을 추천하는 머신러닝(Machine Learning) 기술로 좋은 영상을 보다 쉽게 발견할 수 있게 만들어 줌으로써 선순환 구조를 가져왔다.

네이버는 초기에 '네이버 TV캐스트'와 같은 플랫폼으로 음식, 뷰티 등 특정 주제에 특화된 창작자를 주로 지원하는 블로그를 통해 동영상을 업로드 하는 형태의 플랫폼을 유지하다가 2017년 시장 상황에 맞게 '네이버TV'라는 오픈 플랫폼을 출시하게 되었다. 개인이 콘텐츠를 소비하는 입장의 폐쇄적인 플랫폼에서 벗어나 이용자들이 콘텐츠를 생산하는 오픈 플랫폼은 커뮤니티 형성에 꼭 필요하기에 네이버도 유튜브에 맞게 전환하게 되었다. 특히 네이버 자회사 '네이버제트'가 운영하는 메타버스 플랫폼 '제페토'는 2억명 이상의 글로벌 이용자를 사로잡으면서 플랫폼의 중요성을 보여주었다.

샨타누 나라옌(Narayen) 어도비 CEO는 동영상 같은 디지털 미디어로 표현하는 능력이 개인은 물론 사회적으로 중요해졌다고 강조하면서 이를 '크리에이티브 리터러시' 문제라고 보고, 누구나 손쉽게 디지털 콘텐츠 세상을 만드는 '디지털 개인화'를 강조하였다. 여기서 '디지털 개인화'는 꼭 동영상이 아니어도 디지털로 자신의 생각과 경험을 플랫폼에서 이야기할 때 콘텐츠의 미래는 성큼 가까워질 것이다.

매력적인 플랫폼(Platform)은 새로운 가치를 만들고, 비용 절감의 효과가 있고, 나아가 끊임없이 진화하여야 하지만 한번 만들어진 플랫폼이 커뮤니티(Community)가 형성되지 않는다면 무슨 필요가 있을까?

결과적으로 콘텐츠 비즈니스는 Contents ⇨ Community ⇨ Commerce로 이루어지는 순환구조 속에 놓여 있기에 콘텐츠 플랫폼(Contents Platform)은 무엇보다 콘텐츠를 바탕으로 한 커뮤니티 형성에 많은 노력을 필요로 한다. 즉, 다양한 콘텐츠(Contents)가 커뮤니티(Community)를 통해서 킬러 콘텐츠를 배출하고, 때론 킬러 콘텐츠가 커뮤니티를 형성하기에 제일 중요한 것이 커뮤니티 형성인 것이다.

플랫폼을 이용하는 소비자가 많을수록 커머스(Commerce)를 일으키기는 쉽다. 문제는 Contents ⇨ Community ⇨ Commerce 과정에서 과연 플랫폼이 커뮤니티를 어떻게 풍성하게 만들어주는가, 어떤 기술이 필요한가 확인하게 되면 포스트 코로나 시대 차세대(Next)콘텐츠가 지향해야 할 방향을 자연스럽게 찾을 수 있을 것이다.

<세월을 읽다>

머리 속에서 떠나지 않을 때
달은 여렸다.

꼭 그래야 했나

살며시 부려놓고 간
눈 아래
무말랭이처럼 귀기울이다 떠난
세월(世月)을 보고 하루를 헤아리다
갈 곳 없어
문을 열면
달그닥 달그닥 찾아온 겨울.

동지(冬至)에 배고픈
젊은 달,
아궁이따라 눈물을 훔치며
자꾸 창문을 열어본다.

세상을
버스로 지하철로 실어나르다
눈을 뜨니 중년이었고,
눈을 감으니
달은
중천(中天)에서 세상을 쓴다

지루한
비에도 그릇은 넘치고
욕정(慾情)에 드는 시간은 짧기에
반달은
나가는 여름을 바라본다

꼭 떠나야 했나

사는데
감사한 적 없기에
달의 숨을 들으며
예순짜리 지갑에
시들지않게 가을을 넣고
세월을 읽다

2021. 9. 9
세월을 읽다_김세을
https://contentsplatform.tistory.com

<가을 소묘(Falling in Autumn)>

바람이
시월에 놀다가
내려왔다.

문득
뒤돌아볼 때
사는 게 달달하면
가을은
출근길 모퉁이를 돌아서
친구처럼
감미롭고 고마운지
담벼락에 동그라미 그렸는데....

자꾸
아래로 처진다
시월에서 11월까지
십보(十步)도 안 걸리는 데
가을은,
가슴을 건너서 차분하게
안으로 흘러간다.

살면서
친하고 다정한 것 몇 안되지만
정오(正午)에
가을 햇살.
집나간 남자(男子)를 찾는다.

몸이 시리도록
지난 시간(時間)이 아쉬워
서툰 낙엽을 따라 걷다보면
가을은
구구절절 손님이었다.

씨없는 낙엽에
머물다
퇴근길 하늘에도
떨어지는 가을은
시월에 걸려있다.

2021. 10. 10
세월을 읽다_김세을
https://contentsplatform.tistory.com

<가을과 겨울사이>

자전거 앞 바퀴는
밟아도
소리가 나지 않는 가을을 지난다.

아프다고 한들
남을까

작년처럼
낙엽은
출구를 지키며
나에게 없는 추억
떠나려 한다.

순서대로
아픔을 낳고
올해도 열 달이 지나고 있다.

가을에 묻고
겨울에서 찾다보면
바람에
멀어져 가는 가을.

어깨에 매달려
찾다보면 멀어져가는
너에 대한 생각.

2021. 11. 11
세월을 읽다_김세을
https://contentsplatform.tistory.com

<종강 終講>

뒹구는 낙엽
어디로 갈지 몰라도
눈치빠른 학교는
겨울 채비를 한다.

나보다 먼저
먼저
끝낸
초빙교수에게서
문닫힌 카페의 아른함을 만나고
발걸음은
종강(終講)으로 가고 있다.

모과가 떨어지던 날
캠퍼스는
홀로
겨울을 준비했나보다

시험지 가득
한 학기 강의를 담고
계단을 내려온다.

잠시
가슴시린 얼굴 뒤로
눈치빠른
학교는
겨울 옷을 꺼내고
한 해가 간다.

2021. 12. 12
세월을 읽다_김세을
https://contentsplatform.tistory.com

참고 문헌

〈단행본〉

한국문화경제학회『문화경제학 만나기』김영사, 2001
해롤드 보겔 저, 현대원 역, 『엔터테인먼트 산업의 경제학』커뮤니케이션북스, 2003
김민수『문화콘텐츠 유형론』도서출판 글누림, 2006
김재하『디지털콘텐츠 분석과 전략』라이트북닷컴, 2006
조용호『플랫폼 전쟁』21세기북스, 2011
히라노 아쓰시 칼·안드레이 학주 지음, 천재성 옮김, 『플랫폼 전략』더 숲, 2011
윤상진『플랫폼이란 무엇인가?』한빛비즈, 2012
안종배『스마트시대 콘텐츠마케팅론』박영사, 2012
류한석『모바일 플랫폼 비즈니스』한빛비즈, 2012
황병선『스마트플랫폼 전략』한빛미디어, 2012
플랫폼전문가그룹『플랫폼을 말하다』클라우드북스, 2013
도준웅『디지털 시대 새로운 마케팅의 탄생 COD』북이십일 21세기북스, 2013
최병삼·김창욱 외 1명『플랫폼, 경영을 바꾸다』삼성경제연구소, 2014
신혜성·최동철·권애라·권예원·고용기『크라우드펀딩』에딧더월드, 2014
KOTRA『2015 한국을 뒤흔들 12가지 트렌드』알키, 2014
권병웅·김선영『하이퍼컬처와 문화콘텐츠』소나무숲, 2015
박기수『문화콘텐츠 스토리텔링 구조와 전략』논형, 2015
한창완『게임 플랫폼과 콘텐츠 진화』커뮤니케이션북스, 2015
함유근『이것이 빅데이터 기업이다』삼성경제연구소, 2015
김평수·윤홍근·장규수『문화콘텐츠 산업론』커뮤니케이션북스, 2016
김기찬·송창석·임일『플랫폼의 눈으로 세상을 봐라』성안당, 2016
노규성『플랫폼이란 무엇인가?』커뮤니케이션북스, 2016
윤지영『오가닉 마케팅』오가닉미디어랩, 2017
마셜 밴 앨스타인·상지트 폴 초더리 외 1명 저, 이현경 역『플랫폼 레볼루션』부키, 2017

최서주 『나는 책쓰기로 1인 플랫폼을 세워 성공했다』 퓨쳐인베스트, 2017
김진수 『IoT 플랫폼』 광문각, 2018
성대훈 『스토리플랫폼』 미디어랩, 2018
김동하 『엔터테인먼트 산업혁명』 웰북, 2018
이민화 『공유 플랫폼 경제로 가는 길』 KCERN, 2018
홍기영 『플랫폼하라』 매경출판, 2018
마이클 스미스·라훌 텔랑 저, 조대곤 역 『플랫폼이 콘텐츠다』 이콘, 2018
암릿 티와나 저, 김승일 외 1명 역 『플랫폼생태계』 Pi-TOUCH, 2018
박형준 『BTS 마케팅』 21세기북스, 2018
이승훈 『플랫폼의 생각법』 한스미디어, 2019
김귀현 『콘텐츠 플랫폼 마케팅』 한국출판마케팅연구소, 2019
최인수, 윤덕환, 채선애, 송으뜸 『2020 트렌드 모니터』 시크릿하우스, 2019
김난도 외 『트렌드 코리아 2020』 미래의 창, 2019
리사아더 저, 이홍섭 역 『빅데이터마케팅』 더난출판, 2019
조성준 『세상을 읽는 새로운 언어, 빅데이터』 ㈜북이십일 21세기북스, 2019
딘 애리얼리 저, 김원호 역 『딘 애리얼리 경제심리학』 청림출판, 2019
김영찬, 김지영 『뉴노멀 시대 고객가치창출 마케팅 전략』 학현사, 2020
데이비드 스티븐슨 저, 장진영 역 『빅데이터, 돈을 읽다』 동아엠앤비, 2020
윤미정 『빅데이터는 어떻게 마케팅의 무기가 되는가』 클라우드나인, 2020
브렌던 케인 저, 김고명 역 『후크 포인트』 ㈜윌북, 2021
최형욱 『메타버스가 만드는 가상경제 시대가 온다』 한스미디어, 2021
박성준 외 『부의 대전환 코인전쟁』 한스미디어, 2021

Gawer, A, and M. A. Cusumano *Platform Leadership : How Intel, Microsoft, and Cisco Drive Industry Innovation,* Harvard business School press, Boston, MA. 2002

Moore, J.F. *The Death of Competition : Leadership and Strategy in the Age of Business Ecosystems,* Harper Business, New York, NY. 1997

Iansiti, M. and R. Levien *The Keystone Advantage : What the New Dynamics of Business Ecosystem Mean for Strategy, Innovation, and Sustainability*, Harvard Business School press , Boston, MA. 2004

Simon,Phil, *The Age of the Platform : How Amazone, Apple, Facebook, and Google Have Redefined Business.* Motion Publishing. 2011

M. Lorenzen. *Internationalization vs. Globalization of the Film Industry. Industry and Innovation,* 2007

〈논문, 리포트〉

최병삼, '성장의 화두, 플랫폼' 경영노트 제80호, 삼성경제연구소, 2010

김창욱·강민형·가한수·윤영수·한일영, '기업 생태계와 플랫폼 전략'
  SERI 연구보고서, 삼성경제연구소, 2012

김창욱, 아키텍처&거버넌스 : 연결해 구축하고 스마트하게 배분하라,
  〈DBR Issue 2〉, 동아일보사, 2012

김창욱·강민형·박성민, '플랫폼 전략의 이론과 실제' SERI이슈페이퍼, 삼성경제연구소. 2012

이승훈, '인공지능 플랫폼 경쟁이 시작되고 있다' LG경제연구원, 2016

방송기술저널, '인공지능, 플랫폼 전쟁이 시작된다' 월간 방송과기술, 2016

박민우, '인공지능을 위한 크라우드소싱 플랫폼의 진화' KT경제경영연구소, 2017

〈신문, 잡지〉

서울경제, "최원준의 #차이나_비즈니스 A to Z"
  https://www.sedaily.com/NewsView/1OAYVIW885, 2017.01.26

ZDNet Korea, "1인 미디어, 어떻게 돈 벌까…"
  http://www.zdnet.co.kr/view/?no=20170609160822, 2017.06.11.

한국경제, "굴뚝기업과 디지털기업?… 바보야, 문제는 데이터야!"
   http://www.hankyung.com/economy/article/2018053130171, 2018.05.31
매일경제, 크로스보더 온라인 몰이 이끈 '제2 롱테일 혁명'
   http://naver.me/5Ln2rPkR, 2018.06.15
중앙일보, "카쉐어링 인구 650만 시대…P2P 카쉐어링도 가능해질까"
   http://joongang.co.kr/8pyv, 2018.06.21.
국민일보, "잘 나가는 스타가 왜… 연예인 유튜버 시대"
   http://news.kmib.co.kr/article/view.asp?arcid=0011566303, 2017.06.25.
보안뉴스, "전지전능 인공지능? 우린 보안특화 AI로 간다"
   http://www.boannews.com/media/view.asp?idx=69548, 2018.06.05
매일경제, "대형서점도 '무제한 월정액제'…전자책시장 가열"
   http://naver.me/FECWDcc1, 2018.11.18
머니투데이, "풀러스, 카풀 이용자에 주식 10% 준다"
   http://news.mt.co.kr/mtview.php?no=2018112613141854080, 2018.11.26
국민일보, "7살 유튜버 장난감 리뷰로 244억 수입…"
   http://bit.ly/2rEtMP0, 2018.12.05
조선일보, "바퀴 빠진 공유 자전거 '오포'"
   http://chosun.com/tw/?id=biz*2018121803235, 2018.12.19.
매일경제, "디즈니, 21세기 폭스 품었다…" 美 미디어 빅뱅 가속
   http://naver.com/xFjSyzxm, 2018.06.21
비즈니스포스트, "아프리카TV, 인공지능 BJ '아바타' 개발 위해 미국회사와 손잡아"
   http://www.businesspost.co.kr/BP?command=article_view&num=
   118480, 2019.03.14.
매일경제, "무신사, 매출 1천억 폭풍성장…온라인 편집숍 1위 굳혔다"
   http://naver.me/FKitCBEz, 2019.04.10

조선일보, "박현호 크몽 대표 '이젠 일하고 싶을 때만 일하는 시대'"
http://chosun.com/tw/?id=it*2019041602776, 2019.04.17
조선일보, "5G 입은 '디지털지구' ... 달 착륙급 인류 도약 시작됐다"
http//me2 do/FGLsvurK, 2019.04.22
매일경제, "유튜브 스타들, 서점가도 공습" http://naver.me/52bdGJy1, 2019.05.21.
뉴데일리, "5G 가입자 100만 시대, '제로레이팅' 논란 재점화"
http://biz.newdaily.co.kr/site/data/html/2019/06/21/
2019062100016.html 2019.06.21.
조선경제, "車 빌려주고, 車 한대 값 뽑는다"
http://chosun.com/tw/?id=biz*2019062302020, 2019.06.24
조선일보, 실업률 첫 1%대, 샌프란시스코… 비결은 유연한 '긱 경제'
http://news.chosun.com/tw/?id=2019071000030, 2019.07.10
조선일보, "쇼핑정글 생존기... 그들은 시작부터 아마존으로 갔다"
http://naver.me/GW7t54JC
네이트뉴스, 20대 70% "유튜버 되고 싶다"... 대학에 '유튜브학과'도 등장
http://m.news.nate.com/view/20191213n02456
매일경제, 언택트 열풍 쇼핑, 웹툰, 네이버 달군다
http://naver.me/GmHytjPx
매일경제, 코로나시대 '짠 필름'만 살아남는다
http://naver.me/G85LNd7N
매일경제, 세계 최초 온라인 유료 공연 나선 K팝
http://naver.me/FWmFFkci
매일경제, "현실과 가상의 경계없는 콘텐츠가 세상 지배할 것"
http://naver.me/GmaHdtDg
조신일보, 잘키운 디지털 콘텐츠 하나, 반도체 안 부럽다
http://naver.me/5sEnwYNq

매일경제, 대세가 된 랜선 콘서트... "플랫폼을 잡아라"
    http://naver.me/xAasXSoF

조선일보, 재미있는 영상이 구매 부른다, 유통업 '콘텐츠 전쟁'
    http://naver.me/GyjkVCy9

매일경제, 넷플릭스의 질주... 전 세계 구독자 2억명 돌파
    http://naver.me/xGOMtKoH

한국경제, 한국 상륙 디즈니플러스 "드라마 자체 제작하겠다"
    http://naver.me/FhANjVky

조선일보, 동네 친구 된 IT ... 중고거래서 취업까지 해결
    http://naver.me/G8Ui69tT

조선일보, 1020 잡으려면 패션 플랫폼을 잡아라
    http://naver.me/F5bwsX17

한국경제, 달을 등기하는 것과 예술작품을 NFT로 만드는 것의 공통점
    http://www.hankyung.com/economy/article/202106145219i

종소기업투데이, '메타버스'... 곧 제조업. 도소매에도 '남의 일' 아니다
    http://www.sbiztoday.kr/news/articleView.html?idxo=11085

매일경제, '대체 메타버스가 뭔가요?'... 이제와 물어보기 민망 40~50대 아재를 위한 Q&A
    http://naver.me/Fjoduyeo

조선일보, 아마존.알리바바도 흔들... 영원한 온라인 제국은 없다
    http://naver.me/5EQijWx1

매일경제, '2억명 메타버스' 네이버 제페토, 한국판 로블록스 만든다
    http://naver.me/5fnzi8dn

뉴시스, 한 대표주자급 기업, 기관 25곳 '메타버스 동맹' 결성 ... "생태계 견인"
    http://naver.me/F5bAezyC

조선일보, 돈 못버는 골치덩이됐다... AI선구자 '왓슨'의 몰락
　　http://naver.me/5Onpe96Z
매일경제, "메타버스는 스마트폰 다음 세대 이끌 플랫폼"
　　http://naver.me/FS6oxObM
매일경제, "카카오 발길 안닿는 곳 없게 하라"... 카카오모빌의 무한 질주
　　http://naver.me/5MUOE6IC
조선일보, "꼭 동영상이 아니어도 좋다, 디지털로 자신을 이야기하라"
　　http://naver.me/GjRIPYBX
뉴스웨이, "모두 '제페토' 타는 데 KB국민은행만 '게더타운' 올라 탄 이유는"
　　http://naver.me/F6mvh1p0
조선일보, "오징어 게임 보러 '넷플맹' 탈출한 7080"
　　http://naver.me/Fa30zoAZ
연합뉴스, "내부 고발로 궁지 몰린 페이스북, 사면 '메타'로 변경"
　　http://naver.me/xcKfnjYM
매일경제, "나도 살까" 가상부동산 열풍... 거품 논란도
　　http://naver.me/xuvDVyvT
조선일보, "9500조원 규모 ' 이 시장'에 안 올라타면 미래는 없다"
　　http://naver.me/GYAkDVWC
조선일보, "더블이냐 버블이냐, NFT를 둘러싼 엇갈린 시선"
　　http://naver.me/IGu3qvOp

〈기타〉
위키피디아. ko.wikipedia.org
Naver 지식백과. http://terms.naver.com

콘텐츠,
플랫폼(Platform)으로 날다!

2021. 9. 9   초판 1쇄 발행
2022. 1. 3   개정판 2쇄 발행

지은이 · 김세을
펴낸이 · 유재홍
펴낸곳 · 사)콘텐츠경영학회
편 집 · 손은미
디자인 · 한아름
커뮤니케이션 · 문주영
교 정· 조수현, 원선아

주 소 · 06604 서울시 서초구 서초대로 53길 25 TU빌딩 5층
전 화 · 02-2000-5710
팩 스 · 02-2265-0260
홈페이지 · 사)콘텐츠경영학회 www.kcontents.or.kr
등 록 · 251002018000214
ISBN · 979-11-967624-2-1
가 격 · 17,000원

Published by Contents Management Society
Copyright

- 이 책은 저작권법에 따라 보호받는 저작물이기에 무단전재와 무단 복제를 금합니다.
- 본 책은 사)콘텐츠경영학회 홈페이지(www.kcontents.or.kr)에서 단체 구매하실 수 있습니다.
- 잘못된 책은 바꾸어드립니다.